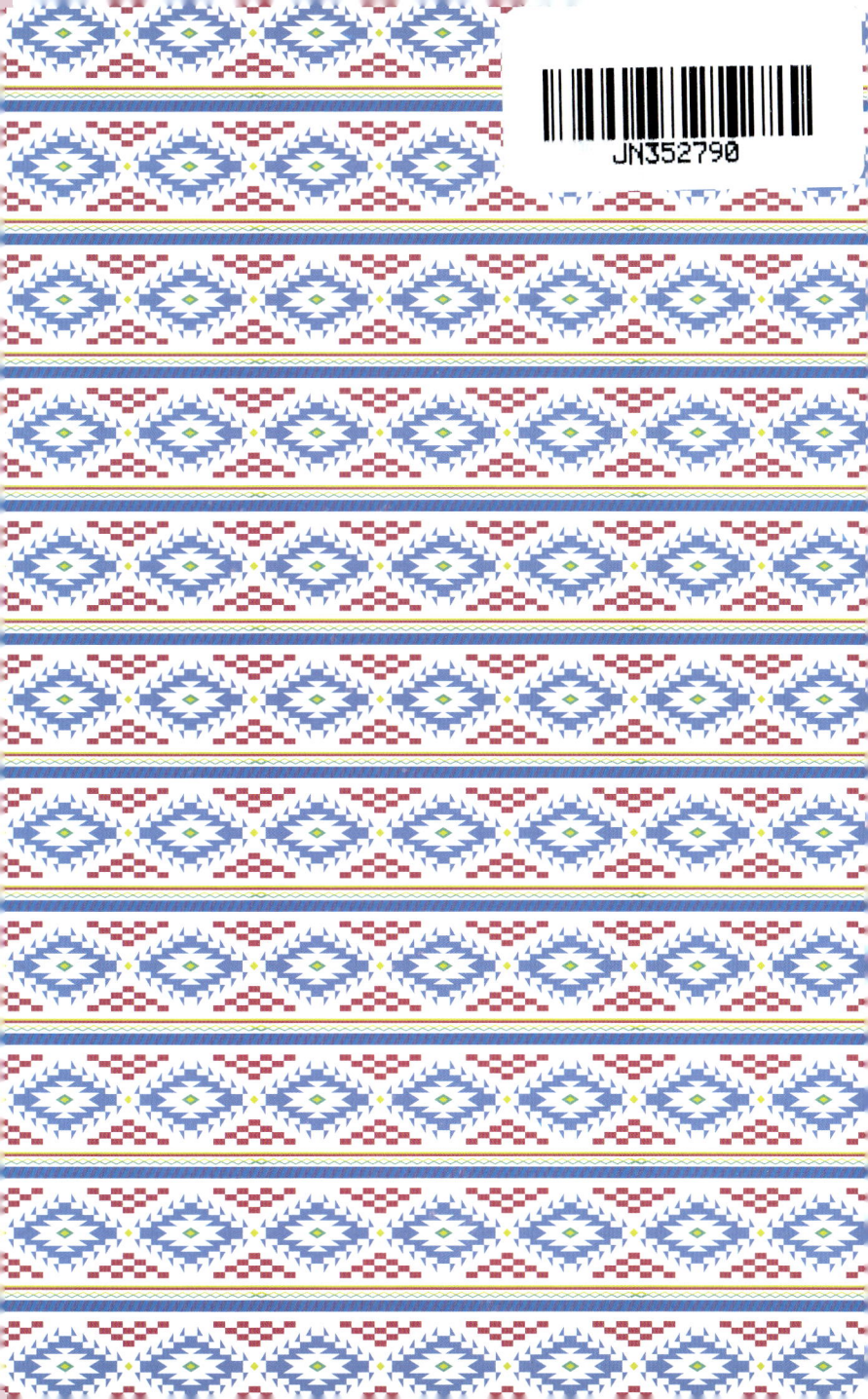

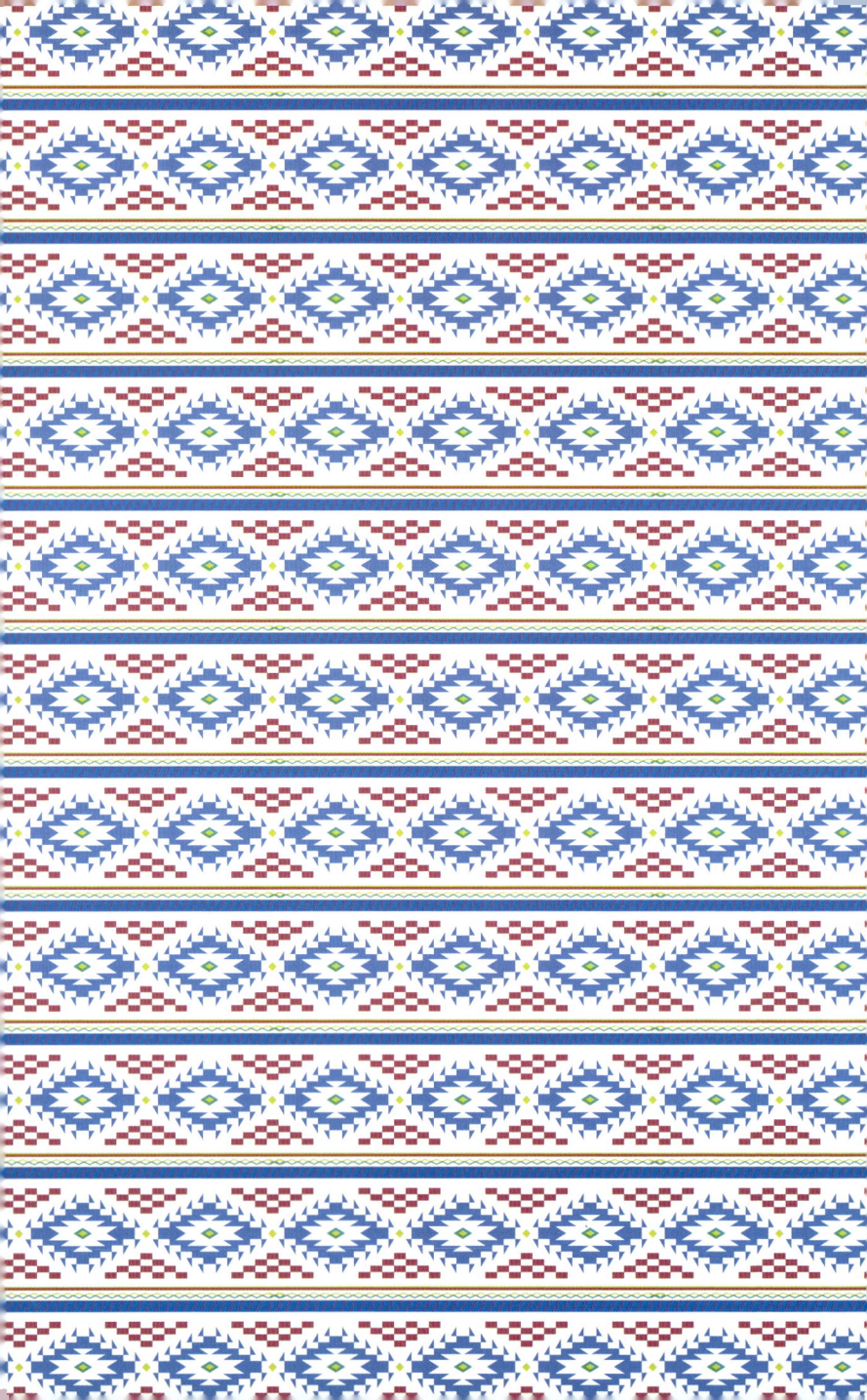

페루 홀리데이

페루 홀리데이

2019년 4월 18일 초판 1쇄 펴냄

지은이 이수호
발행인 김산환
책임편집 유효주
디자인 윤지영 · 기조숙
마케팅 정용범
지도 글터
펴낸 곳 꿈의지도
인쇄 두성 P&L
종이 월드페이퍼

주소 경기도 파주시 경의로 1100, 604호
전화 070-7535-9416
팩스 031-947-1530
홈페이지 www.dreammap.co.kr
출판등록 2009년 10월 12일 제82호

ISBN 979-11-89469-37-5-14980
ISBN 979-11-86581-33-9-14980(세트)

지은이와 꿈의지도 허락 없이는 어떠한 형태로도 이 책의 전부, 또는 일부를 이용할 수 없습니다.
※ 잘못된 책은 구입한 곳에서 바꿀 수 있습니다.

PERU
페루 홀리데이

글 · 사진 이수호

꿈의지도

CONTENTS

009 페루 전도
010 프롤로그
012 100배 활용법

PERU BY STEP
여행 준비&하이라이트

STEP 01
PREVIEW
페루를 꿈꾸다
014

- 016 01 페루 MUST SEE
- 022 02 페루 MUST DO
- 026 03 페루 MUST EAT
- 028 04 페루 MUST BUY

STEP 02
PLANNING
페루를 그리다
030

- 032 01 페루를 말하는 6가지 키워드
- 036 02 여행 전 읽어보는 페루의 역사
- 038 03 페루 여행 체크리스트
- 042 04 페루 들어가기
- 044 05 알면 여행이 편해진다, 페루의 교통
- 046 06 여기선 이걸 꼭! 지역별 여행 포인트
- 050 07 나만의 특별한 페루 스타일 여행
- 052 08 페루 여행 추천 코스&일정
- 054 09 남미와 유럽의 만남, 페루 음식
- 056 10 어깨가 들썩들썩, 페루 축제

PERU BY AREA
페루 지역별 가이드

01 리마 *060*	*062* PREVIEW *063* GET AROUND *068* TWO FINE DAYS *070* MAP *075* SEE *095* EAT *104* SLEEP		**03** 나스카 *134*	*136* PREVIEW *137* GET AROUND *138* ONE FINE DAY *139* MAP *140* SEE *146* EAT *150* SLEEP
02 이카 *110*	*112* PREVIEW *113* GET AROUND *115* ONE FINE DAY *116* MAP *118* SEE *127* EAT *131* SLEEP		**04** 아레키파 *156*	*158* PREVIEW *159* GET AROUND *161* MAP *162* TWO FINE DAYS *164* SEE *176* EAT *182* SLEEP

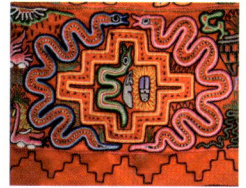  

05 **쿠스코** *188*	190 191 193 196 198 224 232	PREVIEW GET AROUND FOUR FINE DAYS MAP SEE EAT SLEEP

06 **푸노** *238*	240 242 244 246 248 258 261	PREVIEW GET AROUND TWO FINE DAYS MAP SEE EAT SLEEP

07 **와라스** *264*	266 267 269 270 272 281 285	PREVIEW GET AROUND MAP TWO FINE DAYS SEE EAT SLEEP

287　여행 준비 컨설팅
299　여행 전에 배우는 유용한 스페인어 표현
302　인덱스

프롤로그

제 본래 꿈은 지리학자였습니다. 하지만 지리학과 진학은 물거품이 되었고, 다른 전공을 살려 방송국 사서로 잠시 근무했습니다. 물론 독서는 좋아하지만, 온종일 도서관에 갇혀 지내는 것은 제 스타일과 맞지 않았습니다. 그렇게 방송국 사서를 그만두고 무작정 유럽으로 떠났습니다. 벌써 10년이 넘었네요. 여행을 다녀온 뒤, 사서가 아닌 국내여행 기자로 5년간 근무했습니다. 이후 다시 회사를 그만두고 이번에는 중남미로 긴 여행을 떠납니다. 다시 길 위에서의 큰 도전이 시작된 것이죠.

무작정 떠난 길이었기에 중남미 종단은 매일이 사건의 연속이었습니다. 길 위에서의 불확실함은 매 순간이 도전으로 다가왔습니다. 남미에서 강도도 만났고 각종 도난 사고도 경험했습니다. 다소 내상이 심했지만, 여행의 경험은 제게 큰 무기가 되었습니다. 6개월간의 긴 여행을 마치고 돌아오니 이유 모를 '자신감'이 생기기도 했지요. 이 시기의 여행 에피소드를 엮어 중남미 에세이를 몇 편 출간하기도 했습니다.

다시 4년간 해외여행 기자로 근무하면서 세계 곳곳을 누비다가, 정든 잡지사를 나와 또 다시 새로운 도전을 시작했습니다. 프리랜서 여행 기자, 혹은 여행 작가로 불리며 세상에 나온 것이죠. 이후 〈모로코 홀리데이〉를 출간했고, 동시에 〈페루 홀리데이〉를 준비하면서 페루를 한 달 이상 다녀왔습니다. 〈페루 홀리데이〉는 기본적으로 페루에서 여행자가 많이 찾는 리마, 이카, 나스카, 아레키파, 쿠스코, 푸노, 와라스를 소개합니다. 이미 잘 아는 대륙인 만큼 자신도 있었습니다.

페루 역시 모로코와 마찬가지로 각종 여행사와 협업, '저자와 함께 떠나는 남미 여행' 콘셉트를 꾸준히 선보일 예정입니다. 출간 뒤에도 페루를 찾을 때마다 꾸준히 업데이트해 언제나 최신 정보를 유지할 수 있는 가이드북이 되도록 노력하겠습니다.

Special Thanks to

〈모로코 홀리데이〉를 만든 경험 덕분에 두 번째는 더 쉬웠습니다. 게다가 모로코와 달리 페루는 한국에 관광청이 있었기에 도와주는 사람들이 있어 더 빨랐습니다. 페루관광청의 전폭적인 지원은 제게 천군만마와도 같았습니다. 페루관광청의 조다혜 팀장과 곽지은 대리는 페루 현지에서의 호텔과 굵직한 투어를 예약해줬습니다. 또 리마와 쿠스코의 멋진 호텔을 예약해준 프리퍼드 호텔 그룹의 앨리스 최 이사님께도 감사의 인사를 전합니다.

늘 제 활동을 응원해주는 〈에이비로드〉 편집팀, 제 강연에 오신 분들, 제 상품을 선택해준 동행 멤버들에게도 고맙다는 인사를 올립니다. 매달 출장으로 인한 바쁜 제 일정을 조율하며 기다려준 꿈의지도의 유효주 편집자에게도 감사하다는 말을 전하고 싶네요. 꼼꼼한 성격 덕분에 더 멋진 책이 나온 것 같습니다. 마지막으로 가족에게도 사랑한다는 말을 전합니다.

이수호

〈페루 홀리데이〉 100배 활용법

페루 여행 가이드로 〈페루 홀리데이〉를 선택하셨군요. '굿 초이스'입니다.
페루에서 뭘 보고, 뭘 먹고, 뭘 하고, 어디서 자야 할지 더 이상 고민하지 마세요.
친절하고 꼼꼼한 베테랑 〈페루 홀리데이〉와 함께라면 당신의 페루 여행이 완벽해집니다.

1) 페루를 꿈꾸다
❶ STEP 01 » PREVIEW 를 먼저 펼쳐보세요. 남미 특유의 분위기를 물씬 느낄 수 있는 거리, 고대 잉카 제국 유적지 마추픽추 등 페루에서 꼭 즐겨야 할 것, 먹어야 할 것들을 안내합니다. 놓쳐서는 안 될 핵심 요소들을 사진으로 만나보세요.

2) 여행 스타일 정하기
❷ STEP 02 » PLANNING 을 보면서 나의 여행 스타일을 정해보세요. 알찬 여행을 보내기 위한 다양한 스타일의 여행과 최대한으로 시간을 활용할 수 있는 여행 방법에 대해 소개합니다.

3) 여행 플랜 짜기
여행의 밑그림을 그렸다면 구체적으로 여행을 알차게 채워갈 단계입니다. ❸ STEP 02 » PLANNING 을 보면서 일정을 어떻게 짤 것인지 정해봅니다.
가기 전에 알아두면 좋은 역사와 교통에 대해서 알아보고 페루의 음식에 대해서도 체크합니다. 여행하는 도시와 여행 방법에 따라 계획이 달라집니다.

4) 지역별 일정 짜기
여행의 콘셉트와 목적지를 정했다면 이제 지역별로 묶어 동선을 짜봅니다. ❹ 페루 지역편 에서 페루의 지역별 관광지와 레스토랑, 숙소 등을 소개합니다. 도시를 가장 알차게 여행할 수 있는 효율적인 동선을 제시합니다.

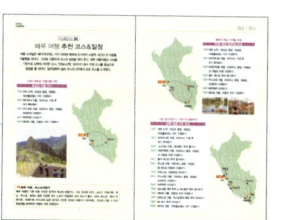

5) 교통편 및 여행 정보

여행에 있어서 가장 중요한 것은 교통입니다. 페루 각 도시 간 이동과 도시 내 이동 등 여행자를 위해 추천하는 교통편과 여행자가 꼭 알아야 할 여행 정보를 소개합니다. ❺ **페루 지역편**에서는 도시별로 여행지를 찾아가거나 여행지 간 이동할 수 있는 교통편을 제시합니다.

6) 숙소 정하기

어디서 자느냐가 여행의 절반을 좌우합니다. 숙소가 어디인지에 따라 여행 일정도 달라집니다. ❻ **페루 지역편 » SLEEP**에서는 지역별 여행지마다 잘 수 있는 곳들을 알려줍니다. 배낭여행자들을 위한 저렴한 호스텔부터 중저가 호텔, 럭셔리 호텔까지. 자신의 취향에 맞는 숙소를 정해보세요.

7) D-day 미션 클리어

여행 일정까지 완성했다면 책 마지막의 ❼ **여행 준비 컨설팅**을 보면서 혹시 빠뜨린 것은 없는지 확인해 보세요. 여행 80일 전부터 출발 당일까지 날짜별로 챙겨야 할 것들이 리스트업 되어 있습니다.

8) 홀리데이와 최고의 여행 즐기기

이제 모든 여행 준비가 끝났으니 〈페루 홀리데이〉가 필요 없어진 걸까요? 여행에서 돌아올 때까지 내려놓아서는 안 돼요. 여행 일정이 틀어지거나 계획하지 않은 모험을 즐기고 싶다면 언제라도 〈페루 홀리데이〉를 펼쳐야 하니까요. 〈페루 홀리데이〉는 당신의 여행을 끝까지 책임집니다.

※ **일러두기**

1. 이 책에 실린 정보는 2019년 3월까지 입수한 정보를 바탕으로 하고 있습니다. 레스토랑과 숙소는 현지 사정에 따라 폐업하거나 이전할 수 있습니다. 따라서, 이 책은 여행 계획을 세우기 위한 가이드로 활용하시고, 현지에서 다시 한번 확인하시길 바랍니다.
2. 남미 지역은 운영 시간, 유적 입장료 변동이 잦은 편입니다. 수시로 바뀔 수 있습니다.
3. 이 책에 소개되고 있는 지명이나 상점 이름, 회화 등은 스페인어와 영어를 혼용했습니다. 그중 가장 많이 사용하는 언어를 우선 표기했습니다. 외래어 표기는 국립국어원의 외래어 표기법에 최대한 따랐습니다. 스페인어 발음은 우리나라 된소리(거센소리)에 가까우며, 표기와는 조금 다르게 들릴 수도 있습니다.

Step 01
PREVIEW

페루를 꿈꾸다

01 페루 MUST SEE
02 페루 MUST DO
03 페루 MUST EAT
04 페루 MUST BUY

STEP 01
PREVIEW

페루의 심장, 리마 센트로(075p)

PREVIEW 01
페루 MUST SEE

리마의 강남으로 불리는
미라플로레스(084p)

3 당신이 꿈꾸던 교과서적인 사막, 와카치나 호수(120p)

남미 볼거리 절반 이상이 몰려 있는 페루.
수수께끼로 가득한 잉카 제국의 옛 도시들, 파스텔 톤 동화 마을,
끝없이 펼쳐진 사막과 거대한 호수, 안데스의 신성한 땅을 보면
왜 페루가 남미의 꽃으로 불리는지 깨닫게 된다.

4 아드레날린 폭발! 사막을 달리다, 버기 투어(122p)

5 지상 최고의 수수께끼, 나스카 라인 경비행기 투어(142p)

STEP.01
PREVIEW

6 고대 나스카인의 미라와 만나다, 차우치야 묘지(146p)

7 남미에서 가장 특별한 성소, 아레키파 성 카탈리나 수도원(167p)

8 세계에서 가장 깊은 협곡, 콜카 캐니언(172p)

9 잉카 제국의 수도에 서다, 쿠스코 아르마스 광장(198p)

10 쿠스코 최고의 전망대, 크리스토 블랑코 전망대(207p)

11 성스러운 계곡 투어, 모라이와 살리네라스 염전(213p)

STEP 01
PREVIEW

12 아름다운 무지개산 트레킹, 비니쿤카(223p)

13 티티카카 호수에서 살아가는 사람들, 우로스섬(253p)

14 안데스산맥에서 만나는 빙하, 파스토루리(276p)

15 잃어버린 공중 도시, 마추픽추(220p)

16 명품 직물이 탄생하는 타킬레섬(254p)

17 극한의 고산 체험, 산타 크루즈 트레킹(277p)

STEP 01
PREVIEW

PREVIEW 02

페루
MUST DO

지구 반대편까지 오는 길은 험난했지만, 페루의 대자연을 온몸으로 느껴보고 오래된 옛 도시의 돌길을 걷는 것만으로 특별한 여행이 된다. 각 도시에서 할 수 있는 액티비티와 체험도 놓칠 수 없다. 페루에 왔다면 반드시 해봐야 할 것들을 골랐다.

1 리마 미라플로레스에서 잉카 마켓 구경하기(086p)

3 이카 와카치나 사막에서 샌드보딩 해보기(122p)

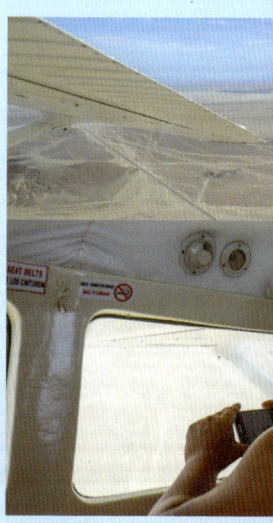

4 경비행기에서 나스카 라인 내려다보기(142p)

2 리마의 홍대로 불리는 바랑코 지역 탐방하기(089p)

5 콜카 캐니언에서 콘도르 관찰하기(172p)

STEP 01
PREVIEW

6 쿠스코 센트로에서 원주민&라마와 사진 찍기(169p)

7 아레키파 산 카밀로 마켓에서
세비체&쿠이 맛보기(170p)

9 비니쿤카 정상에서 인증사진 찍기(223p)

10 티티카카 호수 우로스섬에 사는
원주민 만나기(253p)

8 마추픽추&와이나픽추 트레킹하기(218p)

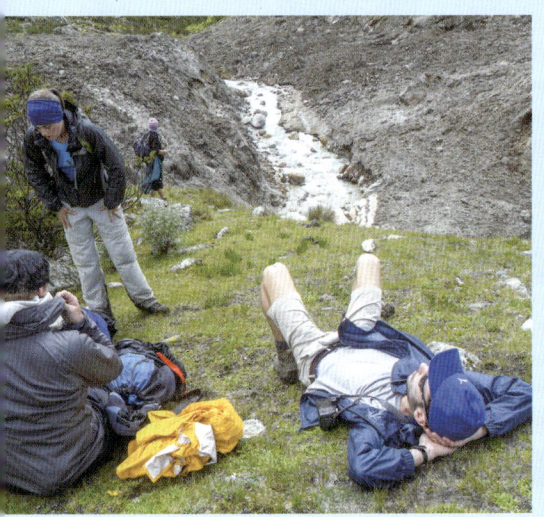

11 와라스에서 안데스산맥 트레킹에 도전해보기(277p)

12 타킬레섬에서 트루차 맛보기(254p)

PREVIEW 03
페루 MUST EAT

페루는 스페인 식민지 시대 때 유럽 문화가 유입되면서
남미 전통 음식과 유럽 음식이 결합한 퓨전 음식이 발달했다.
또한, 페루에서만 맛볼 수 있는 이색 음식도 있다.
페루에서 반드시 먹어봐야 할 음식을 소개한다.

기니피그 요리? 페루 최고의 이색 요리
쿠이

싱싱한 해산물로 만든 페루식 회무침
세비체

소의 심장을 꼬치에 꿰어 철판에 구운
안티쿠초

페루에서 맛보는 중국식 볶음밥
치파

닭고기와 소고기 등으로 만든 페루식 고기튀김
치차론

티티카카 호수에서 잡은 송어구이
트루차

페루의 국민 닭구이
포요

소고기를 얇게 썰어 채소와 볶은
로모살타도

옥수수를 발효한 음료수
치차

노란빛을 띠는 페루식 탄산음료
잉카 콜라

STEP 01
PREVIEW

PREVIEW 04
페루 MUST BUY

페루의 리마, 쿠스코, 아레키파 등의 재래시장에는
여행자를 홀리는 아이템들로 가득하다.
개성 넘치는 페루산 아이템은 실용성이 더해져 선물용으로도 좋다.
페루에서 어떤 아이템을 사면 좋을지 알아보자.

최고의 코디 아이템, 잉카 전통 털모자 추요

부드러운 알파카 털로 만든 각종 의류

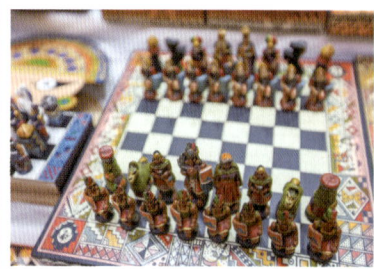

선물용으로 으뜸, 나무 공예품

귀여움의 끝, 알파카 인형

패션과 보온성 두 가지를 잡은 전통 판초

마추픽추, 잉카 콜라 등이 프린팅된 티셔츠

살리네라스 염전에서 채취한 소금 용품

간편하지만 최고의 기념품, 페루 마그네틱

은으로 만든 각종 액세서리

Step 02
PLANNING

페루를 그리다

01 페루를 말하는 6가지 키워드
02 여행 전 읽어보는 페루의 역사
03 페루 여행 체크리스트
04 페루 들어가기
05 알면 여행이 편해진다, 페루의 교통
06 여기선 이걸 꼭! 지역별 여행 포인트
07 나만의 특별한 페루 스타일 여행
08 페루 여행 추천 코스&일정
09 남미와 유럽의 만남, 페루 음식
10 어깨가 들썩들썩, 페루 축제

PLANNING 01
페루를 말하는 6가지 키워드

페루 여행, 이것만은 꼭 알고 가는 것이 좋다. 페루 하면 기본적으로 떠오르는 것과, 알아두면 좋은 정보를 모아 정리했다.
페루에는 마추픽추만 있는 것이 아니다. 남미 대륙을 호령했던 잉카 문명부터 남미의 척추 안데스산맥, 그리고 귀여운 동물 라마와 알파카 등도 유명하다.

1. 위대했던 제국, **잉카 문명** Inca

잉카 문명을 빼놓고 페루를 논할 수 없다. 잉카 제국은 13세기부터 16세기까지 현재 페루와 볼리비아, 에콰도르, 칠레, 아르헨티나, 콜롬비아 일대까지 영토를 확장하면서 남미에서 가장 거대한 제국으로 군림했다. 수도는 케추아어로 '세계의 배꼽'이라는 뜻의 쿠스코였다. 그들은 태양신을 숭배해 도시 곳곳에 태양신을 모시는 신전을 세웠다. 대표적인 신전이 쿠스코에 있는 코리칸차Coricancha다.

잉카 제국은 16세기 초반 콜럼버스가 신대륙을 발견한 후 침략한 스페인 군대에 멸망하면서 역사의 뒤안길로 사라졌지만, 여전히 페루인의 가슴속에 살아 숨 쉰다. 잉카 문명의 흔적은 수도였던 쿠스코와 근교에서 주로 볼 수 있다.

2. 남미의 척추, **안데스산맥**
Andes Mountains

평균 해발고도가 4,000m, 폭이 가장 넓은 지역은 무려 700km에 달하는 세계에서 가장 긴 안데스산맥은 '남미의 척추'로 불린다. 안데스산맥이 지나가는 대표적인 고산 도시는 에콰도르의 키토를 시작으로 페루의 와라스, 쿠스코, 푸노를 거쳐 볼리비아의 라파스, 우유니 등이다. 안데스산맥의 최고봉은 칠레와 아르헨티나 국경에 자리한 아콩카구아Aconcagua산이고, 페루와 볼리비아를 지나는 중간 지점이 하이라이트다.

이 지점을 '중앙안데스'라고도 부른다. 세계에서 가장 아름다운 산과 협곡이 이 지점에 몰려 있어 트레킹으로 유명하다. 그중 와라스의 산타 크루즈 트레킹, 쿠스코 근교의 잉카 트레일은 페루의 대표적인 트레킹 코스. 매일 전 세계의 여행자가 트레킹을 위해 두 곳을 찾는다.

3. 페루의 얼굴, **마추픽추** Machu Picchu

잉카 문명의 위대한 유적 마추픽추를 보기 위해 페루 여행을 한다고 해도 과언이 아니다. 마추픽추는 오랜 시간 베일에 쌓여 있다가, 1911년 미국인 학자이자 탐험가 하이럼 빙엄Hiram Bingham이 발견해 세상에 알려졌다. 아래에서는 잘 보이지 않는 험준한 고지대에 숨어 있어 '잃어버린 공중 도시'로 불린다.

마추픽추는 쿠스코 근교에 자리해 보통 당일치기나 1박 2일로 다녀온다. 잉카 트레일 프로그램을 신청해 오얀타이탐보 인근에서부터 마추픽추까지 걸어서 가는 여행자도 있지만, 보통은 페루 레일Peru Rail을 타고 간다. 마추픽추 인근 마을 오얀타이탐보, 아구아스칼리엔테스 등을 경유해 마추픽추에 도착하게 된다. 수많은 여행자가 찾는 마추픽추와 와이나픽추는 유적 보호를 위해 매일 정해진 시간에 정해진 인원만 입장할 수 있다. 마추픽추 방문을 앞두고 있다면, 반드시 시간 계획을 철저히 세워야 한다.

4. 남미에만 사는 동물, **라마&알파카** Lama&Alpaca

페루하면 떠오르는 라마와 알파카는 안데스산맥에 서식하는 낙타과의 동물. 원래 생물학적으로 하나의 종이었으나, 세월을 거듭하면서 라마Lama와 알파카Alpaca, 과나코Guanaco, 비쿠냐Vicuña 등으로 진화해왔다. 아레키파, 쿠스코, 푸노, 와라스 등 안데스산맥이 통과하는 지역에서 쉽게 볼 수 있다. 오래전부터 페루인들은 라마와 알파카를 길들여왔다. 사람 손에 길들여진 라마와 알파카는 사람을 잘 따르고 무거운 짐을 운반하기도 하며, 라마와 알파카 털로 만든 각종 의류는 고급 기념품으로 명성이 높다.

아레키파나 쿠스코 등 도시의 센트로를 걷다 보면 전통 복장으로 차려입고 새끼 라마나 알파카를 데리고 다니는 원주민 아주머니나 꼬마를 쉽게 볼 수 있는데, 약간의 팁을 지불하면 멋진 기념사진을 찍을 수 있다.

5. 이색 음식의 천국 Unique Food

페루는 남미에서 음식이 맛있기로 유명하다. 특히, 세계적 수준의 레스토랑이 즐비한 리마는 '미식의 수도'라는 별칭이 붙을 정도다. 티티카카 호수와 태평양 연안에서 잡아올린 각종 물고기, 기니피그, 라마 고기를 섭취했던 잉카인들의 전통은 오늘날까지 이어져오고 있다. 또한, 스페인이 침략하면서 유럽의 식문화에 영향을 받은 페루 식문화는 전통 음식과 유럽 음식 그리고 퓨전 음식까지 다채롭고, 19세기 경 중국인과 일본인이 페루로 이주하면서 아시아 음식도 공존한다.

태평양의 싱싱한 해산물로 만든 세비체Ceviche, 기니피그로 조리한 쿠이Cuy, 소의 심장을 잘라 구워 먹는 안티쿠초Anticuchos 등 페루의 특산 요리는 여행자들이 페루를 찾는 또 하나의 이유. 리마를 비롯해 아레키파, 쿠스코 등 도시에 있는 레스토랑에서 페루인의 보양식이자 전통 음식인 이 음식들을 쉽게 맛볼 수 있다.

6. 도시마다 꼭 있다?
아르마스 광장 Plaza de Armas

리마와 아레키파, 쿠스코 같은 대도시뿐 아니라 나스카, 푸노 등 작은 도시에도 아르마스 광장이 있다. 스페인어로 아르마스Armas는 '무기'라는 뜻. 마을 중앙에 자리한 아르마스 광장은 스페인 군대가 신대륙을 점령한 후 원주민을 빠르게 교화하려 했던 흔적으로, 페루를 비롯해 칠레의 산티아고, 쿠바의 아바나 등 중남미 도시에서 쉽게 볼 수 있다. 공식처럼 광장 옆에는 대성당이 있다. 이전에 정복자들은 원주민을 복종시키기 위해 광장에서 군대 사열식 등을 보여주었다고 한다.

현재 아르마스 광장은 센트로 관광의 시작점이 되었다. 레스토랑, 카페, 여행자를 위한 숙소, 여행사 등 광장을 중심으로 상권이 형성되어 있기 때문에, 아르마스 광장을 중심으로 동선을 짜면 좋다.

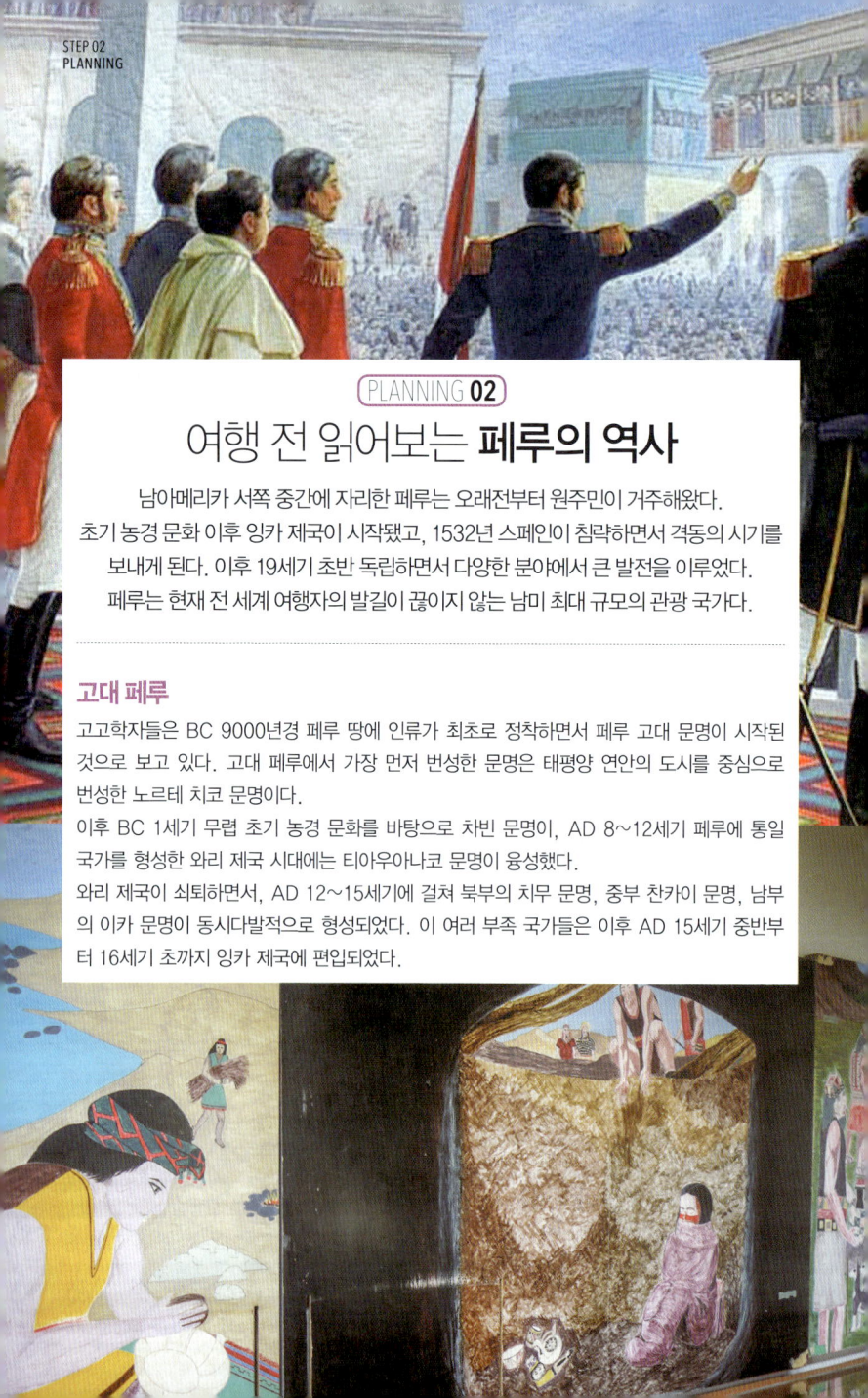

PLANNING 02

여행 전 읽어보는 **페루의 역사**

남아메리카 서쪽 중간에 자리한 페루는 오래전부터 원주민이 거주해왔다.
초기 농경 문화 이후 잉카 제국이 시작됐고, 1532년 스페인이 침략하면서 격동의 시기를
보내게 된다. 이후 19세기 초반 독립하면서 다양한 분야에서 큰 발전을 이루었다.
페루는 현재 전 세계 여행자의 발길이 끊이지 않는 남미 최대 규모의 관광 국가다.

고대 페루

고고학자들은 BC 9000년경 페루 땅에 인류가 최초로 정착하면서 페루 고대 문명이 시작된 것으로 보고 있다. 고대 페루에서 가장 먼저 번성한 문명은 태평양 연안의 도시를 중심으로 번성한 노르테 치코 문명이다.

이후 BC 1세기 무렵 초기 농경 문화를 바탕으로 차빈 문명이, AD 8~12세기 페루에 통일 국가를 형성한 와리 제국 시대에는 티아우아나코 문명이 융성했다.

와리 제국이 쇠퇴하면서, AD 12~15세기에 걸쳐 북부의 치무 문명, 중부 찬카이 문명, 남부의 이카 문명이 동시다발적으로 형성되었다. 이 여러 부족 국가들은 이후 AD 15세기 중반부터 16세기 초까지 잉카 제국에 편입되었다.

잉카 제국 시대

15세기 중반, 페루 역사상 가장 중요한 잉카 제국이 등장했다. 현재의 페루를 비롯해 콜롬비아, 에콰도르, 볼리비아, 칠레 일부 영토에 자리 잡았던 씨족 문명은 1438년부터 1533년까지, 약 100년에 걸쳐 잉카 제국에 흡수되었다. 잉카 문명은 태양신을 숭배해, 그들의 왕을 태양의 아들이라는 뜻의 잉카Inca로 불렀다. 쿠스코에 수도를 두고 안데스 지역 각지에 영향력을 행사하며 남아메리카 대륙 최대 문명으로 군림했던 잉카 제국의 인구는 천만 명에 육박했다. 대표 유적지 마추픽추와 쿠스코의 주요 건물을 비롯해 거대 도시를 건설한 잉카 제국의 석조 기술은 오늘날까지도 조명받고 있다.

스페인 식민지 시대

화려했던 잉카 문명은 1532년 스페인 군대가 침략하면서 2세기를 채 버티지 못 하고 멸망했다. 당시 철기를 사용하지 않은 잉카 제국이 신식 무기로 무장한 스페인 군대를 막기엔 역부족이었다. 프란시스코 피사로Francisco Pizarro가 이끈 스페인 군대가 아타우알파Atahualpa 왕을 생포하면서 완전히 승기를 잡았으며, 수도 쿠스코가 포위당한 후 잉카 제국은 멸망했다.

이후 프란시스코 피사로와 그의 군대는 수도 쿠스코의 태양의 신전 코리칸차를 비롯해 잉카 제국 건물 대부분을 무너뜨리고, 현재의 리마를 비롯해 페루 각지에 스페인식 도시를 건설해 원주민을 교화하기 시작했다. 19세기 초반까지 원주민들은 노동력을 착취당하고, 지하자원을 채굴 당하는 등 굴욕의 세월을 보냈다.

독립 그리고 현재

19세기 초반 남아메리카 스페인령 국가들의 독립전쟁이 한창이었을 때, 남미 해방의 두 영웅, 호세 데 산 마르틴Jose de San Martin과 시몬 볼리바르Simon Bolivar는 페루 해방도 도왔다. 그러나 페루 해방을 위해 그들이 기획한 페루-볼리비아 연합과 라틴아메리카 연합이 실패로 돌아가면서, 정치 내분이 일어나고 국가는 빚더미에 오르는 등 페루는 격동의 시기를 보냈다.

1821년, 산 마르틴San Martin 장군이 페루 독립을 선포했으나 각종 내전과 쿠데타 등으로 몸살을 앓았고, 20세기 후반까지 각종 쿠데타와 경제 위기를 맞았던 페루는 21세기에 들어서 비로소 안정기를 맞았다. 마르틴 비스카라Martin Vizcarra 현 대통령이 부패 척결과 국가 발전의 청사진을 제시한 만큼, 앞으로의 페루가 기대된다.

STEP 02
PLANNING

PLANNING 03
페루 여행 체크리스트

아는 것이 힘이다. 게다가 지구 반대편에 위치한 남미로 떠나는데 사소한 정보까지 미리 알아두는 것이 좋다. 현지 정보는 알면 알수록 여행이 편해지고 계획을 쉽게 세울 수 있다. 페루를 처음 찾는 여행자들이 알아야 할 정보를 모았다.

1. 페루 여행, 언제가 좋을까?

해안 지역, 고산 지역, 사막 지역, 정글 지역 등이 공존하는 페루는 기후와 기온이 제각각이다. 또한, 크게 우기(11~3월)와 건기(4~10월)로 나뉘는데, 한국과 반대로 6~8월이 춥고, 11~3월이 따뜻한 편이지만 해발고도가 높은 도시는 춥다.

추천 여행 시기는 1~3월. 볼리비아의 우유니 소금사막까지 묶어서 여행한다면 우기에 가는 게 좋다. 쿠스코 일대는 이슬비가 자주 내리지만 여행에 큰 무리는 없다. 지역에 따라 기후 편차가 크기 때문에 페루 여행 시 사계절 옷을 모두 준비하는 것이 좋다.

2. 페루의 화폐와 물가는?

수도 리마를 기준으로 안데스산맥과 티티카카 호수, 북쪽 이키토스 정글로 들어갈수록 생활 수준은 더욱 떨어진다. 기본적으로 한국보다 물가가 저렴하지만, 도시별로 다르기 때문에 지출 계획을 철저히 세우는 것이 좋다. 리마 기준, 식사 요금은 대략 15~20솔 내외, 음료는 7솔 내외다.

페루의 화폐는 누에보 솔(PEN)이고, 환율은 1솔(SOL)에 약 343원(2019년 3월 기준). 페루 현지에서 환전한다면 미국 달러(USD)가 좋고, 그다음으로 유로, 캐나다 달러순으로 환전하는 게 좋다. 또한, 각종 은행 ATM 기기에서도 쉽게 인출할 수 있다.

고급 레스토랑이나 기차역, 버스터미널, 공항 등에서 카드 결제가 가능하지만 MASTER, 아메리칸 익스프레스 등 일부 카드는 사용할 수 없어, 이왕이면 VISA 카드를 추천한다.
재래시장이나 기념품숍, 현지 음식점은 현금만 받는다.

페루 지폐와 동전

3. 환전은 어떻게 해야 할까?

한국에서 페루 화폐를 미리 환전하기는 어렵다. 보통 달러(USD)로 환전한 후, 페루에 도착해 호르헤 차베스 국제공항Aeropuerto Internacional de Jorge Chávez이나 리마 시내에서 누에보 솔로 재환전한다. 하지만 공항에서 할 경우에는 수수료가 높다. 공항에서는 경비 정도만 환전하고 시내로 이동해 은행이나 사설 환전 상인 등을 통해 환전하는 것이 좋다.

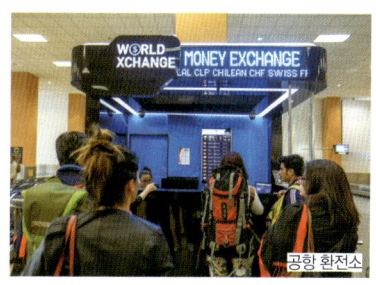
공항 환전소

여행자는 보통 리마 미라플로레스로 이동해 은행 혹은 사설 환전소 상인에게 환전한다. 미라플로레스 곳곳에 은행이 있고, 케네디 공원 주변에 캄비오Cambio 조끼를 입은 사설 환전 상인을 쉽게 만날 수 있다. 소액이라면 환율 우대를 잘 해주는 사설 환전 상인을, 고액이라면 은행을 추천한다.

사설 환전소

4. 페루의 언어는?

페루는 오랜 시간 스페인의 지배를 받아 스페인어를 사용한다. 안데스산맥 주변의 잉카 제국 후손은 케추아어를 쓰기도 한다. 리마와 아레키파, 쿠스코 등의 대도시 공항이나, 기차역, 버스터미널, 호텔은 간단한 영어는 통하지만, 대부분은 스페인어가 수월하다.

여행을 떠나기 전, 스페인어 기본 인사말과 자주 쓰는 표현 정도를 공부하면 여행이 훨씬 편해진다. 간단한 스페인어 표현은 299p 참고.

5. 페루의 시차는?

페루는 한국보다 14시간 느리다. 서머타임 제도는 시행하지 않는다.

6. 페루의 전압은?

한국과 같은 220V, 60Hz를 사용한다. 다만 콘센트 모양이 다른 경우가 종종 있으니 멀티 어댑터를 준비하면 좋다. 한국에서 3~4구짜리 멀티 어댑터를 준비해 가자.

7. 페루에서 심 카드 이용하는 법은?

클라로 유심

리마 호르헤 차베스 국제공항이나 시내 통신사 대리점에서 살 수 있는데, 클라로Claro나 모비스타Movistar, 비텔Bitel, 엔텔Entel 등 시내 통신사 대리점에서는 1/3 가격으로 살 수 있다.

여행자가 가장 선호하는 통신사는 LTE가 지원되는 클라로며, 1GB 20솔(유심칩 요금은 5솔)이다. 유심칩 구매 시 신분 확인을 위해 여권이 필요하다. 여행 도중 데이터가 소진되면 충전도 할 수 있지만, 페루를 벗어나 볼리비아, 에콰도르 등으로 이동하면 사용할 수 없다.

> **Tip 인터넷 사용은 어떨까?**
> 페루의 와이파이 환경은 남미 중에서 양호한 편이다. 고급 호텔부터 호스텔까지 대부분 와이파이가 잘 터지며, 레스토랑 역시 와이파이 존이 많다. 한국에서 와이파이 도시락과 같은 포켓 와이파이를 빌려서 갈 수도 있으니 참고할 것.

8. 페루는 비자가 필요할까?

페루와 한국은 비자 면제 협정 체결국으로 최대 180일까지 무비자로 여행할 수 있지만, 보통 30~90일짜리 비자를 발행한다. 90일 이상 머물 생각이라면 입국할 때 반드시 180일짜리 스탬프를 찍어달라고 말해야 한다. 이 경우 입국 심사관이 페루 여행 스케줄, 리턴 티켓 등을 요구할 수 있다.

9. 페루에 있는 한국 대사관은?

페루 한국 대사관은 수도 리마에 있다. 여권을 분실했거나 예상치 못한 사고를 당했을 때 한국 대사관은 큰 도움이 된다. 강도를 만났거나 각종 범죄에 휘말렸을 때는 경찰서를 먼저 찾은 뒤 폴리스리포트를 들고 한국 대사관을 찾으면 된다.

페루 한국 대사관
Data 가는 법 미라플로레스 공원에서 차로 15분, 호르헤 차베스 국제공항에서 차로 15분 소요
주소 Av. Guillermo Marconi 165, San Isidro, Lima 27, Lima
전화 51-1-632-5000, 5015
운영 시간 월~금 08:30~12:00, 14:00~17:00
휴무 토·일, 공휴일
이메일 peru@mofa.go.kr

10. 페루는 안전할까?

남미의 치안은 이전보다 좋아졌지만, 여행 시 항상 안전에 유의해야 한다. 페루도 마찬가지다. 여전히 여행자를 노린 생활형 범죄가 남아 있다. 시장과 주요 명소에서는 여행자의 카메라나 지갑을 노린 날치기, 소매치기가 많고 으슥한 골목에서는 간혹 노상강도도 출몰한다.
사람이 많은 지역에서는 카메라를 꼭 목에 걸고, 여권과 휴대전화는 가방 깊숙한 곳에 넣어두는 것이 좋다. 인적이 드문 곳이나 밤 시간대는 되도록 활동하지 않는 것을 추천한다. 여행을 떠나기 전 여행자 보험을 신청하는 것도 필수다.

11. 국제전화

페루의 국가번호는 51. 페루에서 한국으로 전화할 때, 국제전화식별번호+국가번호+0을 뺀 지역번호(또는 핸드폰 통신사 번호)+전화번호를 누르면 된다.

페루에서 한국으로 전화하기
국제전화식별번호(00)+국가번호(82)+0을 뺀 지역번호 혹은 핸드폰 통신사 번호+상대방 전화번호
ex) 02-1234-5678 →
00+82+2+1234-5678 or
00+82+10+1234-5678

페루 주요 도시 지역번호
- 리마 1
- 아레키파 54
- 와라스 43
- 이카 56
- 쿠스코 84
- 나스카 56
- 푸노 51

PLANNING 04
페루 들어가기

한국에서 페루로 가는 직항 노선은 없으므로 경유편을 이용해야 한다.
북미 항공편이 가장 빠르고, 유럽 항공편은 시간이 많이 소요된다.
어디를 경유해 갈지 정하는 것도 페루 여행의 또 다른 즐거움이다.

한국에서 페루로 가는 방법은?

인천 국제공항에서 페루로 가는 직항 노선은 없으므로, 보통 1회 혹은 2회 경유하는 북미 항공편으로 리마로 들어간다. 에어캐나다를 타면 토론토, 아에로멕시코를 타면 멕시코시티, 아메리칸항공을 타면 댈러스, 델타항공을 타면 애틀랜타를 거친다. 루프트한자, 에어프랑스, KLM네덜란드항공, 이베리아항공을 이용해 유럽을 경유하는 방법도 있다. 경유 시간을 잘 활용하면 경유지 도시 관광이 덤으로 따라온다. 자세한 비행편은 리마편(063p)을 참고하자.

토론토 경유

에어캐나다는 인천-밴쿠버 혹은 인천-토론토 직항 노선을 매일 운항한다. 인천에서 토론토까지 비행시간은 13시간 정도, 토론토에서 리마까지는 약 7시간이 소요된다. 에어캐나다 직항 노선은 인천-밴쿠버 구간도 있지만, 밴쿠버-리마 구간은 토론토-리마 구간보다 더 오래 걸리기 때문에 추천하지 않는다.

토론토에서 대기 시간이 길다면 시티 투어에 참여할 수 있다. 토론토 피어슨 국제공항에서 공항철도 업 익스프레스UP Express를 타면, 금세 도심에 있는 유니언 스테이션에 닿을 수 있다. CN 타워와 리플리 아쿠아리움, 하버프런트 등은 당일치기로 충분히 둘러볼 수 있다.

멕시코시티 경유

아에로멕시코는 인천-멕시코시티 구간을 주 4회 운항한다. 인천에서 멕시코시티까지는 약 13시간 30분 정도, 멕시코시티에서 리마까지는 5시간 정도 소요된다. 장점은 캐나다나 미국 항공사보다 조금 더 빨리 남미로 갈 수 있다는 것.

멕시코시티 베니토 후아레스 국제공항은 도심에서 가깝고 지하철로도 이동할 수 있다. 멕시코시티에서 대기 시간이 길다면, 소칼로 광장 일대와 차풀테펙 등을 둘러볼 수 있다. 대기 시간이 하루 이상이라면, 근교에 있는 테오티우아칸 유적도 도전해볼 만하다. 페루를 만나러 가기 전, 중남미 분위기를 미리 느낄 좋은 기회가 된다.

댈러스 경유

아메리칸항공은 인천-댈러스 구간을 매일 운항한다. 인천에서 댈러스까지는 약 13시간 정도, 댈러스에서 리마까지는 7시간 정도 소요된다. 시내로 가려면 댈러스의 대표 교통수단인 다트DART 열차를 이용해야 한다.

터미널 간 운항하는 주황색 셔틀버스를 타고 A터미널로 이동한 후, 시내로 향하는 다트 열차를 타고 약 40분 정도 가면 다운타운에 도착한다. 존 F. 케네디 추모공원, 댈러스 아쿠아리움 등이 주요 관람 포인트. 대부분의 명소가 몰려 있기 때문에 반나절 정도면 충분히 둘러볼 수 있다.

애틀랜타 경유

델타항공은 인천-애틀랜타 구간을 매일 운항한다. 인천에서 애틀랜타까지 약 14시간, 애틀랜타에서 리마까지는 7시간 정도 걸린다. 애틀랜타 하츠필드 잭슨 국제공항에서 시내까지는 30분 정도면 이동할 수 있다. 대기 시간이 길다면 시티 투어를 추천한다. 조지아 수족관, CNN 센터, 코카콜라 박물관, 센테니얼 올림픽 공원 등이 주요 관람 포인트다.

유럽 경유

북미 경유보다 시간이 많이 소요되지만 장점은 간혹 저렴하게 항공권을 구입할 수도 있고, 짧게나마 유럽 대도시를 둘러볼 수 있다는 것. 루프트한자는 프랑크푸르트를, 에어프랑스는 파리를, 이베리아항공은 바르셀로나 혹은 마드리드를 볼 수 있다.

유럽을 경유할 경우 코드셰어를 통해 다양한 항공편을 조합해 여러 도시를 찾을 수 있다. 인천에서 파리까지는 에어프랑스를 타고, 파리에서 마드리드, 마드리드에서 리마까지는 이베리아항공을 타는 식이다. 다만 여러 항공사를 거치는 만큼 수하물 분실 우려도 있다.

호르헤 차베스 국제공항
www.lima-airport.com

PLANNING 05

알면 여행이 편해진다, **페루의 교통**

해외여행에 있어 가장 중요한 것은 현지의 주요 교통수단이다. 페루의 각 도시 간 이동은 장거리 버스와 비행기로 나뉘는데, 특히 장거리 버스를 주로 이용한다. 언제, 어디서, 어떻게 이동할 것인지 미리 계획해야 페루 여행이 편해진다.

버스

페루는 장거리 버스가 발달해 여행자 대부분이 장거리 버스를 이용한다. 리마, 이카, 나스카, 아레키파, 쿠스코, 푸노, 와라스, 트루히요 등 페루 국내 노선은 물론, 볼리비아 라파스, 에콰도르 키토 등 국제 노선도 있다. 그만큼 다양한 버스 회사가 있다.

대표적으로 크루즈 델 수르Cruz del Sur, 소유즈Soyuz, 텝사Tepsa, 울툴사Oltursa, 플로레스Flores, 페루 부스Peru Bus, 시바Civa 등이 있으며, 버스 회사의 등급에 따라 시설은 물론 서비스도 천차만별이다. 크루즈 델 수르, 텝사는 비행기 못지않은 서비스를 제공해 여행자가 가장 선호한다. 버스 터미널을 찾으면 다양한 회사의 부스가 줄지어 있는데 발품을 많이 팔수록 저렴하게 티켓을 구입할 수 있다.

크루즈 델 수르 버스

또한, 등급에 따라 요금이 다르다. 한국 고속버스에 해당하는 일반Normal, 등받이가 조금 더 기울어지는 세미 카마 Semi Cama, 세미 카마보다 등받이가 조금 더 기울어지는 카마Cama, 등받이가 180도로 기울어지는 최고 등급 살롱 카마Salon Cama순으로 요금이 비싸다. 중거리 구간 이동 시 세미 카마를 추천하고, 장거리 구간 이동 시 살롱 카마를 추천한다.

등급이 높을수록 보안에도 신경쓰므로, 일반 등급의 버스를 이용한다면 짐 보관에 특히 유의해야 한다. 반면 살롱 카마 등급 버스는 전용 승무원이 따로 탑승하며, 승객마다 철저하게 보안 검사도 이루어지므로 짐을 잃어버릴 염려가 적다. 티켓은 버스터미널에서 살 수 있는데, 다음 행선지로 가는 티켓

크루즈 델 수르 버스 예매 사이트

을 미리 구입하면 좋다. 크루즈 델 수르와 같은 고급 버스는 홈페이지나 전용 애플리케이션을 통한 예매도 가능하다. 카드 결제는 할 수 있지만 VISA 외 다른 카드는 오류가 있을 수 있다.

국내선 항공

페루 여행은 장거리 버스를 주로 이용하지만, 리마에서 아레키파나 쿠스코로 이동할 때는 국내선 항공이 훨씬 효율적이다. 또한, 북부 이키토스 정글 지대나 트루히요, 치클라요, 피우라 등으로 이동할 때도 국내선 항공을 고려해볼 만하다. 미리 발권할수록 저렴해지는데, 특히 리마-쿠스코 구간은 서두를 경우 야간 버스와 비슷한 요금으로 발권할 수 있다. 중남미 주요 항공사인 라탐항공Latam Airline, 코파항공Copa Airline, 아비앙카항공Avianca Airline, 페루비안항공Peruvian Airline, 비바항공Viva Air 등을 이용할 수 있다.

페루 국내선을 이용할 때는 보통 탑승 하루나 이틀 전 온라인 체크인을 해야 한다. 온라인 체크인은 항공사 홈페이지에서 할 수 있는데, 항공사 정책에 따라 좌석을 지정할 수도 있으니 확인해보자. 일부 항공사는 공항 카운터에서 프린트된 전자 티켓이 없으면 약간의 수수료를 받으니, 온라인 체크인 후 발급된 탑승권은 반드시 프린트해야 한다. 휴대폰에 전자 티켓을 캡처한 후 보여줘도 통과하지 못 하는 경우가 있다.

PLANNING 06
여기선 이걸 꼭! **지역별 여행 포인트**

남아메리카 중서부에 위치한 페루는 동쪽으로 브라질, 서쪽으로는 태평양, 남쪽으로는 칠레와 볼리비아, 북쪽으로 에콰도르와 콜롬비아와 맞닿아 있다. 중앙에는 안데스산맥이 관통하며 볼리비아 사이에는 티티카카 호수가 흐른다. 사막, 고산, 정글, 호수 등 다양한 자연환경을 보유하고 있어 더없이 매력적인 페루! 여행에 앞서 지역별 특성을 알아보자.

리마 Lima

페루 제1의 도시이자 행정수도. 브라질 상파울루, 칠레 산티아고, 아르헨티나 부에노스아이레스 등과 함께 남미 최대 규모의 도시로 언급되며, 이곳에서 남미 여행을 시작하는 여행자가 많아 '남미의 관문'으로 불린다. 리마 지역은 구시가지 센트로와 신시가지 미라플로레스로 나뉘지만, 최근 몇 년 사이 바랑코 지역이 급부상했다.

센트로 지역은 페루의 옛 모습을 볼 수 있는 아르마스 광장과 대성당, 한국의 강남과 같은 미라플로레스 지역은 사랑의 공원, 케네디 공원, 잉카 마켓이 관람 포인트. 바랑코 지역은 '리마의 홍대'로 불리는 만큼 광장 주변부터 해변까지 여행자가 많이 몰린다. 또한, 남미 최대 미식의 도시답게 수준급 레스토랑이 많고, 최근 여행자들 사이에서 패러글라이딩 등 각종 액티비티로도 주목받고 있다.

이카 Ica

리마 남쪽에 자리한 작은 사막 도시. 몇 년 사이 각종 미디어에 소개되면서 매일같이 여행자로 북적일 정도로 '국민 여행지' 수준이 되었다. 여행자가 이곳을 찾는 이유는 이카 인근의 와카치나 호수 주변 사막에서 버기카를 타고 사막을 질주하고, 사구에서 샌드보딩을 체험하는 일명 '버기 투어'를 즐기기 위해서다. 오후에 버기 투어를 즐긴 후, 와카치나 사구에서 바라보는 노을 또한 일품이다. 또한, 사막 한가운데 자리한 와카치나 호수는 우리가 꿈꾸던 오아시스 그 자체.

나스카 Nasca

이카 남쪽에 자리한 작은 도시지만, 나스카 라인을 보기 위해 전 세계 여행자가 나스카를 찾는다. 나스카 라인을 보는 방법은 두 가지다. 경비행기를 타거나 나스카 근교에 있는 전망대에서 볼 수 있는데, 나스카 라인을 보러 왔다면 요금이 비싸더라도 경비행기 투어에 참여하는 것이 백배 낫다. 나스카 라인 경비행기 투어를 진행하는 여행사가 많으니, 발품을 팔수록 저렴하게 티켓을 구매할 수 있다. 나스카 라인에 관해 더 자세히 알고 싶다면 나스카 근교에 있는 마리아 라이헤 박물관을 찾자.

아레키파 Arequipa

페루 제2의 도시. 잉카 제국이 멸망한 후 정복자 프란시스코 피사로가 리마와 함께 계획도시로 건설한 곳이다. 아르마스 광장과 대성당, 산 카밀로 마켓, 성 카탈리나 수도원 등 볼거리는 센트로에 몰려 있다. 특히 성 카탈리나 수도원은 아레키파에서 반드시 들러봐야 할 명소. 센트로 서쪽에 자리한 야나우아라 지구도 분위기 있는 출사 명소로 주목받고 있다.
당일치기가 가능한 근교 투어, 콜카 캐니언 투어도 큰 인기를 얻고 있다. 콜카 캐니언 투어에서는 세계에서 가장 깊은 협곡 중 하나로 불리는 콜카 캐니언에서 콘도르를 볼 수 있고, 안데스에서 온천욕을 즐길 특별한 기회도 주어진다. 여행자는 보통 아침 일찍 아레키파에서 출발해서 콜카 캐니언과 주변 소도시를 방문한 후 저녁에 돌아온다.

쿠스코 Cusco

'세계의 배꼽'으로 불린 옛 잉카 제국의 수도. 페루에서 가장 유명한 도시다. 페루에서 가장 아름다운 아르마스 광장과 대성당을 비롯해 산 페드로 마켓, 태양의 신전 코리칸차, 삭사이와만, 크리스토 블랑코 전망대, 12각돌, 로레토 거리 등이 관람 포인트. 근교의 친체로와 모라이 유적, 살리네라스 염전 등을 둘러보는 성스러운 계곡 투어가 유명하고, 무지개산으로 불리는 비니쿤카 트레킹도 인기 있는 투어다.
쿠스코를 찾는 가장 큰 이유는 단연 마추픽추. 여행자들은 보통 오얀타이탐보, 우루밤바를 거쳐 아구아스칼리엔테스를 방문한 후 마추픽추를 둘러본다. 쿠스코에서 새벽에 출발하면 당일치기로도 가능하지만, 이왕이면 1박 2일 이상 일정으로 마추픽추와 와이나픽추 모두 다녀오는 것을 추천한다.

푸노 Puno

페루 동남부에 자리한 호반 도시. 세계에서 가장 높은 곳에 위치한 호수, 티티카카 호수를 품고 있다. 센트로에서는 아르마스 광장을 기준으로 대성당, 피노 공원, 중앙 시장 등이 관람 포인트. 티티카카 호수를 가장 잘 볼 수 있는 엘 콘도르 전망대, 퓨마 우타 전망대, 망코 카팍 전망대도 있다. 당일치기 혹은 1박 2일로 우로스섬과 타킬레섬을 방문한다. 티티카카 호수 위에 갈대를 쌓아 만든 인공섬, 우로스섬에서 원주민 전통문화를 체험하거나, 명품 직물을 생산하는 타킬레섬을 트레킹하는 것도 좋은 추억이 된다. 매년 2월에 푸노에서 열리는 세계적인 축제도 기억해두자.

와라스 Huaraz

안데스산맥 인근에 자리한 고산 도시. 안데스산맥을 트레킹하기 위해 방문하는 도시라 볼거리는 없다. 아르마스 광장과 중앙 시장 주변에 여행자를 위한 레스토랑과 카페, 여행사, 숙소가 몰려 있다.
파스토루리 빙하 트레킹, 69 호수 트레킹, 파라마운트 트레킹이 대표적인 당일치기 프로그램이다. 고산 트레킹을 제대로 경험하고 싶다면 3박 4일 프로그램 산타 크루즈 트레킹을 추천한다.

PLANNING 07
나만의 특별한 **페루 스타일 여행**

페루 여행자는 2주 내외의 단기 여행자와 한 달 이상 체류하는 장기 여행자로 나뉜다. 페루의 모든 지역을 둘러보면 좋겠지만, 시간과 비용이 허락하지 않는다. 정해진 일정 안에 최대한 많은 것을 보고 싶은 것이 여행자의 마음! 알찬 페루 여행을 위해 자신만의 특별한 여행 테마를 설정해보자.

잉카의 흔적을 따라, 문화 투어

페루를 대표하는 단어, 잉카. 스페인에게 멸망하기 전까지 남미를 평정했던 잉카 제국은 21세기에도 후손들이 전통을 계승해 살아간다. 마추픽추와 쿠스코, 성스러운 계곡, 티티카카 호수, 아레키파 등에서 원주민의 생활을 볼 수 있다. 순수한 원주민과 만나는 것만으로 멋진 여행이 된다.

- 아레키파 콜카 캐니언 일대 트레킹하기(콜카 캐니언 172p)
- 쿠스코 센트로 옛 명소 걸어보기(12각돌 200p, 코리칸차 208p, 로레토 거리 200p)
- 성스러운 계곡 투어하기(친체로 212p, 모라이, 살리네라스 염전 213p)
- 마추픽추 방문하기(마추픽추 220p, 와이나픽추 222p)
- 푸노 티티카카 호수 둘러보기(우로스섬 253p, 타킬레섬 254p)

도시마다 꼭 있다, 센트로 투어

페루에는 주요 도시마다 구시가지로 불리는 센트로가 있고, 센트로의 중심에는 아르마스 광장과 대성당이 있다. 스페인이 페루를 점령한 후, 원주민을 빠르게 교화하기 위한 목적으로 아르마스 Armas라는 이름의 광장과 그 옆에 대성당을 지었기 때문. 이국적인 스페인식 건물이 즐비해 여행자들 사이에서 사진 촬영 명소로 통한다.

- 리마 센트로 여행하기(마요르 광장 075p, 리마 대성당 076p, 산 마르틴 광장 080p)
- 아레키파 센트로 여행하기(아르마스 광장 164p, 아레키파 대성당 165p, 성 카탈리나 수도원 167p)
- 쿠스코 센트로 여행하기(아르마스 광장, 쿠스코 대성당 198p, 산 프란시스코 성당 203p)
- 푸노 센트로 여행하기(아르마스 광장, 푸노 대성당 248p, 피노 공원 250p)

대자연에서 누리는 짜릿한 감동, 액티비티 투어

페루는 사막과 안데스 고산 지대, 정글, 호수 등 대자연을 품은 나라다. 덕분에 대자연을 만끽할 수 있는 각종 액티비티가 발달했다. 단언컨대 이카와 나스카, 와라스 등에서 즐기는 액티비티는 평생의 추억이 될 것이다.

- 이카 와카치나 액티비티 즐기기(버기&샌드보드 투어 122p)
- 나스카 액티비티 즐기기(경비행기 투어 142p)
- 쿠스코 액티비티 즐기기(비니쿤카 트레킹 223p)
- 와라스 액티비티 즐기기(69 호수 트레킹 275p, 산타 크루즈 트레킹 277p)

페루 여행 추천 코스&일정

PLANNING 08

여행 스타일은 제각각이지만, 지구 반대편 페루에 오기까지 소중한 시간과 큰 비용을 지불했을 것이다. 그만큼 신중하게 코스와 일정을 짜야 한다. 페루 여행자들은 리마를 기준으로 남쪽에 자리한 도시, 안데스산맥, 티티카카 호수 주변 도시를 중심으로 일정을 짤 것이다. 일주일짜리 실속 코스와 2주짜리 표준 코스를 소개한다.

시간이 촉박한 여행자를 위한
초간단 5일 코스

- **1일차** 리마 도착, 마요르 광장, 리마 대성당, 미라플로레스 지구 구경하기
- **2일차** 와카치나로 이동, 오아시스 구경 후 버기 투어하기
- **3일차** 쿠스코로 이동, 아르마스 광장, 쿠스코 대성당, 코리칸차 구경하기
- **4일차** 마추픽추 다녀오기
- **5일차** 리마로 이동, 바랑코 지구 구경하기

Tip 페루 여행, 버스&비행기

페루 여행의 기본 이동 수단은 장거리 버스와 비행기다. 수도 리마와 이카, 나스카, 아레키파, 푸노, 쿠스코, 와라스 등은 다양한 버스 노선이 연결되어 있어 장거리 버스를 주로 이용한다. 단, 리마-쿠스코, 리마-아레키파, 아레키파-쿠스코와 같은 장거리 구간은 국내선 비행기가 유리하다. 국내선 이용 시 미리 항공권을 준비하면 여행이 더욱 편해진다.

페루의 핵심 지역을 쏙쏙
페루 속성 일주일 코스

- **1일차** 리마 도착, 마요르 광장, 리마 대성당, 미라플로레스 지구 구경하기
- **2일차** 와카치나로 이동, 오아시스 구경 후 버기 투어하기
- **3일차** 아레키파로 이동, 아르마스 광장, 아레키파 대성당, 산 카밀로 마켓 구경하기
- **4일차** 콜카 캐니언 투어 참가하기
- **5일차** 쿠스코로 이동, 아르마스 광장, 쿠스코 대성당, 코리칸차 구경하기
- **6일차** 마추픽추 다녀오기
- **7일차** 리마로 이동, 바랑코 지구 구경하기

이왕 멀리 왔으니 구석구석 꼼꼼하게
페루 표준 2주 코스

- **1일차** 리마 도착, 마요르 광장, 리마 대성당, 미라플로레스 지구 구경하기
- **2일차** 와카치나로 이동, 오아시스 구경 후 버기 투어하기
- **3일차** 나스카로 이동, 경비행기 투어 즐기기
- **4일차** 아레키파로 이동, 아르마스 광장, 아레키파 대성당, 산 카밀로 마켓 구경하기
- **5일차** 콜카 캐니언 투어 참가하기
- **6일차** 푸노로 이동, 아르마스 광장, 푸노 대성당, 엘 콘도르 전망대 구경하기
- **7일차** 우로스섬, 타킬레섬 다녀오기
- **8일차** 쿠스코로 이동, 아르마스 광장, 쿠스코 대성당, 코리칸차 구경하기
- **9일차** 마추픽추 다녀오기
- **10일차** 성스러운 계곡 투어 or 비니쿤카 투어 참가하기
- **11일차** 리마로 이동, 바랑코 지구 구경하기
- **12일차** 와라스로 이동, 파스토루리 빙하 트레킹하기
- **13일차** 69 호수 트레킹하기
- **14일차** 리마로 이동, 미라플로레스 지구 구경하기

남미와 유럽의 만남, 페루 음식

페루 대표 음식

쿠이 Cuy

페루 최고의 이색 요리. 기니피그를 통째로 구운 요리로, 압도적인 비주얼에 한 번, 바삭바삭한 식감과 고소한 맛에 두 번 놀란다. 쿠이는 오래전부터 원주민들 사이에서 특식으로 전해져 내려왔다. 잘 손질된 기니피그를 양념장에 재운 후, 다양한 조미료를 넣고 바싹 구워서 먹는다. 비주얼은 흉하지만 맛은 상당히 좋다. 맥주나 와인과 완벽한 궁합을 자랑한다.

안티쿠초 Anticuchos

소의 심장으로 만든 꼬치구이 요리. 안티쿠초를 맛볼 수 있는 곳은 쿠스코나 아레키파 구시가지 거리에서부터 고급 레스토랑까지 다양하다. 자른 소의 심장을 꼬치에 꿰어 해바라기씨 기름을 두르고 철판에 한 번 구운 후, 고추, 마늘, 양파 등과 '아나토'라는 향신료를 첨가해 구우면 완성된다.
스페인 침략 당시 정복자들이 소의 살코기를 모두 가져가서 원주민들에게 소의 내장만 남아 탄생한 요리가 안티쿠초다. 제대로 맛보고 싶다면 전문 레스토랑을 추천한다.

세비체 Ceviche

페루, 에콰도르, 칠레 등에서 주로 먹는 해산물 요리. 한국의 회무침과 비슷한데, 새콤하고 매콤한 맛이 중독적이다. 잘게 썬 싱싱한 생선을 레몬즙에 30분 정도 숙성한 후, 각종 채소와 소금, 라임 등을 넣어 마무리한다.
보통 뜨거운 생선 수프와 나온다. 차가운 세비체를 급하게 먹으면 배탈이 날 수 있으니 생선 수프로 속을 달래려는 페루인의 지혜를 엿볼 수 있다.

페루 음식의 특징은 잉카 제국 시대부터 전해져 온 전통 음식과 스페인 침략으로 전해진 유럽 음식 그리고 19세기 일본과 중국인의 이민으로 유입된 아시아 음식, 퓨전 음식 등 다양한 음식이 공존한다는 것. 페루가 미식 국가로 불리는 이유다. 페루 대표 음식과 음료를 소개한다.

페루 대표 음료

치차 Chicha

정확하게는 남미에서 발효된 모든 종류의 음료수를 말하지만, 보통 옥수수를 갈아 만든 음료를 치차라고 부른다. 옥수수를 뜻하는 '호라'를 붙여 치차 데 호라Chicha de Jora로 부르기도 한다. 충분히 찐 옥수수를 발효하면 2~4도 정도의 알코올 음료가 된다.
한국 여행자는 치차를 '페루의 막걸리'라고 부른다. 약간 신맛을 띠는데, 신맛 때문에 호불호가 갈린다. 페루 대부분의 레스토랑에서 주문할 수 있다.

잉카 콜라 Inca Kola

노란빛을 띠는 콜라. 페루에서는 코카콜라보다 많이 팔린다. 그래서 잉카 콜라에 대한 페루인들의 자부심이 강하다. 아이러니하게도 지금은 코카콜라 컴퍼니가 잉카 콜라 지분의 59%를 갖고 있다.
잉카 콜라는 기존의 검은색 콜라와 달리 자극이 덜하고 달콤한 맛이 강하다. 페루 레스토랑은 물론 마켓에서 쉽게 맛볼 수 있다.

쿠스케냐 맥주 Cusqueña

1879년부터 생산된 페루 대표 맥주. 쿠스케냐는 케추아어로 '쿠스코의 여인'을 뜻하며, 마추픽추 유적을 본뜬 병 모양이 특징이다. 맥아와 홉 그리고 물만 사용해 기본에 충실한 맛. 쿠이, 치파 볶음밥, 세비체, 피자 등 대부분의 음식과 궁합이 잘 맞아 여행자에게 인기 있다. 페루 음식점, 마켓 등에서 쉽게 맛볼 수 있다.

PLANNING 10
어깨가 들썩들썩, **페루 축제**

남미의 축제는 특별하다. 쉽게 접하기 어려워 이국적인 볼거리를 약속한다. 잉카인의 전통 축제부터 입맛을 사로잡는 미식 축제까지, 페루에서 만날 수 있는 오감만족 축제를 살펴보자.

2월
칸델라리아 성모 축제
Festivity of Virgen de la Candelaria of Puno

매년 2월 1일 새벽 미사를 시작으로 푸노에서 펼쳐지는 종교 축제. 흔히 '푸노 2월 축제'라고 부른다. 2주간 열리는데, 페루 전역에서 원주민 무용수가 참여한다. 칸델라리아 성모 축제에서 페루 대부분의 춤과 공연을 볼 수 있어 여행자에게 인기 있다. 여행자들 중에는 브라질 리우 카니발, 볼리비아 오루로 카니발과 함께 '남미에서 반드시 봐야 할 축제'로 꼽기도 할 정도. 유네스코 세계 문화유산에도 지정됐다.

2월
피스코 사워 데이 Pisco Sour Day

페루 전통 칵테일, 피스코 사워Pisco Sour를 위한 축제. 매년 2월 첫째 주 토요일에는 리마 대부분의 레스토랑과 술집에서 피스코 사워를 함께 마시며 즐긴다. 이날에는 다양한 레시피의 피스코 사워를 맛볼 수 있으니 꽤 괜찮은 궁합을 자랑하는 페루 전통 음식과 함께 즐기자.
매년 7월 넷째 주 일요일에 열리는 피스코 데이Pisco Day에도 피스코 사워를 마시는 것으로 유명하다. 매년 3월 둘째 주에 열리는 수르코 와인Surco Vino 축제 역시 주목해보자.

6월
인티라이미 Inti Raymi

매년 6월 24일 쿠스코에서 열리는 잉카 축제. '태양제'라고도 불리며, 과거 잉카인들이 한 것처럼 태양신을 향한 제례를 겸한다. 케추아어로 인티Inti는 태양, 라이미Raymi는 축제라는 뜻. 보통 6월 24일에 시작해서 9일 동안 계속되는데, 춤과 노래, 각종 의식이 더해져 최고의 볼거리를 선사한다.

10월
미스투라 Mistura

매년 10월, 리마에서 열리는 남미 최대의 미식 축제. 남미 전통 음식과 유럽 음식, 아시아 음식이 공존하는 미식의 도시 리마에서는 미슐랭 레스토랑부터 길거리 가판 음식점까지 세계의 다양한 요리를 맛볼 수 있다. 축제 기간에 리마의 주요 레스토랑을 찾으면 다양한 볼거리, 먹거리를 모두 경험할 수 있다.

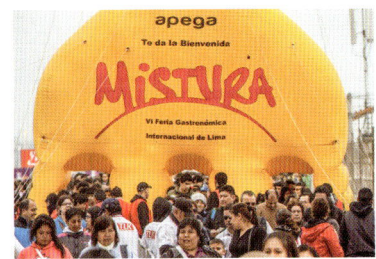

11월
푸노 데이 Puno Day

잉카 제국의 첫 번째 황제였던 망코 카팍Manco Capac의 호수 강림을 기념하는 축제로, 매년 11월 5일에 열린다. 푸노에서 10일에 걸쳐 진행되며, 푸노 인근, 우로스섬, 타킬레섬에서 살아가는 잉카 후손들의 전통 춤과 노래를 감상할 수 있다. 또한, 쿠스코와 아레키파 등 페루 다른 지역에서 참가한 원주민들의 전통 의식과 공연을 볼 수 있다.

12월
센추런티커이 Santurantikuy

매년 12월, 쿠스코 아르마스 광장에서 열리는 예술 공예품 축제. 손재주 좋은 원주민들이 만든 고품격 예술 공예품들을 한자리에서 볼 수 있어 구경하는 것만으로도 황홀해지는 경험을 선사한다. 보통 12월 24일, 크리스마스이브에 열리며 아기 예수, 성 요셉, 성모 마리아 관련 예술 공예품을 주로 진열한다. 페루에서 가장 오래된, 최대 규모의 공예 축제다.

PERU BY AREA

페루 지역별 가이드

01 리마
02 이카
03 나스카
04 아레키파
05 쿠스코
06 푸노
07 와라스

Peru by Area

01

리마
LIMA

페루의 행정수도로, 남미 여행을 시작하는
관문이다. 페루를 여행하는 이들은 말할 것도
없고, 남미 대륙 전체를 광범위하게 여행하는
이들 가운데 상당수가 리마로 입국한다.
여행자가 주로 찾는 센트로와 미라플로레스
지역을 비롯해 호르헤 차베스 국제공항이 있는
서쪽의 카야오와 산 미겔, 남쪽의 바랑코,
초리요스 등과 함께 매머드급 규모의
광역 도시를 형성하고 있다.

Lima
PREVIEW

페루의 과거와 현재, 미래를 모두 만날 수 있는 제1의 도시 리마.
여행자가 주로 찾는 곳은 옛 모습을 간직한 구시가지 센트로 지역과
고급 건물이 즐비한 신시가지 미라플로레스 지역이다. 여기에 최근 몇 년 사이
'리마의 홍대'로 불리는 바랑코 지역이 뜨고 있다.

SEE

리마 센트로 지역에는 마요르 광장과 산 마르틴 광장을 중심으로 리마 대성당, 산 프란시스코 수도원, 대통령궁 등 스페인 식민지 시대 당시에 세워진 주요 건물이 보존되어 있다. '리마의 강남'으로 불리는 미라플로레스 지역에는 쇼핑몰 라르코마르와 사랑의 공원 주변의 해변 그리고 미라플로레스 공원 주변이 관람 포인트다. '리마의 홍대'로 불리는 남쪽의 바랑코 지역도 주요 볼거리.

EAT

여행자 사이에서 '미식의 도시'로 불릴 만큼 리마에는 수준급 레스토랑이 많다. 미슐랭에 선정된 고급 레스토랑부터 부담 없이 한 끼 식사를 즐길 수 있는 체인형 레스토랑 등이 곳곳에 자리잡고 있다. 페루 전통 음식은 물론 동양, 서양 요리를 모두 맛볼 수 있다. 특히 페루 전통 음식 세비체Ceviche, 안티쿠초Anticuchos나 쿠이Cuy 요리를 좋은 레스토랑에서 맛보는 것을 추천한다.

BUY

보통 페루 기념품은 쿠스코나 아레키파 등에서 사지만, 이미 두 지역을 지나쳤다면 선택의 여지가 없다. 그런 여행자를 위한 쇼핑센터가 미라플로레스 근방에 있다. 거대한 규모의 상점가 잉카 마켓Inka Market에서 알파카 인형, 털모자와 판초, 각종 액세서리 등 페루 기념품을 구입할 수 있다. 또한, 센트로 지역에는 마요르 광장을 중심으로 크고 작은 매장이 곳곳에 있으며, 구매 시 흥정은 필수다.

SLEEP

리마에는 배낭여행자를 위한 저렴한 호스텔부터 한인 민박, 중저가 호텔, 최고급 호텔까지 다양한 타입의 숙소가 있다. 치안이 양호한 미라플로레스 공원 주변에 수준급 호스텔과 호텔이 밀집해 있는 편이다. 비교적 저렴한 호스텔의 경우 웃돈을 주면 개인룸이나 트윈룸을 예약할 수도 있다. 센트로 지역보다는 미라플로레스나 남쪽의 바랑코 지역에 숙소를 구하는 것이 좋다.

Lima
GET AROUND

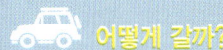 **어떻게 갈까?**

1. 항공 Airplane

인천 국제공항에서 리마 호르헤 차베스 국제공항까지 가는 직항 노선이 없으므로 경유편을 이용해야 한다. 대부분의 여행자들은 북미 대륙을 경유하는 아메리칸항공, 델타항공, 유나이티드항공, 에어캐나다, 아에로멕시코 등을 이용한다. 유럽 또는 중동을 경유하는 항공편도 있지만, 시간이 많이 소요되어 비효율적이다. 캐나다의 밴쿠버와 토론토, 미국의 LA, 휴스턴, 댈러스, 애틀랜타 등에서 스톱오버하는 것도 페루 여행에 즐거움을 더할 수 있는 방법. 쿠스코, 아레키파, 트루히요 등의 페루 다른 지역을 먼저 둘러볼 경우에는 라탐항공, 비바에어, 페루비안항공 등의 국내선을 이용한다.

리마행 주요 항공편

항공편	경유(도시 및 공항)	총 비행시간
아메리칸항공	댈러스	약 25~35시간 내외
델타항공	애틀랜타	약 25~35시간 내외
에어캐나다	토론토	약 25~35시간 내외
아에로멕시코	멕시코시티	약 25~35시간 내외
유나이티드항공	샌프란시스코	약 25~45시간 내외

2. 버스 Bus

페루는 장거리 버스를 운영하는 버스 회사가 많고, 도시마다 버스 회사별로 버스터미널이 다른 경우가 많다. 리마 역시 버스 회사에 따라 버스터미널 위치가 다르니, 반드시 미리 확인할 것. 여행자가 가장 많이 이용하는 크루즈 델 수르Cruz del Sur 회사의 터미널은 하비에르 프라도 Javier Prado에 위치해 있다.

이카에서 리마까지는 약 4시간이 소요되며, 나스카에서 약 5시간, 아레키파에서 약 15시간, 쿠스코에서 약 20시간 내외로 소요된다. 발품을 많이 팔수록 티켓을 저렴하게 살 수 있다.

호르헤 차베스 국제공항(LIM)에서 시내로 가기

호르헤 차베스 국제공항에서 센트로나 미라플로레스로 가는 방법은 다양하다. 편안하게 갈 수 있는 고품격 택시(60~100솔), 오피셜 택시(60솔~)부터 일반 택시(흥정 필요, 60솔 전후), 저렴한 공항버스(25솔~)와 로컬 버스(3솔~)가 있다. 일행이 있다면 일반 택시를 흥정해 타는 것이 좋다.

1. 공항버스 Airport Express

호르헤 차베스 국제공항과 미라플로레스 지역을 연결하는 교통편으로, 2017년 4월부터 운행을 시작했다. 편도 25솔~(또는 8달러~)로, 왕복으로 구매하면 좀 더 저렴하다. 파란색의 공항버스는 공항 터미널을 뒤로하고 전방에 있는 공항 주차장 입구 근처에서 탑승하면 된다. 공항 내 전용 부스 또는 공항버스 운전기사에게 티켓을 구입할 수 있다. 공항버스 내부에는 화장실이 비치되어 있고 무료 와이파이를 사용할 수 있다. 미라플로레스까지는 약 1시간 소요되며, 주요 호텔에 정차한다. 호텔 투숙객이 아니라면 미라플로레스 공원 근처의 호텔에서 내리는 것이 좋다. 길을 잘 모르겠다면 운전기사에게 물어보도록 하자. 자세한 운행 시간은 홈페이지에서 확인할 것.

Data 운행 시간 07:00~00:00(1시간 간격으로 운행) 홈페이지 www.airportexpresslima.com

2. 택시 Taxi

공항버스가 운행하지 않는 심야 시간 또는 3~4명이 이용하기 좋은 교통수단. 공항에서 운영하는 오피셜 택시와 일반 택시 두 가지가 있다. 오피셜 택시는 공항 택시 전용 부스에서 티켓(60솔~)을 끊을 수 있다. 안전하지만 가격은 비싼 편. 일반 택시의 경우 흥정을 하면 60솔 전후로 이용할 수 있다. 택시 요금을 잘 모를 경우, 흥정 없이 택시에 탑승하지 않도록 조심한다. 택시 탑승 시 흥정은 필수다.

최근 택시 기사들이 담합해 공항-미라플로레스 요금을 60솔부터 시작하는 경우가 많다. 더구나 심야라면 100솔을 서슴없이 부르는 택시 기사도 다반사. 이런 경우 과감히 다른 택시를 알아볼 것. 공항에서 일반 국도까지 나와 지나가는 택시를 잡는 것이 저렴하다. 여기에 흥정을 하면 더 저렴해지니 참고하자. 공항에서 미라플로레스까지는 약 40분 소요된다.

3. 우버 Uber

스마트폰 애플리케이션 기반 교통 서비스의 대명사. 동남아와 유럽, 북미 등을 여행하는 이들이 안전한 우버를 선택하는 경우가 많다. 반드시 사전에 우버 애플리케이션을 다운로드한 뒤, 신용카드 결제 정보를 입력해야 쉽게 사용할 수 있다.

또한 인터넷이 되는 장소에서만 쓸 수 있는데, 호르헤 차베스 국제공항은 30분간 무료로 와이파이 서비스를 제공하니 참고하자. 애플리케이션에서 예상 요금을 파악한 뒤 결제할 수 있어, 불필요한 흥정의 피로를 덜 수 있다.

---

4. 콤비버스 Combi Bus

공항에서 시내까지 가장 저렴하게 이동할 수 있는 교통수단. 센트로나 미라플로레스 지역까지 단돈 3솔~ 정도면 이동할 수 있다. 호르헤 차베스 국제공항 정문을 빠져나온 뒤, 왼쪽에 엘메르 파우셋Elmer Faucett 대로를 끼고 약 100m 직진하면 버스정류장이 나온다.

크기에 따라 분류하는데, 가장 작은 봉고차 크기의 버스를 콤비버스Combi Bus라고 하며, 크기가 커질수록 미크로버스Micro Bus, 옴니버스Omni Bus라고 부른다. 크기에 따라 이름만 다를 뿐 이용 방법은 같으며, 스페인어를 못해도 겁먹을 필요는 없다. 버스 기사에게 자신이 갈 목적지를 외치면 된다.

노선에 따라 미라플로레스까지 약 1시간 30분이 소요된다. 짐이 적은 여행자에게 추천한다. 단, 소매치기가 출몰할 우려가 있으니 소지품을 잘 챙기자.

---

5. 퀵야마 Quick Llama

호르헤 차베스 국제공항과 미라플로레스 지역을 연결하는 밴 서비스. 홈페이지를 통해 미리 신청한 뒤, 공항의 정해진 픽업 포인트에서 탑승한다. 요금은 편도 15솔~로 비교적 저렴한 편.

반대로 미라플로레스 지역의 숙소 픽업은 편도 20솔부터, 미라플로레스 픽업 포인트로 나올 경우 편도 15솔부터 시작한다. 반드시 홈페이지를 통해 예약 및 결제해야 하며, 공항 도착 전에 신청하는 것이 좋다. 공항버스보다 저렴하며, 심야에 도착할 경우 꽤 유용하다.

Data 홈페이지 www.quickllama.com

어떻게 다닐까?

1. 택시 Taxi

리마 내에서 가장 편리한 교통수단. 페루의 택시는 미터기가 없기 때문에 반드시 탑승 전 요금을 흥정해야 한다. 여행자는 보통 미라플로레스에서 바랑코, 센트로 지역을 오가거나 버스터미널, 공항으로 이동할 때 택시를 이용한다. 요금은 천차만별이지만, 일반적으로 미라플로레스에서 버스터미널까지 10솔 전후, 미라플로레스에서 센트로까지 15솔 전후로 흥정할 수 있다. 과도하게 높은 금액을 부른다면 다른 택시를 이용하자.

2. 콜렉티보 Colectivo

합승형 택시로, 특정 장소에서 목적지가 비슷한 사람들을 태워 출발한다. 미라플로레스에서 센트로나 바랑코 혹은 그 반대로 이동할 경우 편리하다. 보통 기사가 목적지를 외치거나 유리창에 목적지가 적힌 종이가 붙어 있다. 비용은 거리에 따라 다르지만, 1~5솔 정도로 저렴한 편. 승용차가 아닌 봉고차 규모의 콜렉티보도 있다.

3. 콤비버스 Combi Bus

리마 시내 곳곳을 거미줄처럼 연결하는 교통수단이다. 작은 봉고차 크기를 콤비버스로, 크기가 커질수록 미크로버스, 옴니버스로 부른다. 미라플로레스에서 센트로를 오가는 단거리 노선부터 미라플로레스에서 호르헤 차베스 국제공항을 오가는 장거리 노선까지 다양하다.
정확한 노선 정보는 현지인조차 모르므로, 버스에 오르기 전 차장에게 목적지를 말하고 탑승해야 한다. 요금은 1~3솔 내외로 매우 저렴해 배낭여행자들이 애용한다. 미라플로레스에서 센트로, 바랑코 지역을 다녀온다면, 버스를 이용하는 것도 괜찮다. 단, 소매치기와 날치기에 주의한다.

4. 메트로 데 리마 Metro de Lima

리마의 전철. 6개의 노선이 운행되며, 리마 시내 곳곳을 연결하고 있다(2019년 현재). 여행자보다는 현지인이 주로 이용하지만, 리마에서 장기 체류할 경우 괜찮은 교통수단이다. 단, 이용 시 전용 교통카드를 구입한 후 충전하는 것을 추천한다. 카드는 5솔, 편도 요금은 1솔 50센티보.

5. 메트로폴리타노 Metropolitano

지하철 역할을 하는 간선 급행 버스. 리마 북쪽 지역부터 센트로, 미라플로레스, 바랑코 지역을 남북으로 길게 연결한다. 매표기에서 5솔짜리 카드를 구입해 이용하면 된다. 1회 탑승 시 약 2솔 50센티모. 전용 차로로 운행되기 때문에 교통 체증에 대한 우려는 없다. 단, 인파가 몰리는 출퇴근 시간은 피할 것.

메트로폴리타노 노선도

INFO

호르헤 차베스 국제공항 Aeropuerto
Internacional de Jorge Chávez
Data 주소 Vía Expresa Elmer Faucett S/N, Callao 07031, Lima 전화 1-517-3100
홈페이지 www.lima-airport.com

크루즈 델 수르 버스터미널
Terminal Cruz del Sur
Data 주소 Av. Javier Prado Este 1109, La Victoria 15034, Lima 전화 1-311-5050
홈페이지 www.cruzdelsur.com.pe

플라자 노르테 버스터미널
Gran Terminal Terrestre Plaza Norte
Data 주소 Túpac Amaru, Cercado de Lima 15311, Lima 전화 1-202-1111
홈페이지 granterminalterrestre.com

긴급 전화번호
경찰 · 구급차 105
화재 신고 116

PERU BY AREA 01
리마

Lima
TWO FINE DAYS

리마의 볼거리는 크게 센트로와 미라플로레스 지역으로 나뉜다.
여기에 최근 바랑코 지역이 뜨고 있다. 보통 센트로 하루, 미라플로레스와 바랑코 지역을
하루에 둘러본다. 아침부터 서두른다면 하루에도 모두 둘러볼 수 있지만,
이왕이면 체력을 안배하면서 느긋하게 둘러보는 것을 추천한다.

1일차

09:00
미라플로레스 공원에서
여행 시작하기

→ 도보 10분

09:30
개성 넘치는 물건이 한가득,
잉카 마켓 구경하기

→ 도보 20분

11:00
태평양을 바라보다,
사랑의 공원 탐방하기

↓ 도보 20분

18:00
바랑코에서 백만 불짜리
태평양 노을 감상하기

← 도보 15분

16:00
리마의 홍대,
바랑코 누비기

← 택시 15분

13:00
리마 해변의 최대 규모
쇼핑몰 라르코마르 구경하기

↓ 택시 15분

19:00
미라플로레스로
돌아가기

2일차

10:00
센트로의 중심,
마요르 광장 둘러보기

도보 1분

11:00
페루에서 유서 깊은 명소,
리마 대성당 관람하기

도보 15분

12:00
으스스한 지하 묘지,
산 프란시스코 수도원 탐방하기

도보 20분

14:00
산 마르틴 광장에서
휴식하기

도보 20분

15:00
페루 현대 미술과 만나다,
리마 미술관 관람하기

택시 20분 or 버스 30분

17:00
미라플로레스
복귀 후 휴식하기

택시 20분 or 버스 30분

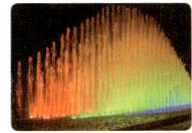

19:00
센트로 레세르바 공원에서
분수 쇼 관람하기

PERU BY AREA 01
리마

| Talk |
페루 수도 이야기

리마Lima는 페루의 행정수도이자 정치, 문화, 경제의 중심이다. '남미의 현관'으로 불리는 곳으로, 페루 여행뿐 아니라 볼리비아와 칠레, 아르헨티나, 브라질 등 남미를 두루 여행하는 장기 여행자도 리마에서부터 남미 여행을 시작한다.

페루 서부, 태평양에 면한 남미의 대표 도시 리마는 스페인의 정복자 프란시스코 피사로 Francisco Pizarro에 의해 조성되었다. 당시 잉카 제국의 수도였던 쿠스코 대신 리마를 페루 제1의 도시로 선택한 것은 파격이었다. 현재도 리마 센트로 일대에는 스페인식 건물이 즐비하다. 리마 대지진 때 일부 손상되기는 했지만, 마요르 광장과 산 마르틴 광장을 중심으로 대성당, 산 프란시스코 수도원, 대통령궁을 비롯해 크고 작은 건물이 아직도 잘 보존되어 있다. 이 지역을 리마 역사 지구Historic Centre of Lima라고도 부르며, 유네스코 세계 문화유산에도 등재되어 있다.

센트로 남쪽의 미라플로레스 지역은 구시가지 센트로 지역과 대조되는 신시가지로, 한국인 여행자들 사이에서 '리마의 강남'으로 불린다. 도심에서 해안까지 고급 빌딩과 주택가, 쇼핑몰, 레스토랑이 늘어서 있고 치안이 양호해, 여행자들 대부분이 미라플로레스에 짐을 푼다. 미라플로레스보다 더 남쪽에 위치한 바랑코 지역은 최근 주목받기 시작했다. 바랑코 광장을 기준으로 고급 레스토랑과 카페, 은행, 박물관 등이 밀집해 있고 해변 쪽 산책로 주변으로는 수준 높은 그래피티가 가득한 벽면을 볼 수 있다. 예술가가 많고 볼거리가 다양해 '리마의 홍대'라는 별칭이 붙었다.

라 우니온 거리

리마 대성당

| 구시가지 |

Writer's Pick! 센트로 관광이 시작되는 장소
마요르 광장(아르마스 광장) Plaza de Mayor

센트로 지역의 중심에 위치한 메인 광장. 아르마스 광장Plaza de Armas으로 불리다가 1998년 마요르 광장Plaza de Mayor으로 공식 명칭이 변경됐다. 이름이 바뀐 지 20년이 지났지만 현지인은 물론 여행자도 여전히 아르마스 광장으로 불러서, 미라플로레스나 바랑코 지역에서 택시를 잡고 이동할 때 아르마스 광장이라고 말해야 한다. 1535년 프란시스코 피사로가 이곳을 중심으로 도시를 조성하면서, 광장 주변으로 대통령궁, 대성당, 산 프란시스코 수도원, 산 마르틴 광장 등을 세웠다.

광장 중앙에는 초대형 분수대가 있고 주변에는 잔디밭이 있다. 주변에 대통령궁과 같은 중요 건물이 있어 경비가 삼엄한 편이니, 광장 주변에서 음주는 자제하는 것이 좋다. 센트로 지역 관광은 이곳에서 시작하는 것을 추천한다.

Data 지도 072p-B
가는 법 미라플로레스에서 택시나 버스로 30분 내외,
버스터미널에서 택시로 15분
주소 Lima District 15001, Lima

페루에서 가장 오래된 성당

리마 대성당 Catedral de Lima

마요르 광장 바로 옆에 있는 성당으로, 1535년부터 건설하기 시작해 순수 건축 기간만 20년이 넘는다. 현재까지 쿠스코 대성당과 더불어 페루에서 가장 오래된 대성당으로 꼽힌다. 리마 대지진을 겪으면서 부분 파괴되었지만, 지속적인 개보수를 거쳐 지금의 모습이 되었다. 리마 대성당은 프란시스코 피사로가 직접 초석을 놓은 곳이자, '피사로의 유체'로 불리는 그의 미라가 안치되어 있는 곳으로도 유명하다.

성당 내부에서는 호화로운 조각, 제단 등을 볼 수 있는데, 특히 14세기 종교화와 잉카 초상화가 여행자의 눈길을 사로잡는다.

Data 지도 072p-B
가는 법 마요르 광장에서 도보 1분
주소 Jiron Carabaya, Cercado de Lima 15001, Lima
전화 1-427-9647
운영 시간 월~일 09:00~17:00
요금 10솔~

리마 대성당 내부

정복자가 직접 디자인한 건물
페루 대통령궁 Palacio de Gobierno

마요르 광장 주변에 자리한 유서 깊은 건물. 스페인 식민지 시대에 프란시스코 피사로가 직접 디자인해 '피사로궁Casa de Pizarro'이라는 별칭이 붙었다. 1926년에 짓기 시작해 1938년에 완공되어, 현재는 페루 정부 청사 건물로 사용 중이다. 촘촘하게 쳐진 철창과 삼엄한 눈으로 경계 근무를 서는 군인의 모습을 보면, 이곳의 위상을 짐작할 수 있다. 내부도 둘러볼 수 있지만 최소 하루, 이틀 전 여권을 지참해 방문해야 하는 번거로움이 있어, 대부분의 여행자는 마요르 광장에서 외관만 둘러본다. 대신 매일 오전 11시 30분부터 약 한 시간 정도 진행되는 근위병 교대식은 놓치지 말자. 근엄하고 절도 있는 동작은 특별한 볼거리다.

Data 지도 072p-B
가는 법 마요르 광장에서 도보 1분
주소 Jiron de la Union S/N, Cercado de Lima 15001, Lima
전화 1-311-3900
운영 시간 월~일 09:00~13:00, 14:00~16:30
요금 무료

리마의 젖줄
리막강 Rio Rimac

대통령궁에서 5분 정도 직진하면 리막강을 가로지르는 다리를 만날 수 있다. 리막Rimac은 현지어로 '말하는 강'이라는 뜻. 리막강은 개천 수준의 작은 강이지만 엄연한 리마의 젖줄이다. 이 지역에는 비가 거의 내리지 않아 건기에는 대부분 마른 모습만 볼 수 있다.

몇 년 사이 산업 폐수와 쓰레기 무단 투기 등으로 급격히 오염되어 페루의 골칫거리가 되었지만, 한국수자원공사가 페루 정부와 리막강 물 관리 협력 양해 각서(MOU)를 체결해 도움을 주기도 했다. 리막강 건너편에 파스텔 톤의 가옥이 인상적이지만 빈민가라 치안이 좋지 않은 편이니 접근은 삼가자.

Data 지도 072p-B
가는 법 마요르 광장에서 도보 5분

으스스한 지하 무덤
산 프란시스코 수도원 Iglesia y Convento de San Francisco

1546년, 17세기 바로크 양식으로 지어진 성당. 성당을 비롯해 수녀원, 기도원, 도서관, 지하 무덤이 함께 있는 구조라 여행자들 사이에서는 성당이 아니라 수도원으로 불린다. 고풍스러운 외관과 달리 이곳 지하에는 매우 특별한 공간이 있다. 오래전 리마 가톨릭 신자들의 사후 안식처로 사용되었던 지하 무덤, 카타콤이다. 세계 최고 규모의 지하 무덤으로, 사후 부활을 꿈꾸며 잠든 7만 5000여 구의 유골이 현재까지도 잘 보존되어 있다. 해골은 해골대로, 다리뼈는 다리 뼈대로 수만 점의 유골이 잘 정리되어 있는데 눈앞에서 보면 제법 으쌕하다. 지하 무덤은 사진 촬영이 금지되어 있다.
1층의 성당에서는 초대형 십자가를 등에 지고 골고다 언덕을 오르는 예수 조각 등 세계적으로 유명한 박물관 못지않은 작품을 볼 수 있다. 오전과 오후 두 차례씩 영어와 스페인어로 진행되는 가이드 투어가 있으니 참고할 것. 시간은 자주 변동되니 현장에서 확인해야 한다. 입장료 외에 가이드 투어 비용은 없다.

Data 지도 072p-B
가는 법 마요르 광장에서 도보 10분
주소 Jiron Lampa, Cercado de Lima 15001, Lima
전화 1-426-7377
운영 시간 월~일 09:30~17:30
요금 10솔~

산 프란시스코 수도원 내부 성당

성당 내부에 있는 예수 조각상

센트로 쇼핑 명소
라 우니온 거리 Jiron de la Union

리마에서 가장 번잡하고 활력이 넘치는 거리. 마요르 광장 서쪽에 면한 거리로, 북쪽의 리막강부터 시작해 남쪽의 산 마르틴 광장까지 이어져 있다. 센트로 지역에서 가장 큰 쇼핑 명소로 크고 작은 기념품숍, 분위기 좋은 카페, 고품격 레스토랑과 백화점, 대형 슈퍼마켓까지 밀집해 있다.

원주민이 직접 만든 물건을 파는 전통 상점과 의류 매장, 액세서리 전문점 등이 함께 있어 분위기가 묘하다. 주말은 물론 주중에도 오후부터 저녁까지 현지인과 여행자로 발 디딜 틈도 없다. 또한 16세기에 지어진 라 메르세드 대성당, 전직 대통령을 기리는 기념비, 콜론 극장, 페루 문학관 등 숨은 볼거리가 많다. 언제나 인파가 가득한 곳이라 소매치기가 있으니 각별히 주의하자.

Data 지도 072p-B
가는 법 마요르 광장에서 도보 1분
주소 Jiron de la Union, Cercado de Lima 15001, Lima

페루 해방의 영웅을 기리다
산 마르틴 광장 Plaza San Martin

마요르 광장 남쪽에 있는 초대형 광장. 광장 중앙에는 호세 데 산 마르틴Jose de San Martin의 기마상이 우뚝 서 있다. 산 마르틴은 '남미 해방의 아버지'로 불리는 시몬 볼리바르Simon Bolivar와 함께 남미의 주요 나라 해방에 결정적 역할을 했던 인물로, 특히 페루 독립에 큰 공을 세워 페루 국민들에게 존경받는 영웅이다. 오늘날 산 마르틴 광장은 현지인과 여행자의 휴식 공간이자, 각종 집회와 축제의 무대가 되었다. 센트로 지역에서 가장 북적이는 라 우니온 거리를 끼고 있어, 산 마르틴 광장을 시작으로 마요르 광장부터 리막강까지 근사한 관광 코스가 완성된다.

Data 지도 072p-B
가는 법 마요르 광장에서 도보 10분 **주소** Av. Nicolas de Pierola 1800, Cercado de Lima 15001, Lima

산 마르틴 장군 기마상

리마 속의 작은 중국
차이나타운 Chinatown

센트로 동쪽에 있는 차이나타운은 세계 여느 도시의 차이나타운과 마찬가지로 커다란 중국식 대문이 맞아주는 곳. 여행자와 리마 현지인이 자주 찾는 명소다. 스페인 식민지 시대 때 중국인 이민자 1세대가 리마에 터를 잡아 지금의 차이나타운이 형성되었다. 중국식 상점과 레스토랑, 카페가 오밀조밀하게 붙어 있으며 일부 마켓에서는 라면 등 한국 식품도 판매한다. 리마 로컬 시장과 경계가 분명하지 않고 관광지로서의 매력은 다소 떨어지지만, 차이나타운 특유의 시끌벅적한 분위기는 한 번쯤 경험해볼 만하다.

Data 지도 072p-B **가는 법** 마요르 광장에서 도보 10분
주소 Barrio Chino, Lima District 15001, Lima

리마의 보물창고
리마 미술관 Museo de Arte de Lima

엑스포 공원 안에 위치한 미술관. 줄여서 말리MALI라고 부른다. 페루 근현대 화가들의 작품이 주를 이룬다. 잉카 문명 유물과 원주민이 직접 만든 도자기와 직물 그리고 페루 옛 모습을 담은 사진, 개성 넘치는 영상 아트 작품 등 관람할 수 있는 작품이 다양하다. 상설 전시와 특별 전시로 나뉜다. 멕시코의 디에고 리베라, 콜롬비아의 페르난도 보테로와 같은 남미의 유명 예술가의 특별전이 열린 적도 있다. 리마 미술관 전용 애플리케이션을 다운로드하면 일부 작품의 영어 설명이 제공된다. 매주 목요일 오후 3시 이후에는 무료로 입장할 수 있다.

Data 지도 072p-C
가는 법 마요르 광장에서 도보 20분, 차로 10분 주소 Parque de la Exposicion, Paseo Colon 125, Cercado de Lima, Lima 전화 1-204-0000
운영 시간 화~금·일 10:00~19:00, 토 ~17:00
휴무 월요일, 5/1, 12/24, 25, 1/1 요금 30솔~
홈페이지 www.mali.pe

리마의 역사를 한눈에
수도 리마 박물관 Museo Metropolitano de Lima

엑스포 공원 남쪽 끝에 자리한 박물관. 마요르 광장 주변으로 60여 개에 달하는 박물관이 있는데, 그중 수도 리마 박물관은 리마의 과거와 현재를 한눈에 볼 수 있는 자료가 가득한 곳이다. 잉카 제국부터 스페인 식민지 시대를 거쳐 현재에 이른 도시 리마의 역사를 볼 수 있다.
역사에 관심이 많다면 들러볼 만한 곳. 박물관 자료 중 리마의 역사를 담은 영상이 여행자의 발길을 붙잡는다. 남미의 현관으로 불리는 리마의 발전 과정을 볼 수 있으니, 리마의 매력을 더 느끼고 싶다면 꼭 들러보자.

Data 지도 072p-E
가는 법 마요르 광장에서 도보 25분, 차로 10분
주소 Av. 28 de Julio con Av. Garcilaso de la Vega, Lima
전화 1-433-7122
운영 시간 화~일 10:00~18:00
휴무 월요일 요금 8솔~

PERU BY AREA 01
리마

리마 도심 속 허파
엑스포 공원 Parque de la Exposicion

1872년에 열린 리마 국제 전시회를 기념하기 위해 만들어졌는데, 현재는 리마를 대표하는 공원으로 자리 잡았다. 리마 현지인이 가장 사랑하는 공원으로 낮에는 그들이 피크닉을 즐기는 모습도 쉽게 볼 수 있다.

원형 극장과 크고 작은 무대에서는 라이브 공연도 열리고, 리마 미술관과 수도 리마 박물관도 공원 안에 있다. 리마 미술관 북쪽에 자리한 이탈리아 미술관Museo de Arte Italiano도 눈여겨볼 만한 곳. 1957년 문을 연 이후 줄곧 같은 자리에 있는데, 이국적인 외관은 볼 가치가 충분하다. 공원 중앙의 인공 연못 주변으로 공작이 살고 있어 멋진 기념사진도 찍을 수 있다.

Data 지도 072p-D **가는 법** 마요르 광장에서 도보 20분, 차로 10분
주소 Av. 28 de Julio, Cercado de Lima 15046, Lima **전화** 1-200-5508

화려한 분수 쇼
레세르바 공원 Parque de la Reserva

이곳이 특별한 이유는 밤마다 펼쳐지는 화려한 분수 쇼 때문이다. 저녁이 되면 수많은 여행자가 약 30분간 진행되는 분수 쇼를 보기 위해 레세르바 공원 중앙에 있는 마법 분수대Magic Water Circuit로 몰려든다.

80m 높이로 솟아오르는 마법의 분수, 35m 길이의 터널 분수 등 12개의 분수 쇼를 감상할 수 있다. 시원하게 솟구치는 물줄기 위에 형형색색의 레이저로 페루 전통 이미지를 번갈아 보여준다. 여기에 페루 전통 음악이 더해져 리마 최고의 밤을 선사한다.

Data 지도 072p-F **가는 법** 마요르 광장에서 도보 40분, 차로 15분
주소 Jr. Madre de Dios S/N, Cercado de Lima, Lima
전화 1-424-0827 **운영 시간** 화~일 15:00~22:30 **휴무** 월요일
요금 분수 쇼 4솔~

| Talk |

리마에서 즐기는 액티비티

*리마는 미라플로레스 해안을 한눈에 감상할 수 있는 패러글라이딩과
태평양 앞바다의 높은 파도를 즐길 수 있는 서핑 등 수준 높은 액티비티로도 유명한 곳.
저렴하게 즐길 수 있어 더욱 인기 있다.*

리마 창공을 비행하는 패러글라이딩

태평양에 면한 리마는 다양한 액티비티가 발달한 도시다. 높은 파도를 타고 스릴을 만끽하는 서핑, 자전거로 해안 도로를 따라 달리는 하이킹, 해안 절벽에서 뛰어내리는 스카이다이빙 등에 더해, 최근 몇 년 사이 여행자들 사이에서 패러글라이딩이 인기를 끌고 있다. 리마 미라플로레스와 막달레나 지역에서 패러글라이딩을 즐길 수 있다. 전문 파일럿과 함께 탑승하기 때문에 안전에 대한 걱정은 하지 않아도 된다.

패러글라이딩으로 유명한 스위스나 터키, 콜롬비아에 비해 요금이 저렴하다. 요금은 150~180솔 정도로, 인원수나 상황에 따라 흥정 가능하다. 콘도르 익스트림ConderXtreme, 인피니티Infinity, 아에로익스트림 에스쿠엘라 데 파라펜테AeroXtreme Escuela de Parapente 등의 여행사 혹은 홈페이지를 통해 신청할 수 있다. 바람이 심하게 불거나 악천후에는 취소될 수 있으니 참고할 것.

콘도르 익스트림 Condor Xtreme
Data 전화 9473-92102
홈페이지 www.condorxtreme.com/en

인피니티 Infinity
Data 전화 9934-29294
홈페이지 www.infinitycross.com/paragliding-school-miraflores-lima-peru

아에로익스트림 에스쿠엘라 데 파라펜테
AeroXtreme Escuela de Parapente
Data 전화 1-242-5125
홈페이지 www.aeroxtreme.com

리마 해변에서 서핑 체험하기

리마 해안은 최대 높이 3m 정도의 파도와 안정적인 수온으로 서핑을 즐기기에 최적의 환경을 자랑한다. 서핑으로 유명한 호주, 인도네시아, 미국 등에 비해 요금도 저렴하다. 여행자는 보통 와이키키 해변Playa Waikiki에 가는데, 주변에 서핑숍이 많아 즉석에서 요금을 흥정한 후 체험할 수 있다. 서핑에 자신이 있다면 장비만 빌려 바로 바다로 향하면 되지만, 초보자라면 1시간 정도 진행되는 강습을 수료해야 한다.

장비 대여는 약 30솔 내외, 강습료는 약 60솔 내외다. 리마 해변은 백사장이 아니라 둥근 돌로 이루어져 아쿠아 슈즈를 신지 않으면 발이 매우 아프니, 장비를 대여할 때 기억해두자. 서핑 체험 시 수영복을 입고 가는 것을 추천한다.

| 신시가지 |

길고양이의 안식처
미라플로레스 공원 Parque Central de Miraflores

미라플로레스 지역의 대표적인 명소. 호르헤 차베스 국제공항이나 버스터미널에서 미라플로레스 지역으로 이동하는 여행자가 가장 먼저 이곳을 거쳐간다. 미라플로레스 지역 초입에 위치해 온종일 유동 인구가 많다. 공원에는 추로스와 페루 전통 옥수수 음료 치차, 소의 심장으로 구운 안티쿠초 등 페루 전통 먹거리를 파는 상인이 많다. 저녁에는 공원 중앙에 있는 무대에서 각종 축제도 종종 열린다.

또한, 유독 길고양이가 눈에 띄는데, 사람을 두려워하지 않고 오히려 애교를 부리며 다가오는 경우도 많다. 잘 정돈된 꽃밭과 함께 멋진 피사체가 되어준다. 미라플로레스 공원 남쪽에 있는 케네디 공원, 성당, 시청 건물을 함께 둘러보는 것을 추천한다. 주변에 자전거 대여소도 많아 자전거를 빌려 해변까지 달리는 것도 좋다.

Data 지도 073p-A
가는 법 버스터미널에서 차로 15분
주소 Diagonal, Miraflores 15074, Lima
전화 1-313-3773

공원 중앙에 있는 조형물

낭만적인 절벽 공원
사랑의 공원 Parque del Amor

태평양이 한눈에 보이는 절벽에 자리한 테마 공원으로, 연인이 열정적으로 키스하는 조형물이 중앙에 자리한다. 곡선미를 강조한 벤치와 타일 조각을 붙여 만든 외벽 등 세계적으로 유명한 스페인 건축가 안토니오 가우디가 설계한 구엘 공원을 모방해 설계한 흔적을 발견할 수 있다. 타일 외벽에는 사랑과 관련된 스페인어 격언이 적혀 있다.
리마 현지 젊은이들도 자주 찾는 곳으로 가끔 키스 이벤트가 저녁에 열린다. 사랑의 공원을 등지면 절벽 아래로 이어진 해안 산책로와 그 뒤로 펼쳐지는 태평양이 보인다. 일몰 명소로도 유명하다.

Data 지도 073p-C
가는 법 미라플로레스 공원에서 도보 20분 **주소** Malecón Cisneros, Miraflores 15074, Lima

태평양을 품은 복합 쇼핑몰
라르코마르 Larcomar

태평양을 낀 해변에 조성된 복합 쇼핑몰이다. 명품 브랜드숍, 고급 레스토랑과 특급 호텔 등이 다수 입점해 있다. 3층 규모로, 절벽을 깎아 만들어 전망이 환상적이다. 세계 어느 도시의 복합 쇼핑몰과 마찬가지로 쇼핑이 목적이 아니라도 즐길 거리, 볼거리가 가득하다.
리마의 상류층이 주로 이용하는 곳이라 영화관, 볼링장, 게임장, 고급 나이트클럽 등도 있다. 치안이 좋은 곳이니 밤 늦은 시간에도 걱정 없이 즐길 수 있다.

Data 지도 073p-C **가는 법** 미라플로레스 공원에서 도보 20분
주소 Malecón de la Reserva 610, Miraflores 15074, Lima **전화** 1-625-4343
운영 시간 월~일 10:00~22:00

질 좋은 기념품 천국
잉카 마켓 Inka Market

미라플로레스 공원에서 북동쪽으로 조금만 걸으면 기념품숍이 즐비한 잉카 마켓이 나타난다. 잉카 마켓, 메르카도 마켓, 쿠스코 마켓 등 다양한 이름의 마켓이 연달아 붙어 있는데, 이 마켓을 한데 묶어 잉카 마켓Inka Market이라고 부른다. 이곳에는 다양한 색상의 알파카 인형, 잉카 콜라 문양이 프린팅된 티셔츠, 마추픽추가 새겨진 마그네틱, 부드러운 라마 털로 짠 털모자와 판초, 각종 액세서리 등 여행자를 홀리는 기념품이 가득하다.

쿠스코나 아레키파, 볼리비아 등으로 갈 예정이라면 스웨터나 털모자, 판초 등 추위에 대비할 수 있는 의류를 구매하자. 정찰제가 아니기 때문에 흥정은 필수다. 고급 기념품숍 일부에서는 카드 결제가 되지만, 대부분은 오로지 현금만 받는다.

Data 지도 073p-B
가는 법 미라플로레스 공원에서 도보 5분
주소 Jr. Gonzáles Prada 280, Miraflores 15074, Lima
운영 시간 월~일 09:00~18:00

Tip 페루 시장에서는 흥정이 필수!

페루의 재래시장은 거의 정찰제가 아니다. 리마의 잉카 마켓, 쿠스코의 산 페드로 마켓, 아레키파의 산 카밀로 마켓 등에서 물건을 구입할 때 흥정은 선택이 아닌 필수. 물가를 잘 모르는 여행자에게 상인들은 2~3배의 값을 부른다. 시세를 알고 가는 것이 가장 좋지만, 모른다면 상인이 부르는 절반 가격을 불러보자. 여러 상점을 거치면서 상인과 실랑이를 하다 보면 적당한 시세를 알 수 있다. 물건 가격을 물을 때는 영어보다 스페인어로 "콴토 쿠에스타?¿Cuánto cuesta?(얼마예요?)"라고 묻는 게 더욱 효과적이다.

진짜 페루와 만나다
라르코 박물관 Museo Larco

"페루에 대해 제대로 알고 싶다면 라르코 박물관에 가라"는 말이 있을 정도로 페루에 대한 양질의 자료를 소장하고 있는 박물관이다. 1926년 인류학자 라파엘 라르코가 건립했다. 잉카 문명 이전 여러 부족 사회의 자료는 물론, 콜럼버스가 잉카를 발견하기 전 신대륙의 흔적을 볼 수 있다. 페루 해안에서 융성했던 모치카 문명, 북부의 치무 문명, 남부의 파라카스, 나스카 문명과 잉카 문명 그리고 스페인 식민지 시대까지 이어지는 페루의 역사를 한눈에 볼 수 있다.

개인 박물관이지만 페루 국립 박물관보다 더 많은 유물을 보유하고 있다. 느긋하게 라르코 박물관을 둘러보면 페루 역사에 대한 의문이 어느 정도 해소될 것이다. 메인 전시관 외에도 잘 꾸며진 정원도 있어, 다소 떨어지는 접근성과 비싼 요금을 감안하더라도 가볼 만한 곳이다.

Data 지도 070p-A
가는 법 미라플로레스 공원에서 차로 20분, 마요르 광장에서 차로 20분
주소 Av. Simón Bolívar 1515, Pueblo Libre 15084, Lima
전화 1-461-1312
운영 시간 월~일 09:00~22:00, 12/24, 25, 31, 1/1 ~18:00
요금 30솔~
홈페이지 www.museolarco.org

PERU BY AREA 01
리마

페루에서 가장 큰 동물원
리마 동물원 Parque de las Leyendas

페루 최대 규모의 동물원. 주말에는 현지인들로 북적인다. 페루에서 흔히 볼 수 있는 라마, 알파카 등과 기린, 사자, 호랑이 등 동물원에서 흔히 볼 수 있는 동물부터 개미핥기 같은 희귀동물까지 만날 수 있다.

리마 동물원은 정글과 호수, 초원, 고산 극지방 등 사육 중인 동물의 환경에 맞춰 구역을 구분했다. 각 우리마다 해당 동물의 특징과 서식지, 수명, 크기 등 설명이 잘 되어 있다. 또한 동물원 내에 고풍스러운 분위기의 유적지가 있는 점이 특이하다. 중간중간 작은 박물관도 있다.

동물원의 규모가 거대해서 길을 잃기 쉬우니 입구에서 미리 지도를 확인하자. 약간의 요금을 내면 사육장을 도는 순환버스를 이용할 수 있으니 참고할 것. 그늘이 없는 곳이 많으니 챙이 넓은 모자와 선글라스, 선크림은 필수다.

Data 지도 070p-A
가는 법 미라플로레스 공원에서 차로 25분, 마요르 광장에서 차로 20분
주소 Av. Las Leyendas 580, San Miguel 15088, Lima
전화 1-644-9200
운영 시간 월~일 09:00~17:00
요금 14솔~
홈페이지 leyendas.gob.pe

리마의 홍대로 불리는 곳
 바랑코 광장 Plaza de Barranco

Data 지도 073p-F
가는 법 미라플로레스 공원에서 차로 15분
주소 Barranco District 15063, Lima

바랑코는 최근 몇 년 사이 주목받기 시작한 지역. 오랫동안 리마를 여행할 때 갈 만한 곳은 미라플로레스와 센트로뿐이었는데, 바랑코의 등장으로 여행자가 선택할 수 있는 폭이 넓어졌다. 예술가가 많고 볼거리가 다양해 한국인 여행자들 사이에서 리마의 홍대라는 별칭이 붙었다. 바랑코 광장을 기준으로 고급 레스토랑과 카페 등이 밀집해 있고, 해변으로 연결된 산책로 주변에는 수준 높은 그래피티가 가득한 벽면이 있어 90년대 홍대를 보는 듯하다.

히피들이 여행자를 상대로 조잡한 액세서리를 팔거나 즉흥 연주를 들려주는 모습도 쉽게 볼 수 있다. 리마의 떠오르는 문화예술의 중심지라 많은 예술가들이 이곳에 거주한다. 광장 주변으로 전기 박물관, 마리오 테스티노 박물관, 페드로 데 오스마 박물관 등 수준급 박물관도 많다.

Tip 바랑코의 노을

바랑코 지역도 미라플로레스 지역과 마찬가지로 서쪽에 태평양을 끼고 있다. 일부 지역은 절벽이 있는 언덕에 자리해, 바랑코에서 바라보는 노을이 압권이다. 바랑코의 자유분방한 분위기와 어우러져 일몰 포인트로 유명하다. 바랑코 지역에서 태평양으로 넘어가는 해를 보는 것은 여행 중 특별한 추억을 선사한다.

미라플로레스 지역에 비해 덜 붐벼서 쾌적한 환경에서 노을을 즐길 수 있고, 주변의 분위기 있는 레스토랑이나 카페에서 우아하게 저녁을 즐기는 것도 좋다.

장군의 고품격 개인 소장품
페드로 데 오스마 박물관 Museo Pedro de Osma

바랑코 광장 주변에는 한 번쯤 가볼 만한 박물관이 많다. 페드로 데 오스마 박물관은 17세기 초반, 페루에 온 페드로 데 오스마Pedro de Osma 장군의 개인 소장품과 수집품을 모아 개장한 박물관이다. 주요 전시품은 스페인 식민지 시대에 쿠스코 지역에서 수집한 종교화와 조각들.

10개 이상의 전시관으로 구성돼 있는데 본격적으로 보고 싶다면 입구에서 가이드 투어를 신청하자(영어, 스페인어, 하루 5회 진행, 가격은 티켓에 포함). 입구 주변의 아름다운 정원을 배경으로 기념사진을 남기기도 좋은 곳이다. 내부 사진 촬영은 허용되지만 플래시는 꺼야 한다. 또, 입장하기 전 입구에 가방을 맡겨야 한다.

Data **지도** 073p-F **가는 법** 바랑코 광장에서 도보 10분
주소 Pedro de Osma 421, Barranco 15063, Lima
전화 1-467-0063 **운영 시간** 화~일 10:00~18:00 **휴무** 월요일
요금 30솔~ **홈페이지** museopedroosma.org/en

페루가 낳은 세계적인 사진작가
마리오 테스티노 박물관 Museo Mario Testino

세계적으로 유명한 페루 출신 사진작가 마리오 테스티노 Mario Testino의 이름을 딴 박물관으로, 2012년에 건립됐다. 약칭 MATE 박물관으로 불린다. 마리오 테스티노는 패션 사진으로 유명하며, 버버리의 광고 사진과 구찌의 캠페인 사진으로 역사 속으로 사라질 위기에 처한 브랜드의 가치를 높여 패션계에서 높은 영향력을 가진 인물로 평가받는다.

2013년 한국에서 사진전도 열렸을 정도로 한국에도 팬층이 있다. 마리오 테스티노 박물관에는 고(故) 다이애나 왕세자비 사진과 쿠스코 축제 현장을 찍은 사진 등 마리오 테스티노의 주요 작품이 전시되어 있다.

Data **지도** 073p-F **가는 법** 바랑코 광장에서 도보 10분
주소 Av. Pedro de Osma 409, Barranco 15063, Lima
전화 1-200-5400
운영 시간 화~일 10:00~18:30 **휴무** 월요일
요금 월~토 10솔~, 일 5솔~
홈페이지 www.mate.pe/en

가슴 아픈 이야기가 깃든 다리
한탄의 다리 Puente de los Suspiros

바랑코 지역 명소 중 하나. 과거에 청소부 소년과 사랑에 빠진 부잣집 딸이 있었는데, 그들이 이루어질 수 없는 사랑에 한숨을 내쉬며 이 다리를 건넜다는 전설이 전해진다. 전설은 또 다른 전설을 낳는 법. 숨을 참은 채 소원을 빌며 다리 끝에서 반대편 끝까지 건너면 그 소원이 이루어진다는 이야기가 있다.

다리 건너편에는 크고 작은 공원이 있고, 다리 밑으로는 해변과 연결된 거리가 나온다. 거리 주변에 분위기 있는 레스토랑이 모여 있다. 주변 골목에서 수준급의 그래피티가 가득한 벽화를 볼 수 있어 출사지로도 명성이 높다.

Data 지도 073p-F **가는 법** 바랑코 광장에서 도보 5분
주소 Jr. Batallón, Ayacucho 271, Barranco 15063, Lima

페루 전기의 역사를 보다
전기 박물관 Museo de la Electricidad

페루전기공사에서 운영하는 박물관. 바랑코 광장 남쪽에 위치해 있다. 현재는 볼 수 없지만 이전에는 리마에 전차가 다녔는데, 리마 시내 곳곳을 누비던 전차 모형이 전기 박물관 입구에 있다. 전기 발생의 기본 원리를 알 수 있는 자료부터 1~2세기 전 시대의 전기기기까지, 다채로운 전시 자료를 통해 페루 전기의 역사를 한눈에 볼 수 있는 곳이다.

주로 체험학습을 위해 페루 학생들이 많이 찾는다. 직접 버튼을 눌러보고, 작동시킬 수 있는 기기가 곳곳에 설치되어 있다. 클래식 TV, 라디오, 유선 전화기와 주크박스를 보며 20세기의 향수에 잠겨볼 수도 있다.

Data 지도 073p-F **가는 법** 바랑코 광장에서 도보 2분
주소 Av. Pedro de Osma 105, Barranco 15063, Lima
전화 1-477-6577 **운영 시간** 월~일 09:00~17:00 **요금** 무료

태평양을 바라보는 예수상
크리스토 델 파시피코 Cristo del Pacifico

초리요스 지역 언덕에 자리한 전망대. 남미의 도시에는 예수상이나 성모 마리아상이 있는 언덕이 많다. 브라질 리우데자네이루 코르코바도 언덕의 예수상, 볼리비아 코차밤바 산 페드로 언덕의 예수상, 칠레 산티아고 산 크리스토발 언덕의 성모 마리아상 등이 대표적인데, 리마에도 예수상이 있다. 아직 한국인 여행자들 사이에서는 생소하지만 서양 여행자들과 리마 현지인들 사이에선 유명한 명소다.

인자한 표정으로 태평양을 향해 두 팔을 벌리고 있는 백색의 예수상을 배경으로 기념사진을 찍어보자. 이곳에 가기 위해서는 슬럼가를 지나야 하므로 도보보다는 택시를 타고 오르는 것을 추천한다. 맑은 날에는 초리요스와 바랑코 시내, 멀리 미라플로레스 지역의 해안까지 감상할 수 있다.

Data 지도 073p-F **가는 법** 바랑코 광장에서 차로 15분
주소 Cristo del Pacifico, Chorrillos 15067, Lima

현지인 추천 테마파크
더 팜 빌라 The Farm Villa

초리요스 지역에 있는 초대형 테마파크. 리마에서 오래 머물 예정이라면 현지인들이 즐기는 테마파크를 둘러보는 것도 좋다. 동물원, 놀이기구, 수영장, 승마장 등이 모여 있어 아이와 어른이 함께 즐길 수 있다. 이곳의 자랑은 초대형 규모의 수영장. 푹푹 찌는 리마의 무더위를 피하기에 더할 나위 없는 선택이다. 센트로와 미라플로레스 지역에서 멀기 때문에, 더 팜 빌라에 간다면 시간을 여유있게 잡는 것을 추천한다.

Data 지도 070p-I
가는 법 바랑코 광장에서 차로 30분
주소 Alameda del Premio Real 397, Distrito de Chorrillos 15067, Lima
전화 1-717-7771
운영 시간 월~일 10:00~18:00
요금 30솔~ (성인, 학생 요금 동일)

| Talk |

페루의 대형 마트를 이용해보자, 메트로 Metro

리마의 식비가 부담되거나 숙소에서 간단하게 한 끼 식사를 만들어 먹고 싶다면, 메트로Metro를 찾아보자. 다양한 식재료를 저렴하게 구매할 수 있다. 페루 전역에서 볼 수 있는 대형 슈퍼마켓으로 리마에도 센트로, 미라플로레스, 바랑코에 지점이 있다. 여행자들이 주로 찾는 곳은 미라플로레스 지점이다. 외관이 노란색이라 쉽게 찾을 수 있다.

매우 저렴한 가격에 다양한 식재료를 살 수 있어 배낭여행자들에게 특히 사랑받는다. 아침에 가면 갓 나온 따끈따끈한 빵을 싸게 살 수 있고, 싱싱한 과일부터 각종 스낵, 음료, 주류 등도 모두 살 수 있다. 특히 공동 취사 공간이 딸린 호스텔에 묵는다면 메트로 식품 코너에서 간단하게 만들 수 있는 요리 재료를 구입해 한 끼 식사를 해결할 수 있다. 또한 치약과 비누, 샴푸, 일회용 면도기, 양말 등 생필품도 살 수 있어 여행자들에겐 오아시스와도 같은 곳.

일부 지점에는 클라로, 엔텔 등 통신사 부스도 입점해 있어 유심 카드도 구입할 수 있으며, 장거리 버스표를 예매할 수도 있다. 버스표를 사고 싶다면 여권을 지참하고 텔레티켓Teleticket 표지판을 찾으면 된다. 입구 쪽에는 다양한 은행의 ATM 기기가 비치되어 있어 언제든 페루 화폐를 찾을 수 있다.

Data 지도 073p-A 가는 법 미라플로레스 공원에서 도보 7분 주소 Calle Schell 250, Miraflores 15074, Lima 전화 1-613-8888 운영 시간 24시간(지점마다 다름)

리마 미식 이야기

태평양이 가깝고 전 세계에서 여행자가 몰리는 리마는 이전부터 다양한 음식이 발달했다. 유명한 여행 정보 사이트 트립어드바이저, 유명 잡지 〈내셔널 지오그래픽〉 등에서 '미식 관광지 TOP CITY'에 선정되었을 정도. 리마 미라플로레스, 바랑코, 센트로 지역에는 세계적으로 인정받은 미슐랭 레스토랑부터 여행자의 입맛을 사로잡는 숨은 맛집까지 발에 챌 정도로 많다. 센트랄 레스토란테Central Restaurante, 마이도Maido, 아스트리드 이 가스톤Astrid y Gaston과 같은 일부 레스토랑은 예약하지 않으면 방문하기 어려울 정도로 유명해졌다. 페루 전통 음식부터 해산물 요리, 그리고 다양한 방식으로 재해석한 현대식 페루 요리까지, 리마에서 맛볼 수 있는 먹거리는 무궁무진하다. 매년 가을에 펼쳐지는 남미 최대 음식 축제, 미스투라Mistura의 인기 역시 리마가 미식의 도시로 거듭나는 데 한몫했다.

페루 요리가 주목받는 이유는 풍부한 식재료 덕분. 내륙에는 안데스 고산과 호수가, 서쪽에는 태평양이, 북쪽에는 아마존 정글이 인접해 있어 싱싱한 원재료를 쉽게 조달할 수 있다. 다양한 기후대에서 생산되는 식재료와 유럽, 아프리카, 아시아 이민자의 영향으로 페루의 식탁은 더욱 풍성해졌다. 페루를 여행한다면 리마는 꼭 거쳐가는 도시다. 페루에서만 맛볼 수 있는 음식부터 다양한 퓨전 음식까지 골고루 즐겨보자.

중국식 볶음밥 치파

샌드위치

스페인식 닭고기 볶음밥

세비체

리마에서 가장 유명한 레스토랑
센트랄 레스토란테 Central Restaurante

2016년, '남미 베스트 레스토랑 50'에서 1위를 차지하고, 같은 해 '월드 베스트 레스토랑 50'에서도 4위에 오르며, 페루를 넘어 세계를 향하고 있는 리마 최고의 레스토랑이다. 페루의 스타 셰프 비르힐리오 마르티네스Virgilio Martínez가 운영하는 레스토랑으로, 페루 전통 요리에 세계 각국의 레시피를 조합해 색다른 메뉴를 만들어냈다. 잉카 원주민이 주로 먹는 메뉴부터 페루 전통 음식과 유럽 음식이 조화롭게 섞인 퓨전 메뉴까지, 맛볼 수 있는 요리의 폭을 넓게 구성했다. 보통 코스 요리를 주문한다.

특히 가격 대신 안데스산맥부터 아마존 정글까지, 메인 식재료를 채취한 곳의 해발고도가 적혀 있는 메뉴판이 눈길을 끈다. 신선한 재료와 예술 작품을 보는 듯한 화려한 플레이팅이 세계적인 레스토랑의 명성을 증명한다. 10~15분 간격으로 요리가 나와 오랜 시간 식사를 즐길 수 있다. 센트랄 레스토란테에서 특별한 저녁 식사를 경험하고 싶다면, 적어도 여행 2~3개월 전 홈페이지에서 예약하는 것은 필수다.

Data 지도 073p-F
가는 법 미라플로레스 공원에서 도보 20분, 차로 7분
주소 Av. Pedro de Osma 301, Barranco 15063, Lima
전화 1-242-8515
운영 시간 월~토 12:45~13:30, 19:45~20:30
휴무 일요일
가격 코스 음식 1인 500솔 내외
홈페이지 centralrestaurante.com.pe

PERU BY AREA 01
리마

페루 음식과 일식의 하모니
마이도 Maido

리마에 있는 최고 수준의 레스토랑 중 한 곳으로, 2008년 미라플로레스 지역에 오픈했다. 일본 스타일을 더한 페루 요리, 일명 닛케이 퀴진Nikkei Cuisine으로 유명하다. 유명 요리 경연 TV 프로그램 〈마스터 셰프〉의 심사위원으로 활약한 스타 셰프 미쓰하루 쓰무라Mitsuharu Tsumura가 운영하고 있다.
일본 간장이 들어간 세비체, 쿠이 고기로 만든 교자 등이 대표 요리. 페루의 로컬 식재료와 일식 레시피를 융합해 창조한 메뉴가 독특하다.

Data 지도 073p-A
가는 법 미라플로레스 공원에서 도보 10분
주소 Calle San Martin 399, Miraflores 15074, Lima
전화 1-313-5100
운영 시간 월~토 12:30~16:00, 19:00~22:45, 일 ~17:00
가격 코스 음식 1인 350솔 내외
홈페이지 www.maido.pe/en

남미를 대표하는 레스토랑
아스트리드 이 가스톤 Astrid y Gaston

페루의 전통 음식에 스타 셰프 가스톤 아쿠리오Gaston Acurio가 고안한 특별 레시피를 더한 요리로 세계적인 명성을 얻었다. 조개와 성게, 오징어, 바닷가재 등 태평양에서 공수해온 싱싱한 해산물로 만든 요리가 특히 인기 있다. 안데스 지역의 양고기, 라마 고기, 티티카카 호수에서 잡은 송어 요리를 비롯해 페루의 특산 곡물 퀴노아로 만든 요리도 맛볼 수 있다.

Data 지도 070p-E
가는 법 미라플로레스 공원에서 도보 30분, 차로 10분
주소 Av. Paz Soldan 290, San Isidro 15073, Lima
전화 1-442-2777
운영 시간 월~토 13:00~15:00, 19:00~23:00, 일 12:30~15:30
가격 코스 음식 1인 500솔 내외
홈페이지 en.astridygaston.com

아마존에서 공수한 식재료
아마스 ámaZ

페루 동북부는 아마존의 거대한 밀림에 둘러싸여 있어, 페루 유명 레스토랑의 요리에서 아마존을 빼놓을 수 없다. 아마스 역시 아마존의 밀림 지역에서 생산한 고급 식재료를 활용해 요리를 만들기로 유명하다. 일명 '정글 셰프'로 불리는 페드로 시아피노 Pedro Schiaffino는 아마존 일대를 직접 탐방하면서 얻은 식재료로 혁신적인 요리를 만들어냈다.
돼지고기와 치즈를 얹어 구운 바나나, 크레이프로 싸 먹는 돼지고기 요리, 정글 식재료로 만든 볶음밥 등이 인기 메뉴.

Data 지도 073p-D
가는 법 미라플로레스 공원에서 도보 15분
주소 Av. La Paz 1079, Miraflores 15074, Lima
전화 1-221-9393
운영 시간 월~목 12:30~23:30, 금·토 ~00:00, 일 ~16:30
가격 음식 100솔~, 음료 20솔~
홈페이지 amaz.com.pe

전통 세비체를 맛보고 싶다면
푼토 아술 Punto Azul

한국인 여행자 사이에서 특히 유명한 해산물 전문 레스토랑. 시큼한 맛이 일품인 페루 대표 요리 세비체를 비롯해 문어와 갑오징어로 만든 요리, 각종 해산물 튀김 요리 등을 맛볼 수 있다. 피스코 사워, 쿠스케냐 맥주는 물론 고급 와인리스트도 보유하고 있다. 실내 인테리어와 조명 또한 고급스럽다. 리마에서 세비체뿐 아니라 괜찮은 해산물 요리를 맛볼 수 있어 꾸준한 사랑을 받고 있는 곳이다.

Data 지도 073p-B
가는 법 미라플로레스 공원에서 도보 10분 주소 Calle San Martin 595, Miraflores 15074, Lima
전화 1-445-8078
운영 시간 월 18:00~00:00, 화~토 11:00~, 일 11:00~17:00
가격 음식 40솔~, 음료 15솔~

추로스로 유명한 음식점
마놀로 Manolo

〈론리 플래닛〉 등 유명 여행 잡지와 가이드북에 자주 소개되는 음식점이다. 1968년에 문을 연 이래 지금까지도 미라플로레스를 대표하는 맛집이다. 볶음밥, 수제 햄버거, 스테이크, 파스타 등 동서양을 넘나드는 다양한 메뉴가 준비되어 있다. 맥주와 와인, 칵테일, 음료수, 커피 등 음료와 주류를 합해 드링크 메뉴만 20가지가 넘는다.
버터의 풍미를 느낄 수 있는 달콤한 추로스가 특히 유명한데, 핫초코를 같이 시켜 듬뿍 찍어 먹는 것을 추천한다. 추로스는 테이크아웃도 가능하다.

Data 지도 073p-A
가는 법 미라플로레스 공원에서 도보 2분
주소 Av Jose Larco 608, Miraflores 15074, Lima
전화 1-444-2244
운영 시간 월~목 07:00~01:00, 금 ~02:00, 토 08:00~02:00, 일 08:00~01:00
가격 음식 40솔~, 음료 15솔~

해산물이 일품인 캐주얼 레스토랑
바라 마 Barra Mar

해산물 음식 전문점. 세비체, 생선 튀김, 오징어와 문어 요리 등 해산물 요리가 주메뉴다. 그중에서 연어 등 신선한 해산물이 들어간 샌드위치가 인기 있다. 실내 인테리어는 바다를 테마로 해, 기분 좋은 음악을 들으면서 식사를 하면 시원한 바닷가에 온 듯한 착각이 들 정도.
리마에서 저렴한 가격에 해산물 요리를 맛보고 싶은 여행자에게 추천한다. 우선 세비체를 먼저 맛본 뒤 다른 메뉴를 주문하자. 바랑코 광장 근처에도 지점이 있다.

Data 지도 073p-A
가는 법 미라플로레스 공원에서 도보 20분, 차로 5분
주소 Av. Mariscal La Mar 309, Miraflores 15074, Lima
전화 1-715-2972
운영 시간 월~일 08:00~17:00
가격 음식 30솔~, 음료 15솔~

기본에 충실한 여행자 레스토랑
하이티 Haiti

미라플로레스 공원 서쪽에 위치한 레스토랑. 온종일 유동 인구가 많은 미라플로레스 초입에 위치해 손님이 많다. 우아한 실내 테이블과 활기차고 시끄러운 야외 테이블로 나뉜다. 조용하게 한 끼 식사를 하고 싶다면 실내를, 일행과 함께 대화하며 식사를 하고 싶다면 야외 테이블을 추천한다.

주로 애피타이저와 본 요리, 디저트까지 나오는 코스 요리를 주문하지만, 단품 요리도 주문할 수 있고 혹은 커피나 주류만 주문할 수도 있다. 페루 전통 요리는 물론 서양, 동양 요리까지 메뉴 폭이 넓은 편이다.

Data 지도 073p-A
가는 법 미라플로레스 공원에서 도보 2분
주소 Diagonal 160, Miraflores, Lima 18, Lima
전화 1-445-0539
운영 시간 월~일 07:00~01:00
가격 음식 40솔~, 음료 15솔~

치킨 요리 전문점
파파스 그릴 미라플로레스 Pappas Grill Miraflores

간판에 그려진 닭만 봐도 알 수 있듯 닭고기 전문 레스토랑이다. 여러 양념을 발라 구운 닭고기 요리가 주메뉴로, 구운 닭고기와 약간의 샐러드, 밥이 함께 나오는 아로스 콘 포요Arroz con Pollo가 인기 있다.

닭고기 대신 남미식 구운 만두인 엠파나다, 소의 심장으로 만든 안티쿠초 등이 올라간 메뉴도 도전해볼 만하다. 이 외에도 돼지고기와 소고기 요리, 샌드위치 등도 있다. 미라플로레스 지역의 주요 명소와 가까워, 부담 없이 한 끼 식사를 할 수 있는 곳이다.

Data 지도 073p-A
가는 법 미라플로레스 공원에서 도보 1분
주소 Avenida Ernesto Diez Canseco 180, Miraflores 15074, Lima **전화** 1-652-3650
운영 시간 월~토 12:00~23:00, 일 ~22:00
가격 음식 20솔~, 음료 10솔~

아늑하고 캐주얼한 레스토랑
카페 데 라 파스 Café de la Paz

간단한 샌드위치와 햄버거, 피자부터 세비체, 안티쿠초, 각종 구이 요리까지 주문할 수 있는 캐주얼 레스토랑. 그중 세비체와 피자, 수프가 인기 있는 메뉴. 타파스와 샹그리아 같은 스페인 음식도 맛볼 수 있다.

저렴한 가격, 다양한 메뉴 그리고 미라플로레스에서 가까운 것이 장점이다. 시끄러운 대로변 안쪽에 위치해 비교적 조용하게 식사를 즐길 수 있다. 위치, 서비스, 가격 등을 고려했을 때 배낭여행자에게 추천하는 레스토랑이다.

Data 지도 073p-B 가는 법 미라플로레스 공원에서 도보 6분 주소 Calle Tarata 227, Miraflores, Lima 18, Lima 전화 1-241-8073 운영 시간 월~일 08:00~23:00 가격 음식 40솔~, 음료 15솔~

센트로에서 커피 한 잔
리마 카페 Lima Cafe

마요르 광장 근처에 자리한 카페. 최근에 문을 열어 공들인 실내 인테리어가 눈에 띈다. 잘 훈련된 전문 바리스타가 내려주는 커피가 일품. 페루에서 생산한 원두를 비롯해 콜롬비아, 코스타리카, 과테말라, 브라질 등 커피 원산지에서 들여온 원두도 상시 준비된 곳이다.

한국에서 쉽게 맛볼 수 있는 커피도 있지만, 기왕 멀리 여행을 떠났으니 남미 전통 원두커피를 맛보자. 에어컨 시설도 완비되어 있어 쾌적하고, 무료 와이파이를 쓸 수 있는 것도 장점이다.

Data 지도 072p-B 가는 법 마요르 광장에서 도보 5분 주소 Jiron Carabaya 552, Cercado de Lima 15001, Lima 전화 1-715-6565 운영 시간 월~금 07:00~22:30, 토 08:30~ 휴무 일요일 가격 음료 5솔~

삼겹살 버거를 맛보다
엘 치니토 El Chinito

미라플로레스 지점뿐 아니라 페루 여러 지역에 지점이 있는 유명 체인 식당이다. 이곳의 인기 메뉴는 한국인 여행자들 사이에서 일명 '삼겹살 버거'로 불리는 햄버거로, 현지인에게도 인기 있다. 돼지고기가 5~7겹 정도 들어가는데, 소고기나 닭고기 패티가 들어가는 햄버거와는 차원이 다른 맛을 선사한다. 햄버거에는 얇게 썬 돼지고기와 함께 각종 채소가 듬뿍 들어간다. 느끼한 맛을 잡아줄 아히 소스를 곁들여 먹어도 좋다. 보통 버거를 주문하지만 돼지고기만 따로 주문할 수도 있다.

Data 지도 073p-B **가는 법** 미라플로레스 공원에서 도보 10분 **주소** Calle Grimaldo del Solar 113, Miraflores, Lima 18, Lima **전화** 1-447-2447 **운영 시간** 월~금 08:00~14:00, 18:00~22:00, 토 ~22:00, 일 ~14:00 **가격** 음식 20솔~, 음료 5솔~

시끌벅적 현지인 식당
엘 우스킬라노 El Usquilano

외관은 허름해보이지만 내실 있는 음식점이다. 여행자보다는 현지인이 주로 선택하는 맛집으로, 저렴한 가격에 현지인들이 즐겨 먹는 메뉴를 푸짐하게 맛볼 수 있다.
인기가 좋아 빈자리를 찾기 힘들 정도. 테이블 회전은 빠른 편이므로 오래 기다리지 않아도 된다. 다만 현지인과 합석해야 하는 경우도 있다. 세비체와 닭고기 요리, 소고기 요리 등이 주메뉴. 중독되는 매운 맛의 아히 소스를 뿌려 먹으면 풍미가 배가 된다. 리마 현지인들이 평소에 무엇을 먹는지 궁금하다면 이곳을 추천한다.

Data 지도 072p-B **가는 법** 마요르 광장에서 도보 5분 **주소** Jiron Camaná 300, Cercado de Lima 15001, Lima **전화** 1-428-0120 **운영 시간** 월~일 08:00~23:00 **가격** 음식 15솔~, 음료 5솔~

바랑코 최고의 음식점
이솔리나 Isolina

바랑코 지역에서 가장 인기 있는 레스토랑. 점심, 저녁 항상 긴 웨이팅 줄이 있다. 몇 년 전 '남미 최고의 음식점'에 선정되었다. 고급 레스토랑이지만 생각보다 비싸지 않다. 합리적인 가격, 푸짐한 양, 친절한 직원, 지나치게 격식을 차리지 않는 분위기가 여행자에게 높은 만족도를 선사한다. 페루의 분위기를 물씬 느낄 수 있는 클래식한 내부가 눈길을 끈다. 낯선 여행지에서 편안하고 행복한 한 끼 식사를 할 수 있을 만한 곳이다. 일반적으로 페루에서 맛볼 수 있는 거의 모든 요리를 주문할 수 있고, 맥주와 와인, 피스코 사워, 페루 전통 음료 치차 등도 준비되어 있다.

Data 지도 073p-F 가는 법 바랑코 광장에서 도보 5분
주소 Av San Martin 101, Barranco 15063, Lima 전화 1-247-5075
운영 시간 월·화 12:00~22:00, 수~금 ~23:00, 토 09:00~23:00,
일 09:00~17:00 가격 음식 40솔~, 음료 10솔~

고급 안티쿠초를 맛보다
티오 마리오 Tio Mario

소의 심장에 소금을 뿌려서 구워 먹는 페루 전통 음식, 안티쿠초. 페루 구시가지의 가판대에서 저렴하게 맛볼 수 있지만, 이왕이면 전문 레스토랑을 찾아서 제대로 요리한 안티쿠초를 먹어보자. 안티쿠초는 들어가는 재료에 따라 달라진다. 바랑코 광장 인근에 안티쿠초 전문 음식점 티오 마리오가 있다.

맛도 맛이지만 바랑코 명소 한탄의 다리 주변 야경이 한눈에 들어오는 발코니의 전망이 압권이다. 이런 인기에 힘입어 이솔리나 레스토랑 바로 옆에 2호점을 냈다.

Data 지도 073p-F
가는 법 바랑코 광장에서 도보 2분
주소 Jr. Zepita 214, Barranco, Lima 4, Lima
전화 1-477-0301
운영 시간 월~토 17:00~02:00
휴무 일요일
가격 음식 25솔~, 음료 10솔~

토스타두리아 비세티 안쪽에 있는 정원

아는 사람만 온다는 비밀 아지트
토스타두리아 비세티 Tostaduria Bisetti

바랑코 광장 건너편에는 던킨도너츠와 스타벅스 등 세계적인 프랜차이즈 카페가 있다. 토스타두리아 비세티는 그 사이에 있는 카페. 현대적이고 개성 넘치는 인테리어가 눈에 띄는 곳이다. 무엇보다 이곳의 숨은 매력은 카운터 뒤쪽에 자리한 비밀 공간이다.
안쪽으로 들어가 보면 작은 정원을 만날 수 있다. 카페 내부에 흐르는 음악과 함께 테이블에 앉아 커피나 맥주, 칵테일 등을 즐기면 꽤 분위기 있는 시간을 보낼 수 있다.

Data **지도** 073p-F **가는 법** 바랑코 광장에서 도보 2분
주소 Pedro de Osma 116, Barranco 15063, Lima **전화** 1-713-9565
운영 시간 월~목 08:00~21:00, 금~일 09:00~22:00 **가격** 음료 10솔~

중국식 볶음밥이 먹고 싶다면
치파 아시아 Chifa Asia

페루 어느 도시에 가도 중국식 볶음밥을 파는 음식점을 쉽게 볼 수 있다. 리마에도 있다. 바랑코 광장 근처에 있는 치파 아시아는 최근에 오픈한 차이니스 레스토랑답게 맛은 물론이고, 인테리어도 깔끔하고 서비스도 수준급이다.
다양한 볶음밥이 주메뉴지만, 완탕 등 중국식 요리와 페루 전통 음식 쿠이도 주문할 수 있다. 맥주뿐 아니라 중국식 전통주도 판매하고 있다. 긴 여행 중 동양 요리가 그립다면 바랑코에 있는 치파 아시아를 추천한다. 만족스러운 한 끼 식사를 할 수 있다.

Data **지도** 073p-F
가는 법 바랑코 광장에서 도보 1분
주소 Av. Almte. Miguel Grau 323, Barranco 15063, Lima
전화 1-249-4582
운영 시간 월~일 12:00~23:00
가격 음식 15솔~, 음료 7솔~

현대적 호텔의 교과서
카사 안디나 프리미엄 미라플로레스 Casa Andina Premium Miraflores

미라플로레스 공원에서 5분 정도 거리에 위치한 5성급 호텔. 카사 안디나Casa Andina는 리마뿐 아니라 페루 각 도시에서 볼 수 있는 호텔 체인으로, 이름을 보면 등급을 알 수 있다. 카사 안디나 프리미엄은 등급과 서비스 면에서 최고 수준. 기하학적인 느낌의 외관에서부터 품격이 느껴진다. 총 객실의 수는 148개. 시니어 스위트룸, 슈피리어룸, 스위트룸, 트래디셔널룸, 스탠다드룸이 있다. 1층에는 고급 레스토랑과 바가 있으며, 실내 수영장, 피트니스 클럽, 고급 스파 시설을 갖췄다.
미라플로레스 공원, 사랑의 공원, 잉카 마켓 등 미라플로레스 주요 관광지는 걸어서 갈 수 있을 정도로 접근성이 뛰어나다. 또한, 미라플로레스 교통의 중심에 있어 센트로와 바랑코 지역, 버스터미널, 공항으로 이동하기도 좋다. 시설이 훌륭하고 리마 주요 명소와 접근성이 좋은 곳에 위치해 인기가 매우 높은 호텔이므로, 여행 전 예약은 필수다.

Data 지도 073p-B
가는 법 미라플로레스 공원에서 도보 5분 주소 Av. La Paz 463, Miraflores 15074, Lima
전화 1-213-4300 요금 1박 400솔~ 홈페이지 www.preferredhotels.com

세계적인 체인 호텔의 품격
엘 파르도 더블트리 바이 힐튼
El Pardo DoubleTree by Hilton

미라플로레스 공원 북쪽에 자리한 최고급 호텔. 미라플로레스 지역이 시작되는 메인 도로변에 있어 리마 주요 명소로 이동하기 좋다. 또한 엘 파르도 더블트리 바이 힐튼은 공항버스의 주요 정류장 중 하나라, 호르헤 차베스 국제공항에서 공항버스를 타고 편하게 호텔까지 올 수 있다.

객실은 총 241개로, 전 객실 모두 금연이다. 호텔 내 2개의 레스토랑과 실내 수영장, 피트니스 클럽, 비즈니스 센터, 카지노 등을 갖추었고, 루프톱 테라스에서는 미라플로레스 도심을 한눈에 내려다볼 수 있다. 시설, 서비스, 위치, 치안 모든 면에서 만족할 만한 호텔이다.

Data 지도 073p-A **가는 법** 미라플로레스 공원에서 도보 6분
주소 Calle Independencia 141, Miraflores, Lima 18, Lima
전화 1-617-1000 **요금** 1박 400솔~

좋은 위치, 합리적인 가격
마리엘 호텔&아파트먼트 Mariel Hotel&Apartments

미라플로레스 지역 초입에 자리한 3성급 호텔. 세계적인 인테리어 디자이너 카림 차만Karim Chaman이 설계한 부티크 호텔이다. 2016년 전체 리노베이션 후 더욱 현대적인 호텔로 거듭났다. 총 객실 수는 40개로, 침실 2개와 욕실 2개, 주방이 있는 아파트형 객실과 일반룸이 있다. 전용 레스토랑과 바를 갖추었다.
3성급 호텔이지만 룸 컨디션과 서비스는 4~5성급 호텔 못지않다. 부티크 호텔답게 아기자기한 인테리어가 눈에 띄며, 커플 여행자가 선호하는 편이다. 특히 각종 기념품을 살 수 있는 잉카마켓이 도보 2~3분 거리에 있는 점이 장점이다.

Data 지도 073p-B
가는 법 미라플로레스 공원에서 도보 7분
주소 General Belisario Suarez 240, Miraflores 15074, Lima
전화 1-444-2829
요금 1박 200솔~

리마

합리적인 카사 안디나 호텔 추천
카사 안디나 셀렉트 미라플로레스 Casa Andina Select Miraflores

카사 안디나 프리미엄 미라플로레스 호텔에서 한 블록 더 가면 있는 4성급 호텔. 카사 안디나 라인에서 두 번째로 좋다. 11층 높이에, 총 객실 수는 155개다. 스위트룸, 슈피리어룸, 트래디셔널룸, 스탠다드룸이 있다.
전용 레스토랑과 라운지, 피트니스 센터 등의 시설을 갖추었다. 24시간 운영하는 비즈니스 라운지가 있어 전자 티켓, 다음 도시 숙소 예약증, 볼리비아 비자 준비 서류 등 프린트도 쉽게 할 수 있다. 미라플로레스 공원, 라르코마르, 잉카 마켓 등 주요 명소는 도보로 이동할 수 있다.

Data 지도 073p-B 가는 법 미라플로레스 공원에서 도보 7분
주소 Calle Schell 452, Miraflores 15074, Lima 전화 1-416-7500 요금 1박 350솔~

저가형 카사 안디나 호텔 추천
카사 안디나 스탠다드 미라플로레스 센트로 Casa Andina Standard Miraflores Centro

카사 안디나 프리미엄 미라플로레스 호텔이나 카사 안디나 셀렉트 미라플로레스 호텔 요금이 부담된다면 카사 안디나 스탠다드 미라플로레스 센트로를 추천한다. 카사 안디나 체인 호텔 중 저렴한 요금으로 이용할 수 있지만, 브랜드의 품격에 맞는 서비스를 보여준다.
2018년 봄에 리노베이션을 완료해 최신 시설을 갖추었다. 총 58개 객실. 호텔 주변에 명소, 레스토랑, 카페가 많다는 것도 큰 장점이다.

Data 지도 073p-B 가는 법 미라플로레스 공원에서 도보 5분
주소 Av. Petit Thouars 5444, Miraflores 15074, Lima
전화 1-447-0263 요금 1박 240솔~

바랑코 지역 추천 호텔
세컨드 홈 페루 Second Home Peru

Data 지도 073p-F
가는 법 바랑코 광장에서 도보 7분
주소 Jiron Domeyer 366, Barranco 15063, Lima
전화 1-247-5522
요금 1박 300솔~

최근 리마 여행자들 사이에 급부상한 바랑코 지역에서 숙소를 잡는다면 바랑코 광장 인근의 세컨드 홈 페루를 주목할 만하다. 1912년에 지어진 건물을 리노베이션해 모던하면서도 클래식한 B&B형 숙소로 만들었다. 객실이 5개뿐인 2층 규모의 아담한 호텔이지만, 바다 전망과 정원 전망 중 선택할 수 있다.
야외 수영장과 24시간 비즈니스 센터 그리고 카페도 있다. 한탄의 다리, 해변 등 바랑코의 명소가 가깝고, 주변에 유명 레스토랑과 분위기 있는 카페도 많다.

센트로 지역 추천 호텔
호텔 콘티넨털 Hotel Continental

센트로 지역에 숙박을 잡는다면 불안한 치안을 감안해야 한다. 밤늦게 돌아다녀도 비교적 안전한 미라플로레스와 바랑코 지역과 달리 센트로 지역은 여행자를 노리는 생활형 범죄가 빈번한 편. 마요르 광장, 산 마르틴 광장, 리마 대성당 등 센트로 지역 명소의 야경을 위해 센트로 지역에 숙소를 잡는다면 안전한 숙소 선택이 중요하다. 그런 여행자에게 명소와 가까운 곳에 위치한 호텔 콘티넨털을 추천한다.
외관부터 시설까지 클래식한 느낌이지만, 여행자에게 꼭 필요한 안전금고를 갖추고 있고, 뜨거운 물도 잘 나온다. 또한 한 끼 식사를 괜찮게 해결할 수 있는 조식과 무료 와이파이도 제공된다.

Data 지도 072p-B **가는 법** 마요르 광장에서 도보 7분
주소 Jiron Puno 196, Cercado de Lima 15001, Lima
전화 1-205-6200 **요금** 1박 170솔~

TV에 나온 바로 그 호스텔
플라잉 도그 호스텔 Flying Dog Hostel

수년 전 tvN 프로그램 〈꽃보다 청춘〉에 소개되어 인기를 얻은 호스텔로 배낭여행자들 사이에서는 이미 유명하다. 미라플로레스 지역의 케네디 공원 바로 옆에 있어 찾기 쉽다. 객실 타입은 도미토리룸, 트윈룸, 트리플룸 세 가지가 있다. 뜨거운 물이 잘 나오는 샤워장과 요리를 할 수 있는 공용 주방이 있고, 조식, 개인 사물함 등이 제공된다.

여행자들에게 꼭 필요한 무료 와이파이도 쓸 만하다. 개인 사물함을 사용할 경우 전용 자물쇠는 미리 준비해 갈 것. 호스텔 내에는 전용 바와 게임장이 있어 다양한 국적의 여행자와 어울릴 수 있다. 페루 전역에 여러 지점이 있다.

Data 지도 073p-A 가는 법 미라플로레스 공원에서 도보 3분 주소 Lima 457, Miraflores, Lima 18, Lima 전화 1-444-5753 요금 도미토리룸 1박 40솔~, 트윈룸 1박 110솔~

미라플로레스 초입, 배낭여행자의 성소
파리와나 호스텔 리마
Pariwana Hostel Lima

저렴하게 묵을 수 있어 플라잉 도그 호스텔과 더불어 배낭여행자들에게 인기 있다. 도미토리룸과 트윈룸이 준비되어 있다. 전 세계에서 온 수많은 여행자가 오가는 곳이므로 카메라, 여권 등 중요한 개인 소지품은 개인 사물함에 보관하자. 마찬가지로 한국에서 단단한 자물쇠를 준비하는 것을 추천한다. 간단한 빵과 커피가 조식으로 나오고, 무료 와이파이가 제공된다.

Data 지도 073p-B 가는 법 미라플로레스 공원에서 도보 1분 주소 Miraflores, Av Jose Larco 189, Lima 15074, Lima 전화 1-242-4350 요금 도미토리룸 1박 35솔~, 트윈룸 1박 130솔~

깔끔하고 저렴한
켈레벡 호스텔 Kelebek Hostel

비교적 최근에 리노베이션을 마쳐 다른 호스텔보다 청결하다. 침대와 침구, 사물함은 물론 샤워 시설도 교체했다. 4, 6인 도미토리룸, 더블룸, 트리플룸이 있어 다양하게 선택할 수 있다. 요금, 시설, 위치까지 배낭여행자가 원하는 세 가지 조건을 모두 충족하는 호스텔이다. 공용 주방에서는 간단한 요리를 할 수 있고, 여행자 전용 테라스와 정원이 있다. 만족도도 높은 편이다.

Data 지도 073p-B 가는 법 미라플로레스 공원에서 도보 5분 주소 Gral. Pershing 155, Cercado de Lima 15074, Lima 전화 1-555-9875 요금 도미토리룸 1박 40솔~, 트윈룸 1박 110솔~

도심과 해변 사이
카사 산 마르틴 Casa San Martin

미라플로레스 도심과 해변 사이에 자리한 3성급 호텔. 페루의 가정집을 연상시키는 백색 외관과 페루를 해방시킨 영웅에서 딴 이름이 인상적이다. 4층 규모로, 총 18개의 객실이 있다. 클래식 스위트룸, 싱글룸, 트윈룸, 더블룸이 있다. 호텔 객실과 복도의 인테리어가 돋보이는데, 마치 중세 시대로 시간 여행을 온 듯한 느낌을 준다.

투숙객을 위한 레스토랑과 바, 비즈니스 센터, 루프톱 테라스를 갖추었다. 미라플로레스 공원과 해변까지 도보로 10분이면 갈 수 있다. 주변에 분위기 있는 레스토랑과 카페, 대형 마트가 있어 편하고 치안도 좋은 편이다.

Data 지도 073p-A 가는 법 미라플로레스 공원에서 도보 10분 주소 Calle San Martin 339, Miraflores, Lima 18, Lima 전화 1-243-3900 요금 1박 230솔~

조용하고 저렴한 숙소
드래곤플라이 호스텔 Dragonfly Hostel

미라플로레스 도심 남쪽의 주택가에 자리한 호스텔. 장점은 시끄러운 경적, 밤늦게까지 들리는 고성방가를 피해 온전한 휴식을 만끽할 수 있다는 것.

미라플로레스 지역의 대표 명소 사랑의 공원과 리마 해변도 가깝다. 4, 6, 12인 도미토리룸이 있는데, 여성 전용과 혼성으로 나뉜다. 직원이 친절하고 위치, 시설 모두 우수해 가성비 좋은 숙소로 여행자들에게 인기 있다.

Data 지도 073p-B 가는 법 미라플로레스 공원에서 도보 8분 주소 Calle Tarata 256, Miraflores 15074, Lima 전화 1-241-0995 요금 도미토리룸 1박 30솔~, 더블룸 1박 110솔~

젊은 감성의 숙소
코코펠리 호스텔 Kokopelli Hostel

코코펠리 호스텔의 특장점은 케네디 공원에서 도보 1분이면 갈 수 있는 위치. 4, 6, 8인 도미토리룸이 있으며, 여성 전용 도미토리룸과 더블룸도 있다.

모든 객실에는 옷장과 사물함이 갖춰져 있고 추가 요금을 내면 수건도 사용할 수 있다. 공용 주방, 테라스, 루프톱 바 등의 시설을 갖추었고, 리셉션에서 각종 투어도 소개해준다.

Data 지도 073p-A
가는 법 미라플로레스 공원에서 도보 3분
주소 Calle Berlin 259, Cercado de Lima 18, Lima 전화 1-242-5665
요금 도미토리룸 1박 40솔~, 더블룸 1박 120솔~

Peru by Area
02

이카
ICA

페루 남부에 위치한 작은 사막 도시.
스페인 식민지 시대, 1563년에 설립된
콘데데니에바가 1569년 발생한 대지진으로
무너진 후 사막에 세운 도시가 이카다.
크게 이카 센트로와 와카치나로 나뉜다.
이카를 찾는 여행자 대부분이 와카치나에
숙소를 잡는다. 꿈꿔온 사막을 눈앞에서
볼 수 있기 때문. 사막과 호수도 멋있지만
버기 투어와 샌드보드 투어 등 액티비티를
위해 와카치나를 찾는 여행자가 많다.

Ica
PREVIEW

tvN 〈꽃보다 청춘〉을 비롯해 각종 미디어에서 소개된 후 여행자들에게 주목받기 시작한 사막 도시, 이카. 이제는 리마, 아레키파, 쿠스코와 더불어 필수 방문지가 되었다. 이곳을 찾는 이유는 매일 오후 와카치나 호수 주변에서 펼쳐지는 환상적인 버기 투어Buggy Tour다.

SEE

이카 볼거리의 9할은 와카치나 주변에 있다. 와카치나 중앙에 호수가 있고, 그 주변은 광활한 모래사막이 펼쳐져 있다. 버기 투어, 샌드보드 투어 등 사막에서 각종 액티비티를 즐길 수 있지만 그 외에 특별한 볼거리는 없다. 와카치나만 둘러보고 가는 게 아쉽다면 이카 센트로에 있는 아르마스 광장, 산 프란시스코 데 아시스 성당, 재래시장 등도 둘러볼 만하다.

EAT

여행자들 사이에 급부상한 도시답게 와카치나 호수 주변에 괜찮은 레스토랑과 카페가 많다. 특히 와카치나에 있는 레스토랑은 피자와 햄버거, 치파 볶음밥, 페루 전통 쿠이 요리, 해산물 요리 등을 같이 팔아 다양한 메뉴를 맛볼 수 있다. 퀄리티는 비슷하지만 와카치나 호수가 한눈에 내려다보이는 곳에서 식사를 할 수 있다는 점이 매력적이다. 이카 센트로에 가면 와카치나보다 저렴하게 현지식을 먹을 수 있다.

BUY

와카치나 호수 초입에 기념품숍이 많다. 페루 관련 마그네틱과 액세서리부터 리마 인형, 털모자, 장갑, 선글라스 등을 판매하고 있다. 기념품숍에서 판매하는 물건들은 겹치므로 여러 군데를 가보고 가격 흥정을 하자. 발품을 많이 팔수록 저렴하게 살 수 있다.

SLEEP

와카치나 호수 주변에 호스텔이 많다. 대부분의 숙소가 버기 투어 여행사와 연결돼 있어, 숙소에서 편하게 투어 예약을 할 수 있다. 좀 더 쾌적한 숙소를 원한다면 이카 센트로 근교에서 찾아보자. 꽤 괜찮은 리조트형 숙소가 몰려 있다. 고급 수영장, 키즈 클럽, 골프 코스가 딸려 있고 프라이빗 버기 투어를 진행한다.

Ica
GET AROUND

 **어떻게 갈까?**

1. 버스 Bus

여행자들이 이카로 갈 때 가장 많이 이용하는 교통수단. 이카 센트로에는 크루즈 델 수르Cruz del Sur, 텝사Tepsa, 플로레스Flores 등 리마, 나스카, 아레키파, 쿠스코 등으로 이동할 수 있는 장거리 버스가 많이 있다. 버스 회사마다 버스터미널 위치가 다르니, 타기 전 체크해야 한다.

여행자가 많이 이용하는 크루즈 델 수르 버스터미널은 이카 중심 프라이 라몬 로하스Calle Fray Ramon Rojas 189에 자리한다. 이카에서 리마까지는 약 4시간, 나스카는 약 1시간, 아레키파는 약 11시간, 쿠스코는 약 17시간 정도 소요된다. 많은 여행자가 장거리 버스를 이용하므로 적어도 하루 이틀 전 예매해야 한다. 따라서 도착한 터미널에서 다음 도시의 티켓을 예매하는 것을 추천한다.

2. 항공 Airplane

이카에서 1시간 거리에 위치한 근교 도시 피스코에 공항이 있다. 리마, 아레키파, 쿠스코로 이동할 수 있으며, 장거리 버스보다 빠르게 이카로 들어올 수 있다. 리마나 나스카에서 이카는 비교적 가까운 편이지만 쿠스코나 아레키파는 오래 걸리기 때문에, 장거리 버스보다는 국내선 이용을 추천한다.

이카 피스코 공항(PIO)에서 시내로 가기

이카 피스코 공항은 이카 센트로에서 차로 약 1시간 10분 정도 거리에 있다. 이카 센트로까지 버스나 콜렉티보를 타고 갈 수 있다. 워낙 장거리고 요금 흥정의 불편함 때문에 택시는 추천하지 않는다.

어떻게 다닐까?

1. 택시 Taxi

대부분의 여행자가 장거리 버스로 이카로 들어온 후, 택시를 타고 와카치나 혹은 숙소로 이동한다. 버스터미널에서 바로 택시를 탈 수 있는데, 와카치나까지 요금은 10솔 내외다. 터미널에서 나와 택시를 잡으면 7솔 내외 요금으로 이동할 수도 있다.

2. 모토 택시 Moto Taxi

동남아에서 주로 볼 수 있는 3륜 택시를 말한다. 흔히 '툭툭'이라고도 부른다. 이카와 나스카에서 쉽게 볼 수 있는데 일반 택시보다 조금 더 저렴하다. 센트로와 와카치나까지 5솔 내외로 이동할 수 있다. 큰 짐이 없는 여행자에게 추천한다.

3. 도보

센트로나 와카치나 안에서는 도보로 이동할 만하다. 버스터미널에서 아르마스 광장, 재래시장까지 약 20분이면 갈 수 있고, 와카치나 호수 주변도 넉넉히 30분이면 충분히 둘러볼 수 있다.

INFO

이카 피스코 국제공항
Aeropuerto Internacional de Pisco
Data 주소 Aeropuerto Internacional de Pisco, Ica 715, Pisco 전화 9717-23476

크루즈 델 수르 버스터미널
Terminal Cruz del Sur
Data 주소 Calle Fray Ramon Rojas 189, Ica 11000, Ica 전화 5648-0100

긴급 전화번호
경찰·구급차 105
화재 신고 116

Ica
ONE FINE DAY

이카는 1박 2일 정도면 충분히 즐길 수 있다.
오전에 도착해 와카치나 호수 주변을 산책하거나 바로 와카치나로 향하기 전에
이카 센트로 지역을 둘러본 후, 오후에 버기 투어에 참여하는 것이 일반적이다.

09:00
이카 센트로에서
여행 시작하기

→ 도보 10분 →

10:00
아르마스 광장&이카 고고학
박물관 관람하기

→ 택시 10분 →

13:00
이카 여행의 하이라이트,
와카치나로 이동하기

↓ 도보 5분

14:00
느긋하게 와카치나
호숫가 산책하기

← 전용 차량 20~30분 ←

16:00
환상의 사막 액티비티,
버기 투어 즐기기

← 전용 차량 10분 ←

17:00
사구에서 즐기는 스피드,
샌드보드 투어 즐기기

↓ 전용 차량 20분

19:00
사구에서 와카치나
야경 감상하기

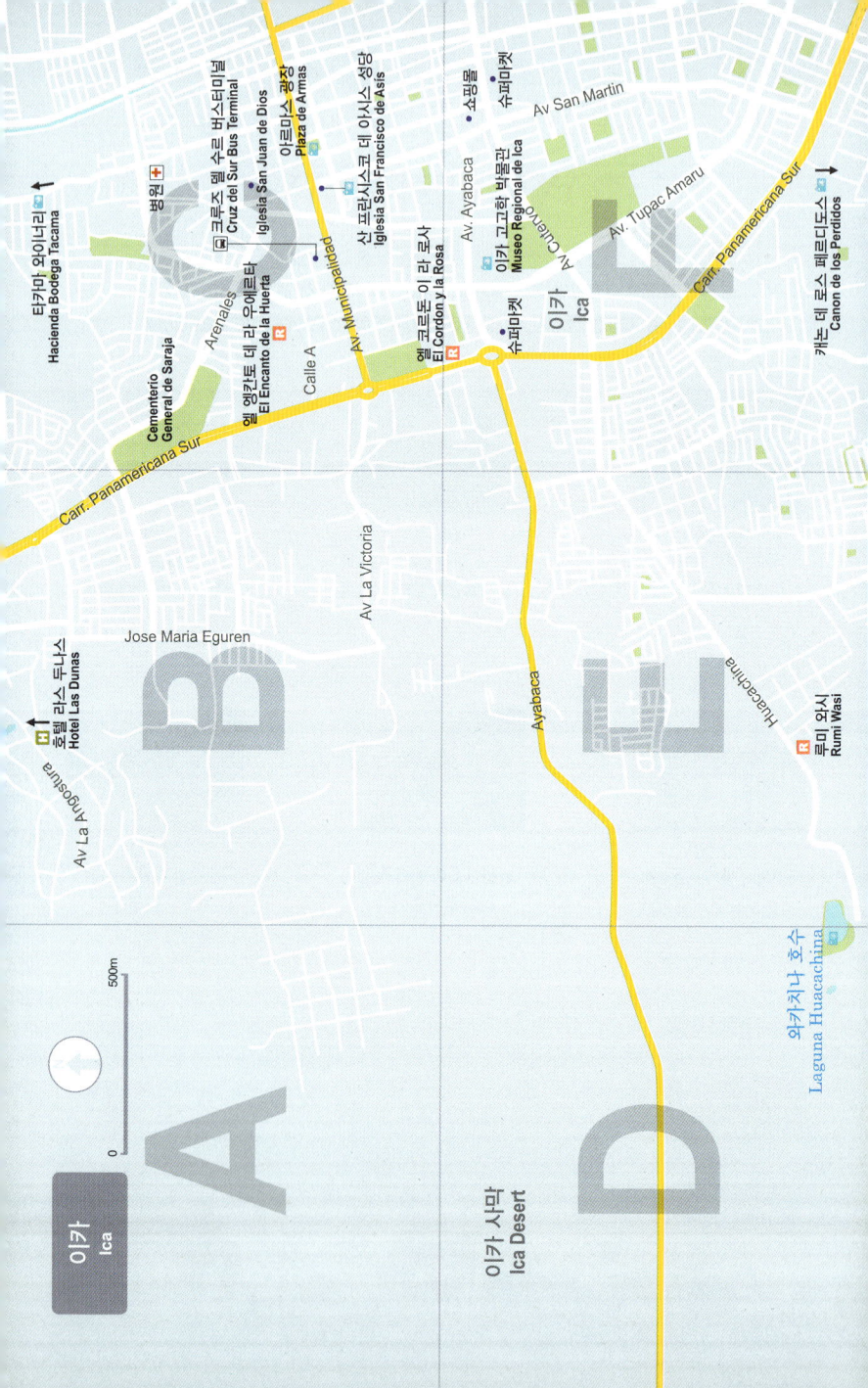

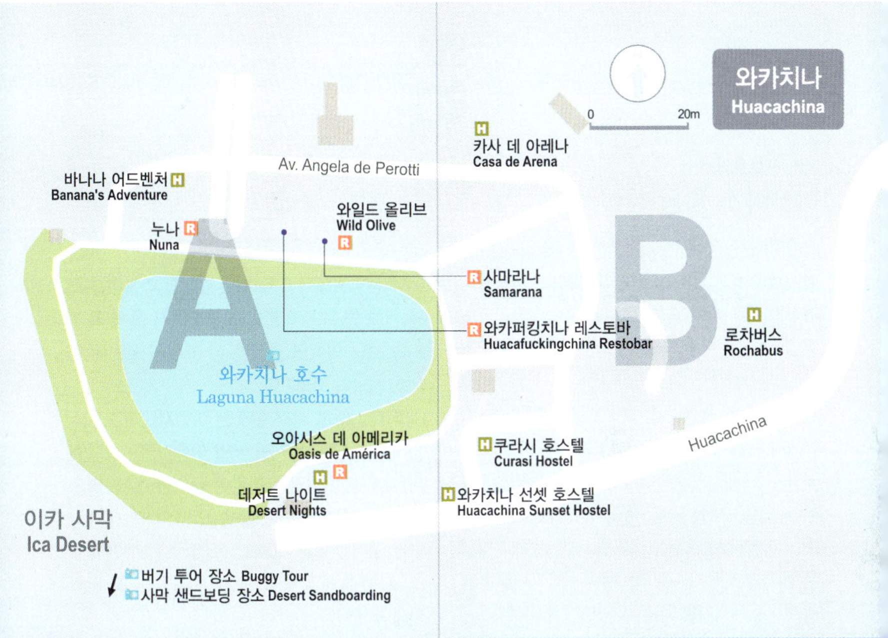

116 | 117

와카치나 Huacachina

0 — 20m

- 바나나 어드벤처 Banana's Adventure
- 누나 Nuna
- Av. Angela de Perotti
- 카사 데 아레나 Casa de Arena
- 와일드 올리브 Wild Olive
- 사마라나 Samarana
- 와카퍼킹치나 레스토바 Huacafuckingchina Restobar
- 로차버스 Rochabus
- 와카치나 호수 Laguna Huacachina
- 오아시스 데 아메리카 Oasis de América
- 쿠라시 호스텔 Curasi Hostel
- 데저트 나이트 Desert Nights
- 와카치나 선셋 호스텔 Huacachina Sunset Hostel
- 이카 사막 Ica Desert
- Huacachina
- 버기 투어 장소 Buggy Tour
- 사막 샌드보딩 장소 Desert Sandboarding

SEE

이카 센트로의 중심
아르마스 광장 Plaza de Armas

아르마스 광장 주변으로 호텔과 레스토랑, 카페, 여행사가 많다. 스페인식 건물도 잘 보존되어 있어 출사지로 명성이 높다.
해 질 녘 은은한 조명으로 빛나는 아르마스 광장을 보기 위해서라도 이른 저녁에 이곳을 찾아보자. 아르마스 광장이 잘 보이는 레스토랑이나 카페에서 분위기 있는 시간을 보낼 수 있다. 또한, 이카는 스페인으로부터 가장 먼저 독립선언을 한 도시로, 10월 21일 독립기념일이 되면 아르마스 광장에서 독립선언일 행사를 비롯해 다양한 행사가 열린다. 이카는 유동 인구가 많아 날치기나 소매치기를 당할 수 있으니 주의하자.

웅장한 외관
산 프란시스코 데 아시스 성당
Iglesia San Francisco de Asis

이카 센트로에서 아르마스 광장과 더불어 둘러볼 만한 명소다. 아르마스 광장에서 한 블록 거리에 고딕 양식의 웅장한 산 프란시스코 데 아시스 성당이 자리한다.
리마 대성당과 달리 한국인 여행자들에겐 아직 잘 알려져 있지 않지만 서양 여행자들은 이곳에서 기념사진을 찍는다. 운이 좋으면 스페인어로 진행되는 미사 장면도 볼 수 있다. 다만 성당 내부로 들어갈 때는 모자와 선글라스는 벗어야 한다. 사진 촬영은 할 수 있지만 셔터 소리와 플래시에 주의하자.

Data 지도 116p-C
가는 법 버스터미널에서 도보 10분
주소 Av. Municipalidad 100, Ica 11000, Ica

Data 지도 116p-C 가는 법 아르마스 광장에서 도보 2분 주소 Av. Municipalidad 135, Ica 11000, Ica 운영 시간 월~일 08:00~17:00 요금 무료

미라와의 만남
이카 고고학 박물관 Museo Regional de Ica

이카에서 가장 유명한 박물관으로 1946년에 문을 열었다. 남쪽의 나스카 지역뿐 아니라, 건조한 기후가 특징인 서남쪽의 이카에서도 오랜 세월 잘 보존된 미라를 볼 수 있다. 이카 고고학 박물관에는 파라카스와 나스카 문명의 미라와 5천여 점의 두개골이 전시되어 있다. 중요한 유물 일부는 도난당했으나, 파라카스 시대와 나스카 시대에 관해 알기엔 부족함이 없다.

Data 지도 116p-F 가는 법 버스터미널에서 도보 10분 주소 Cuadra 8 S/N, Ayabaca, Ica 전화 5623-4383 운영 시간 화~금 08:00~19:00, 토·일 08:30~18:30 휴무 월요일 요금 7.5솔~

정통 페루 와인을 맛보다
타카마 와이너리 Hacienda Bodega Tacama

페루에서 가장 오래된 와이너리 중 하나. 잉카 제국 시대 때는 코카잎을 생산하던 농장이었으나, 스페인이 침략하면서 16세기경 유럽과 북아프리카에서 들여온 포도 덩굴을 심어 포도 재배 농장이 되었다. 독자적으로 개발한 증류법으로 만든 페루 전통주 피스코로 유명하다. 영어, 스페인어 가이드와 함께 와이너리 내부를 둘러보는 와이너리 투어를 할 수 있다. 양조장 등 농장 내 시설을 둘러본 후, 와인과 피스코를 시음할 수 있다. 보통 여행사를 통해 투어를 예약한다.

Data 지도 116p-C 가는 법 버스터미널에서 택시로 20분 주소 Bodegas Tacama Camino Real S/N La Tinguiña, Ica 전화 5658-1030 운영 시간 화~일 09:00~17:00 휴무 월요일 투어 요금 15솔~

평화로운 오아시스
와카치나 호수 Laguna Huacachina

이카 센트로 서쪽에 자리한 작은 사막 마을 와카치나는 이카의 대표 명소. 사막에 둘러싸인 호수와 야자수가 높이 솟아 있는 풍경은 사람들이 생각한 사막과 오아시스를 그대로 옮긴 듯하다. 높은 모래 언덕이 호수를 둘러싸고 있는데, 이 모래 언덕에서 샌드보드Sandboard를 즐기는 이들로 가득하다. 또, 발이 푹푹 빠지는 모래 언덕을 끝까지 오르면 사막에 둘러싸인 와카치나 호수의 그림 같은 장면을 볼 수 있다.

와카치나 호수에는 작은 배가 떠다니는데 약간의 돈만 내면 직접 노를 젓는 것도 할 수 있다. 한낮에는 현지인과 여행자 모두 뜨거운 햇볕을 피해 호수 주변 카페나 야자수 그늘에 모이지만 해 질 녘이면 하나둘 사구에 올라 풍경을 감상한다. 사구에 앉아 와카치나 호수를 내려다보며 즐기는 휴식은 말 못 할 감동을 준다. 호수와 사막을 배경으로 이색적인 기념사진을 남겨보자.

Data 지도 116p-D, 117p-A 가는 법 버스터미널에서 차로 10분 주소 Huacachina, Ica

| Talk |
와카치나 전설 이야기

와카치나 전설과 관련된 부조와 설명

와카치나는 매우 작은 도시다. 가운데 호수가 있고 사방이 사막에 둘러싸인 곳으로 매일 수많은 여행자가 방문한다. 울다Huaca와 여자China를 뜻하는 단어가 합쳐져 '우는 여자Huacachina'라는 이름이 탄생했다. 세계의 명소에는 가슴 아픈 이야기나 전해져 내려오는 전설이 있는 법. 와카치나에도 이 독특한 지명에 얽힌 두 가지 전설이 있다.

오래전 공주가 꿈에 그리던 남자와 결혼했는데, 그 남자가 전쟁에서 전사했다. 남편의 전사 소식을 들은 공주는 너무 슬퍼서 계속해서 눈물을 흘렸고, 그 눈물이 모여 지금의 와카치나 호수가 되었다고 한다. 다른 버전은 조금 더 재밌다. 어느 여인이 호수에서 목욕을 하고 있었는데, 여인은 거울을 통해 낯선 남자가 자신의 벗은 몸을 보고 있다는 사실을 알게 되었다. 수치심을 견디지 못한 여인은 호수에 빠져 인어가 되었고, 이 호수에서는 밤마다 인어의 울음소리가 들려온다고 한다.

Special Page

짜릿함을 즐기자,
사막에서 즐기는 액티비티

수많은 여행자가 이카를 찾는 가장 큰 이유는 와카치나 주변 사막에서 즐기는 액티비티 때문. 특수 개조된 버기카에 올라 사막을 시원하게 달리는 버기 투어, 그리고 사구에서의 샌드보딩은 평생 잊지 못할 추억이 된다.

흥분지수 최고조,
버기 투어 Buggy Tour

해 질 녘이 되면 와카치나 호수 주변으로 수많은 여행자가 모인다. 사막용 샌드 지프를 개조한 버기카를 타고 모래 언덕을 질주하는 버기 투어에 참여하기 위해서다. 버기카에 여행자 3~7명 정도를 태운 후 사막을 한참 달린다. 운전사는 깎아지른 듯한 사구를 자유자재로 넘나들면서 곡예에 가까운 운전 실력을 선보이는데, 운전을 하면서 가속이 붙고 차체가 기운 채로 사구를 넘어 스릴을 만끽할 수 있다. 투어 시간은 샌드보드 투어 포함 2시간 정도. 신청은 123p를 참조할 것.

Data 투어 시간 오후 3~6시
투어 요금 50솔 전후(사막 샌드보딩 포함)

사구에서 즐기는 액티비티,
사막 샌드보딩 Desert Sandboarding

버기 투어가 끝나면 가이드 겸 운전사가 높은 사구 앞에 차를 세운다. 모래에 잘 미끄러지도록 양초를 덧칠한 샌드보드에 올라 사구를 내려가는 샌드보드 투어는 버기 투어와 다른 즐거움을 선사한다. 샌드보드에 배를 깔고 엎드린 자세가 정석. 안전사고가 종종 발생하므로 시작 전에 가이드의 안전교육을 받아야 한다.
버기 투어와 샌드보드 투어를 같이 신청할 시 샌드보딩 횟수 제한이 있다. 투어 신청을 하지 않았다면 와카치나 마을 초입에서 10솔 내외로 샌드보드만 빌릴 수도 있다. 이 경우 횟수 제한 없이 지칠 때까지 즐길 수 있다.

버기 투어 A~Z

말로만 듣던 이카 버기 투어! 무엇을 준비해야 하고, 어떤 마음가짐을 가져야 하는지 궁금할 것이다. 이것만 준비하면 걱정하지 않아도 된다.

Q1. 어떻게 신청하나요?

A_와카치나 호수 주변 여행사나 숙소 리셉션에서 신청할 수 있다. 와카치나를 찾는 여행자 대부분은 보통 호텔이나 호스텔 리셉션에서 신청한다. 이 경우 숙소 투숙객끼리 버기 투어 인원을 구성하는데, 인원이 부족하면 인근 숙소 투숙객과 구성하기도 한다. 좀 더 저렴하게 신청하고 싶다면 여행사를 돌면서 흥정하면 된다.

Q2. 어떤 방식으로 진행되나요?

A_와카치나 마을에서 버기카를 타고 사구에 진입하면 경사가 가파른 사구를 넘나들며 아찔한 드라이빙이 시작된다. 수준급 운전 실력을 가진 숙련된 운전사가 운전하니 걱정할 것은 없다. 약 30분 정도 달린 뒤, 높은 사구에 멈춘 후 곧바로 샌드보드 투어가 시작된다. 샌드보드 투어 역시 30분 정도 진행되는데, 멤버가 많을수록 더 많은 시간이 소요된다. 마지막으로 사막의 노을을 배경으로 기념사진을 찍으면 투어가 종료된다.

Q3. 버기 투어 복장은 어떻게 되나요?

A_눈과 머리를 보호하기 위한 고글과 헬맷은 필수다. 투어 신청 시 전용 고글과 헬맷은 제공된다. 보통 버기 투어와 샌드보드 투어가 함께 진행되므로 간편한 복장으로 갈아입는 것이 좋다. 목적이 사막을 배경으로 한 기념사진이라면, 투어에 참여하지 말고 개인적으로 사구에 오르는 것이 좋다.

Q4. 투어 멤버 구성은 어떤 방식으로 이루어지나요?

A_신청하는 곳에 따라 달라진다. 여행사를 통해 신청한다면 외국인 여행자와 함께 참여할 확률이 높다. 외국인 여행자와 어울리는 게 다소 부담된다면 한국인 여행자가 주로 묵는 숙소를 찾아가서 신청하면 된다. 웃돈을 주면 버기카를 통째로 빌려 프라이빗 투어를 진행할 수도 있다.

잃어버린 협곡
캐논 데 로스 페르디도스 Canon de los Perdidos

이카 센트로를 기준으로 동남쪽에 자리한 초대형 협곡으로, 약 5만 년 전에 생성되었다. 현지인들 사이에서는 '이카의 그랜드 캐니언' 혹은 '잃어버린 협곡'으로 불린다. 보통 와카치나 호수를 보거나 와카치나 주변 사막에서 버기 투어를 하기 위해 이카를 찾지만, 사막을 드라이브한 후 협곡을 보는 것도 추천한다.

협곡을 보려면 입구에서부터 트레킹을 해야 하므로 미리 편한 운동화를 준비해야 한다. 또한, 햇볕이 강해 선크림, 선글라스, 챙 넓은 모자도 함께 준비하면 좋다. 이카 센트로에서 꽤 떨어져 있기 때문에 택시를 타는 것보다는 이카 센트로나 와카치나의 여행사에서 투어를 신청해서 다녀오는 것을 추천한다.

Data 지도 116p-F 가는 법 이카 센트로에서 차로 30분
주소 Canon de los Perdidos, Ica 전화 9715-48086

Tip 여행사에서 투어 예약 시 흥정은 필수!

페루 여행 시 근교 투어를 비롯한 각종 투어는 보통 여행사를 통해 신청한다. 개인이 찾는 것보다 투어 프로그램에 참여하는 편이 훨씬 시간을 절약할 수 있기 때문. 이카, 아레키파, 쿠스코 근교 투어 역시 마찬가지다. 다만 페루 여행사에서 투어를 예약할 경우 처음 제시하는 요금에 계약하지 말고 최대한 요금을 깎으려는 제스처를 취해야 한다. 식사 포함, 숙소 픽업, 국립공원 입장료 포함 여부 등도 꼼꼼하게 따져야 한다. 유명 관광지에서 여러 기념품숍을 돌아다니면서 시세를 알아본 후 흥정하듯이, 여행사 투어 프로그램도 여러 여행사를 본 후 요금을 비교하고 흥정하면 저렴하게 예약할 수 있다.

| 이카 근교 |

페루 국민 술의 원산지
피스코 Pisco

이카에서 차로 약 1시간이면 갈 수 있는 해안 도시. 기원전 7세기부터 기원후 4세기까지 존재했던 파라카스Paracas 문명의 주요 도시로 태평양 연안 피스코만에 자리한다. 여행자에게는 페루 국민 술 피스코의 원산지로 유명한 곳이다. 최근에 칠레와 페루 사이에서 원조 공방이 벌어졌을 정도로 사람들에게 사랑받는 술이다.
그 외 피스코의 주요 볼거리는 아르마스 광장과 역사 박물관, 피스코 해변이다. 이카에서 일부러 피스코를 찾는 여행자는 드물지만, 피스코에 간다면 한두 시간 정도 피스코 센트로와 해변 일대를 둘러보는 것도 좋다.

`Data` **지도** 009p **가는 법** 이카 센트로에서 차로 1시간 10분

Tip 페루 전통술, 피스코Pisco

페루와 칠레 해안 일대에 자리한 포도 산지에서 생산되는 브랜디. 무색이거나 노란빛을 띤다. 원래 피스코는 코카Coca잎 생산지였지만, 스페인 침략 이후 본격적으로 포도가 재배되기 시작했다. 피스코는 페루식 증류주로 일반 와인보다 도수가 훨씬 높다. 페루는 물론 남미 지역에서 맛볼 수 있는 칵테일, 피스코 사워Pisco Sour의 기본 베이스가 되는 술이다. 피스코에 라임주스, 달걀 흰자, 시럽 등을 섞어 만들면 피스코 사워가 완성된다.

피스코 사워

파라카스 해상공원 투어

진귀한 해양동물의 서식지
파라카스 Paracas

이카에서는 차로 1시간, 피스코에서는 차로 20분 거리에 위치한 작은 도시. 지명인 파라카스는 현지어로 '모래바람'이라는 뜻인데, 매일 정오 무렵 모래를 가득 품은 바람이 파라카스로 불어왔다는 데서 유래했다. 파라카스는 남미 바다사자와 바다수달, 바다거북, 돌고래, 가마우지, 훔볼트펭귄 등 진귀한 해양동물을 볼 수 있어 '리틀 갈라파고스'라는 별칭이 붙기도 했다. 여행자는 보통 이 해양동물들을 보기 위해 파라카스를 찾는다. 파라카스 국립 자연 보호 구역 투어를 신청하면 된다. 파라카스 해상공원 투어는 보트에 탄 채로 바예스타스섬Isla Ballestas 주변과 섬에 서식하는 해양동물들을 둘러보는 당일치기 투어 프로그램이다. 아침 일찍 파라카스 항구에서 출발해, 가이드의 설명을 들으면서 섬의 동물들을 볼 수 있다. 투어 초반에 보게 되는 지상화와 오랜 시간 해풍과 파도에 깎여 형성된 기암괴석도 인상적이다. 투어 요금은 60솔 내외(흥정 가능).

Data 지도 009p 가는 법 이카 센트로에서 차로 1시간

파라카스 국립 자연 보호 구역 투어

EAT

저렴한 게스트하우스와 레스토랑의 만남
와일드 올리브 Wild Olive

와카치나 호수가 한눈에 보이는 곳에 자리한 레스토랑으로, 동서양을 넘나드는 메뉴가 준비돼 있다. 아침 메뉴는 오믈렛과 과일 샐러드 등이고, 점심과 저녁 메뉴는 세비체, 피자, 파스타, 치파 볶음밥 등 다양하다. 특히 점심 때는 파스타와 마늘빵, 음료가 포함된 세트 메뉴를 20솔 전후로 맛볼 수 있어 배낭여행자에게 인기 있다.

Data **지도** 117p-A **가는 법** 와카치나 호수 북쪽, 도보 1분 **주소** Al costado de la Biblioteca, Ica 11000, Ica **전화** 9560-00326 **운영 시간** 월~일 08:00~23:00 **가격** 음식 20솔~, 음료 10솔~

낮술하기 좋은 레스토랑
사마라나 Samarana

와카치나 호수 주변 레스토랑과 마찬가지로 부담 없이 한 끼 식사를 할 수 있다. 샌드위치, 세비체 등 간단한 식사를 할 수도 있고, 맥주에 나초만 주문해도 좋은 곳이다. 뜨거운 한낮이 되면 무더위를 피하기 위해 이곳을 찾는 여행자가 많다.

쿠스케냐 맥주를 주문해 호수를 바라보면서 여유로운 시간을 만끽해보자. 버기 투어까지 시간이 남는다면 수분 보충을 위해 시원한 과일주스나 맥주를 마시는 것도 좋다.

Data **지도** 117p-A **가는 법** 와카치나 호수 북쪽, 도보 1분 **주소** Malecon Jose Picasso Peratta 180 Huacachina, Ica **전화** 9536-96900 **운영 시간** 월~일 08:00~23:00 **가격** 음식 15솔~, 음료 8솔~

PERU BY AREA 02
이카

음식은 최고, 분위기는 더욱 최고
와카퍼킹치나 레스토바 Huacafuckingchina Restobar

낮에는 음식점으로, 밤에는 바Bar로 변신하는 레스토랑이다. 메뉴는 햄버거, 샌드위치, 파스타 등 서양 음식이 주메뉴다. 해 질 녘 와카치나 호숫가에 은은한 조명이 들어오면 분위기 있는 바가 된다. 시끌벅적한 음악부터 잔잔한 음악까지 다양한 분위기를 연출하고, 쿠스케냐 맥주를 비롯해 피스코 사워, 와인까지 다양한 주류가 준비돼 있다. 오아시스 마을의 밤을 제대로 느껴보고 싶다면 이곳을 기억해두자.

Data 지도 117p-A **가는 법** 와카치나 호수 북쪽, 도보 1분 **주소** Balneario de Huacachina, Ica 11000, Ica **전화** 5623-2048 **운영 시간** 월~일 10:00~23:00 **가격** 음식 20솔~, 음료 10솔~

무난한 음식, 무난한 분위기
누나 Nuna

와카치나 호수 주변의 레스토랑에서 맛볼 수 있는 음식과 분위기는 비슷해서 특별히 맛집으로 통하는 곳은 없다. 와카치나 호수 서북쪽에 자리한 레스토랑 겸 바 누나 레스토랑도 마찬가지지만, 아침부터 밤까지 부담 없이 한 끼 식사를 즐길 수 있는 곳이다. 닭고기 요리, 소고기 스테이크, 치파 볶음밥, 샐러드, 세비체 등을 맛볼 수 있고, 쿠스케냐 맥주를 판매한다. 저녁에는 피스코 사워를 비롯해 다양한 칵테일을 주문할 수도 있다.

Data 지도 117p-A **가는 법** 와카치나 호수 북쪽, 도보 1분 **주소** Oasis, Frente a la Laguna de Huacachina, Huacachina 11000, Ica **전화** 9547-76625 **운영 시간** 월~일 10:00~23:00 **가격** 음식 15솔~, 음료 8솔~

와카치나 초입, 소문난 레스토랑
루미 와시 Rumi Wasi

이카 센트로에서 와카치나로 들어가는 길에 있는 레스토랑. 세비체, 생선튀김, 로모살타도, 쿠이 등 페루 전통 요리와 스페인식 타파스 요리를 맛볼 수 있다. 치차, 피스코 사워 등 페루 전통술과 완벽한 궁합을 자랑한다. 신선하고 풍미 있는 식재료로 만든 페루 전통 음식을 맛볼 수 있다. 준비된 재료에 따라 매일 메뉴가 달라지는 '오늘의 메뉴'가 있다.

Data **지도** 116p-E **가는 법** 와카치나에서 차로 5분, 이카 센트로에서 차로 10분
주소 Urb. Rinconada B-3, 056, Ica **전화** 5623-5518 **운영 시간** 화~일 12:00~18:00 **휴무** 월요일
가격 음식 20솔~, 음료 10솔~

푸짐한 식사, 만족도 높은 서비스
오아시스 데 아메리카 Oasis de América

와카치나 호수 남쪽에 있는 레스토랑으로 서양 요리부터 세비체, 쿠이 등 페루 전통 요리, 생선튀김, 닭고기 구이까지 다양한 메뉴가 준비돼 있다. 특히 싱싱한 토마토와 아보카도가 듬뿍 들어간 샐러드가 눈길을 끈다. 트립어드바이저 등 각종 여행 정보 사이트에서 94%가 넘는 여행자들에게 만족도를 받았을 정도니 음식 맛과 서비스는 검증된 셈. 와카치나 호수를 한눈에 내려다볼 수 있는 야외 테이블과 에어컨 시설이 완비된 실내 테이블 중에서 선택할 수 있다. 식사 시간에는 빈 자리를 찾기 힘들 정도로 인기 있다.

Data **지도** 117p-A **가는 법** 와카치나 호수 남쪽, 도보 1분 **주소** Balneario de Huacachina, Ica 11000, Ica **전화** 5663-2451 **운영 시간** 월~일 08:00~22:00 **가격** 음식 20솔~, 음료 10솔~

패밀리 레스토랑의 교과서
엘 엥칸토 데 라 우에르타 El Encanto de la Huerta

이카 센트로에 자리한 패밀리 레스토랑. 이카 현지인이 입을 모아 추천하는 레스토랑으로 음식과 서비스 모두 수준급이다. 같은 메뉴라도 주변 레스토랑과 다른 퀄리티를 보여준다. 여행자가 주로 주문하는 메뉴는 페루 전통 음식이나 서양 음식이지만, 동양식 볶음밥도 있다. 양도 푸짐하고, 식당 내부에 흐르는 열정적인 음악은 식사에 흥거운 분위기를 더한다. 가격은 약간 높은 편이지만, 그 이상의 만족감을 선사한다.

Data 지도 116p-C
가는 법 와카치나에서 차로 10분, 이카 센트로에서 차로 2분
주소 Urb. San Miguel, Fermin Tauguis 347, Ica
전화 5621-8970
운영 시간 월~일 11:00~18:00
가격 음식 30솔~, 음료 10솔~

맛과 분위기 모두를 사로잡다
엘 코르돈 이 라 로사 El Cordon y la Rosa

이카 센트로에서 와카치나 사이 대로변에 자리한 고급 레스토랑. 파스타, 리소토, 지중해식 해산물 요리 등 다양한 메뉴가 준비돼 있고, 그중 닭고기와 소고기로 요리한 메뉴가 인기 있다. 닭고기 요리는 닭과 함께 들어가는 재료와 조리법에 따라 천차만별인데, 닭고기 튀김, 닭고기 볶음밥, 닭고기 꼬치구이 등 다양하고 감자튀김, 샐러드가 같이 나오는 메뉴도 있다.
특히 소고기 스테이크에 페루 특산주 피스코를 곁들이면 제대로 된 현지 음식을 맛봤다는 생각이 들 것이다.

Data 지도 116p-F
가는 법 와카치나에서 차로 5분, 이카 센트로에서 차로 5분
주소 Avenue Los Maestros D-14 Urb. San Jose, Ica 11000, Ica
전화 5621-8012
운영 시간 월~토 11:00~23:00, 일 ~19:00
가격 음식 30솔~, 음료 10솔~

SLEEP

이카 최고의 하룻밤
호텔 라스 두나스 Hotel Las Dunas

이카와 와카치나를 통틀어 최고 수준의 시설과 객실을 자랑하는 고급 리조트. 총 130개의 객실이 있으며, 규모가 커서 리셉션에서 안내를 받아야 한다. 넓은 백색의 빌리지를 걷다 보면 페루가 아니라 그리스나 아드리아해에 있는 어느 리조트에 온 듯한 느낌을 받을 정도. 워터슬라이드가 갖춰진 야외 수영장이 곳곳에 있고, 하루 종일 직원이 상주하는 키즈 클럽과 수준급의 골프 연습장 그리고 3곳의 고급 레스토랑이 있다. 또한, 부지 내에서 라마, 알파카를 볼 수도 있다.

모든 투숙객에게 리조트 전용 바에서 사용할 수 있는 피스코 사워 무료 시음권을 제공한다. 원할 경우 프라이빗 버기 투어에 참여할 수도 있다. 와카치나 마을의 버기 투어와 달리 리조트 전용 프라이빗 사막에서 보다 쾌적하게 즐길 수 있다. 와카치나 호수를 보고 싶다면 호텔 로비에서 택시를 부르면 된다. 원화 10만 원 정도에 칸쿤이나 발리, 몰디브의 최고급 리조트 못지않은 시설과 서비스를 선사한다.

Data **지도** 116p-B **가는 법** 이카 센트로에서 차로 10분
주소 Av La Angostura 400, Ica 11000, Ica **전화** 1-213-5000 **요금** 1박 330솔~

가성비 좋은 숙소
데저트 나이트 Desert Nights

와카치나를 찾는 배낭여행자에게 인기 있는 호스텔 중 하나. 요금이 저렴하고 시설도 괜찮은 편이다. 8, 10인 도미토리룸과 트윈룸이 있다. 수건은 무료로 제공되는데, 체크인할 때 리셉션에서 말해야 한다. 뜨거운 물이 잘 나오고 개인 콘센트도 있다.
10솔을 내면 투숙객이 아니라도 샤워실을 이용할 수 있다는 것도 장점. 호스텔 오른쪽에 운영 중인 동명의 레스토랑도 기억해두자. 음식이 일품이고, 데저트 나이트 호스텔 투숙객이라면 10% 할인된다.

Data 지도 117p-A
가는 법 와카치나 호수에서 남쪽으로 도보 1분
주소 Huacachina 139, Huacachina, Ica
전화 9426-56261
요금 도미토리룸 1박 20솔~, 더블룸 1박 100솔~

배낭여행자 맞춤형 숙소
로차버스 Rochabus

와카치나 호수 근처에 자리한 2성급 호텔. 트윈룸과 트리플룸이 있으며, 요금이 합리적이라 일행이 있다면 꽤 저렴하게 묵을 수 있다. 야외 수영장이 있고 호스텔 곳곳에 편히 쉴 수 있는 해먹이 설치돼 있다. 조식도 제공하며, 리셉션에서 버기 투어를 소개해주기도 한다.
객실 내 무료 와이파이는 상태가 좋지 않아 저녁이 되면 인터넷을 하기 위해 리셉션에 투숙객이 몰리는 진풍경이 연출된다.

Data 지도 117p-B 가는 법 와카치나 호수에서 동쪽으로 도보 10분 주소 Balneario de Huacachina S/N, Huacachina, Ica 전화 9948-30477 요금 트윈룸 1박 90솔~, 트리플룸 1박 110솔~

사구를 바라보며 즐기는 수영
쿠라시 호스텔 Curasi Hostel

호스텔이지만 시설과 서비스는 중저가 호텔 수준의 숙소다. 특히 와카치나 사구가 한눈에 보이는 객실과 야외 수영장이 눈길을 사로잡고, 영화나 미디어에서 봤던 것처럼 사막 한가운데에서 수영을 즐길 수 있는 숙소다.
tvN 〈꽃보다 청춘〉 제작진이 머물렀던 호스텔이라 프로그램에 잠깐 등장했다. 2층 규모로, 정원, 테라스, 공용 라운지 등의 시설이 있으며, 짐도 보관할 수 있다.

Data 지도 117p-B 가는 법 와카치나 호수에서 동쪽으로 도보 2분 주소 Balneario de Huacachina 197, Ica 전화 5621-6989 요금 싱글룸 1박 150솔~, 더블룸 1박 180솔~

접근성 최고, 가격 대비 우수
와카치나 선셋 호스텔 Huacachina Sunset Hostel

외국인 여행자들 사이에서 더 유명한 호스텔. 5, 10인 도미토리 룸과 트윈룸, 트리플룸이 있는데, 사구 전망과 호수 전망 중 선택할 수 있다. 와카치나에 있는 호스텔 대부분은 리셉션에서 버기 투어를 소개해주거나 예약할 수 있는데, 와카치나 선셋 호스텔에서도 버기 투어에 쉽게 참여할 수 있도록 도와준다.
또한, 동명의 레스토랑을 운영 중이니 와카치나 호수와 사구를 보면서 아침 식사를 즐겨보자. 무료 와이파이는 객실 위치에 따라 차이가 나서 리셉션과 가까운 객실을 잡으면 좋다. 현장에서 예약할 시 흥정을 통해 더 저렴하게 묵을 수도 있다.

Data 지도 117p-B

가는 법 와카치나 호수에서 동쪽으로 도보 2분 주소 Balneario de Huacachina Av. Principal, Ica 전화 9666-63929
요금 도미토리룸 1박 35솔~, 트윈룸 1박 100솔~

쾌적한 2성급 숙소
카사 데 아레나 Casa de Arena

와카치나는 사막에 있어 저렴하지만 시설이 열악한 숙소가 많다. 그중에서 카사 데 아레나는 여행자가 충분히 만족할 만한 서비스와 시설을 갖췄다.
총 32개 객실. 싱글룸, 더블룸, 트리플룸이 있으며, 야외 수영장, 나이트클럽, 전용 레스토랑 등이 있다. 또한, 숙소 어디에서나 와카치나 사구를 볼 수 있고, 해 질 녘에는 야외 수영장 선베드에 누워 멋진 풍경을 감상할 수 있다.

Data 지도 117p-B 가는 법 와카치나 호수에서 북쪽으로 도보 5분 주소 Av. Angela de Perotti S/N, Balneario de Huacachina, Ica
전화 5621-5274 요금 1박 160솔~

한국인 여행자에게 폭발적인 인기
바나나 어드벤처 Banana's Adventure

와카치나 호수 주변에 있는 호스텔 중에서 한국인 여행자에게 인기 있다. 객실 가격이 높은데, 숙박 요금에 식사와 버기 투어 요금이 포함되어 있기 때문. 숙박과 버기 투어를 한번에 해결할 수 있어 흥정에 약한 한국인 여행자 사이에서 입소문이 났다. 여행자들은 '바나나 호스텔'로 부른다. 4,6인 도미토리룸과 트윈룸이 있다. 선베드가 놓인 야외 수영장이 있고, 옥상에서 파티도 즐길 수 있다.

Data 지도 117p-A 가는 법 와카치나 호수에서 북쪽으로 도보 2분 주소 Av. Angela de Perotti S/N, Huacachina, Ica 전화 5623-7129
요금 도미토리룸 1박 60솔~, 더블룸 1박 150솔~

Peru by Area

03

나스카
NASCA

잉카 이전에 번성한 문명, 프레잉카 Pre-Inca
유적과 나스카 라인을 볼 수 있는
이카 남쪽의 작은 도시. 지상 최대의
수수께끼인 나스카 라인을 보기 위해
전 세계의 여행자가 이곳을 찾는다.
당일치기로 나스카 라인 경비행기 투어를
즐긴 다음, 이카나 아레키파로 떠나거나
하루 이틀 머물며 주변 유적지까지
훑어볼 수 있다.

Nasca
PREVIEW

초대형 지상화 나스카 라인을 보기 위해서 수많은 여행자가 사막의 작은 도시 나스카에 온다. 이카에 숙소를 잡고 당일치기로 경비행기 투어에 참여할 수도 있지만, 나스카 라인이 목적이라면 나스카에 숙소를 잡는 것이 좋다. 나스카 라인으로 유명해진 도시답게, 광장 바닥 문양, 상점 간판, 버스정류장까지 나스카 곳곳에서 지상화 관련 장식을 볼 수 있다.

SEE

나스카 라인을 보는 방법은 두 가지다. 경비행기를 타거나, 전망대에 올라 볼 수 있다. 경비행기 투어를 마친 후에는 나스카 라인 연구에 평생을 바친 천문학자 마리아 라이헤 관련 자료를 볼 수 있는 마리아 라이헤 박물관, 프레잉카 문명의 흔적을 볼 수 있는 차우치야 묘지 등도 둘러볼 만하다. 나스카 시내는 특별한 명소는 없지만 아르마스 광장을 중심으로 센트로가 형성되어 있으며, 사람 냄새 가득한 곳이다.

EAT

아르마스 광장에서 서쪽의 버스터미널까지 이어진 보로그네시 Bolognesi 도로를 따라 여행자를 상대로 한 레스토랑이 밀집해 있다. 이 도로가 곧 '나스카의 메인 도로'라고 해도 과장이 아닐 정도로 페루 전통 레스토랑부터 서양식 체인형 레스토랑, 또 동양식 볶음밥 전문 레스토랑 등이 몰려 있다. 나스카 도심이 작아 레스토랑은 많지 않은 편이다.

BUY

나스카에서 기념품을 사는 여행자는 드물지만, 아르마스 광장에서 쇼핑을 할 수 있다. 아르마스 광장 남쪽에 여행자를 상대로 한 기념품숍이 몰려 있다. 아레키파나 쿠스코, 푸노, 리마에서 볼 수 있는 초대형 마켓은 없지만, 작은 가게를 둘러보는 소소한 재미를 느낄 수 있다.

SLEEP

나스카 센트로에 있는 숙소는 사막 도시 이카나 와카치나에 있는 숙소보다 시설이 나은 편이다. 아르마스 광장과 보로그네시 도로 주변에 다양한 등급의 숙소가 밀집해 있다. 센트로 곳곳에 고급 호텔부터 중저가 호텔, 호스텔, 호스페다헤 등이 있다. 저렴한 호스텔이나 호스페다헤를 찾는다면, 아르마스 광장에서 한두 블록 들어간 골목에서 쉽게 찾을 수 있다.

Nasca
GET AROUND

 **어떻게 갈까?**

1. 버스 Bus
나스카 센트로 서쪽에 크루즈 델 수르Cruz del Sur, 소유즈Soyuz, 텝사Tepsa 등 버스 회사별 버스터미널이 모여 있다. 버스 회사와 등급에 따라 직행과 완행으로 나뉘고, 가격도 천차만별이다. 이카에서 약 1시간, 리마에서 약 5시간 정도 소요된다. 나스카를 찾는 여행자가 많기 때문에 적어도 하루 이틀 전에는 예매해야 한다.

2. 콜렉티보 Colectivo
이카에서 나스카로 이동할 때 버스보다 저렴하게 이용할 수 있는 교통수단. 승합형 택시나 소형 버스를 말한다. 차장이 목적지 푯말을 들고 있고, 목적지가 같은 여러 명이 동승한다.

 어떻게 다닐까?

1. 택시 Taxi
버스터미널에서 아르마스 광장 주변 숙소까지 택시를 타면 빠르게 이동할 수 있다. 택시 비용은 흥정해야 한다. 터미널 밖에서 잡으면 훨씬 싸게 흥정할 수 있으며, 보통 약 5솔 내외로 이동할 수 있다. 요금을 비싸게 부르면 과감히 돌아서자.

2. 도보
나스카 센트로는 작은 도시라 충분히 도보로 다닐 수 있다. 큰 짐이 있다면 택시를 추천하지만 숙소에 짐을 푼 후에는 도보를 추천한다. 아르마스 광장 일대와 주요 명소가 밀집해 있는 거리는 1시간이면 둘러볼 수 있다.

INFO

크루즈 델 수르 버스터미널
Terminal Cruz del Sur
Data 주소 Calle Lima, Nasca
전화 9550-04459

텝사 버스터미널
Terminal Tepsa
Data 주소 Calle Lima, Nasca
전화 1617-9000

긴급 전화번호
경찰·구급차 105
화재 신고 116

나스카

Nasca
ONE FINE DAY

나스카 라인Nasca Lines을 보기 위해 찾는 도시인 만큼,
경비행기 투어에 참여하는 여행자와 전망대와 마리아 라이헤 박물관을 묶은
당일치기 투어에 참여하는 여행자로 나뉜다. 나스카 남쪽에는 차우치야 묘지가 있다.
여유가 있다면 사람 냄새 물씬 나는 아르마스 광장 주변을 둘러보는 것도 좋다.

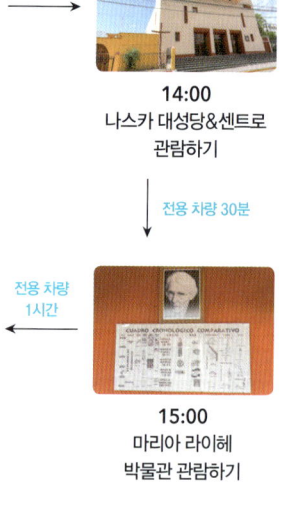

10:00 나스카 라인 경비행기 투어 참여하기

전용 차량 10분

13:00 나스카의 중심, 아르마스 광장 둘러보기

도보 2분

14:00 나스카 대성당&센트로 관람하기

전용 차량 30분

15:00 마리아 라이헤 박물관 관람하기

전용 차량 1시간

17:00 프레잉카 유적, 차우치야 묘지 관람하기

전용 차량 40분

19:00 아르마스 광장에서 노을 감상하기

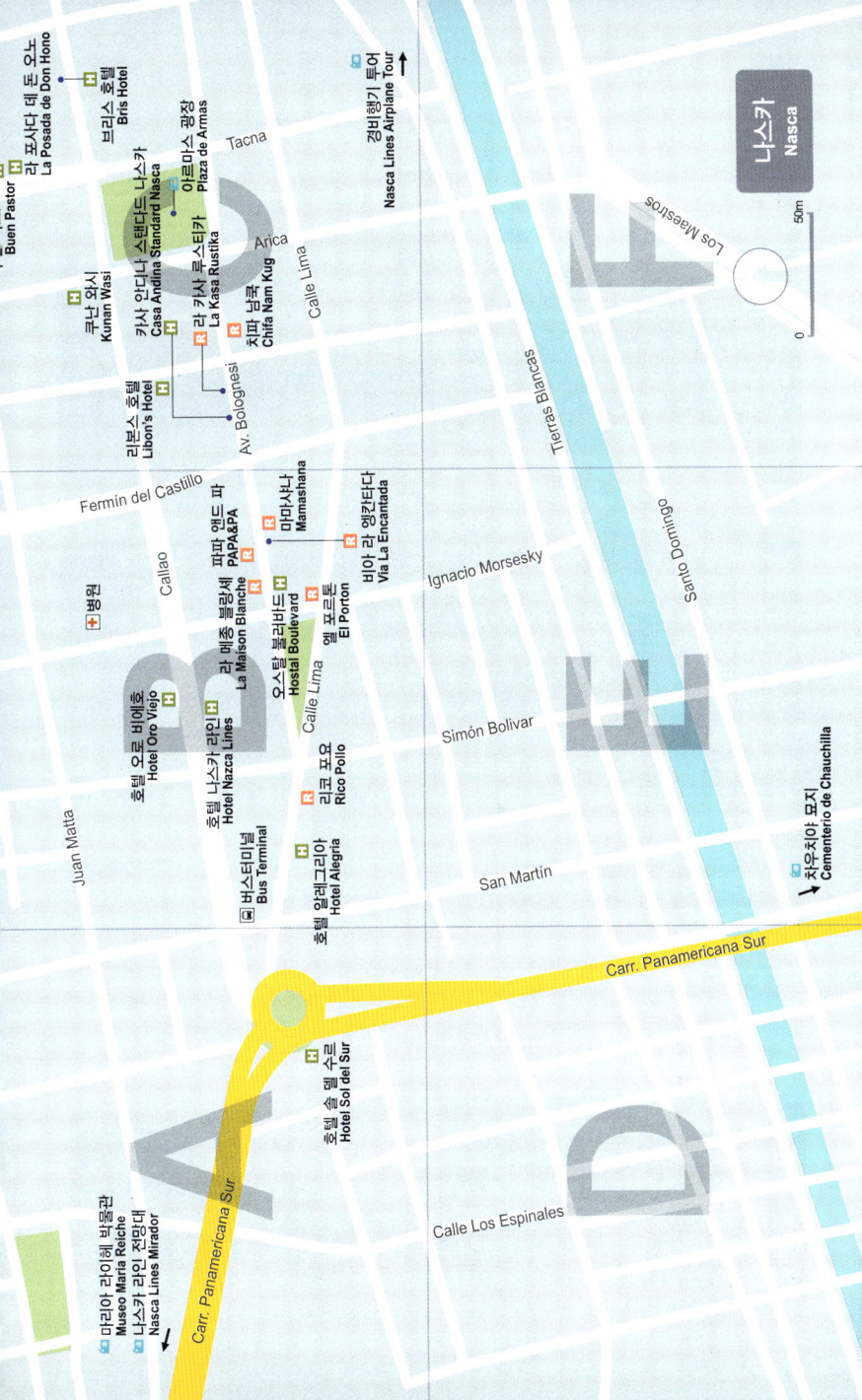

나스카의 심장
아르마스 광장 Plaza de Armas

나스카 라인으로 유명한 도시답게 아르마스 광장 주변에서 벌새, 원숭이, 거미, 손, 나무, 개 등의 나스카 라인을 형상화한 무늬를 발견할 수 있다. 다른 도시와 달리 광장보다는 잘 꾸며놓은 공원에 가까운 모습이다. 높은 가로수와 분수대가 있어 현지인에게 햇볕을 피할 수 있는 휴식처로 사랑받는다.

저녁이 되면 은은한 조명이 일제히 켜지고, 광장 중앙에 자리한 분수에서 물줄기가 솟아올라 기념사진을 남길 수 있다. 아르마스 광장 주변으로 여행자를 상대로 한 호텔, 레스토랑, 카페, 여행사 등이 둘러싸고 있어, 나스카에서 어떻게 동선을 짜야 할지 고민된다면 아르마스 광장으로 가면 된다.

Data 지도 139p-C 가는 법 버스터미널에서 도보 15분 주소 Plaza de Armas, Arica 393, Nasca

나스카의 순교자
마리아 라이헤 박물관 Museo Maria Reiche

독일 출신의 천문학자 마리아 라이헤Maria Reiche는 평생을 나스카 라인의 비밀을 연구하는 데 바친 인물. '나스카의 순교자'라는 별칭도 붙었다. 40여 년 동안 연구한 결과를 세계에 발표했으나, 안타깝게도 연구 결과는 쉽게 받아들여지지 않았다.

당시 그녀가 생활하던 작은 집을 개조해 개장한 박물관이 나스카에 있다. 입구에 들어서면 우선 빨간 건물 외벽에 걸린 그녀의 사진을 볼 수 있다. 내부에는 고대 나스카와 파라카스 지역의 유물 일부가 전시되어 있으며, 벽에는 연구에 몰두하고 있는 마리아 라이헤의 흑백사진과 각종 나스카 라인 사진이 걸려 있다. 또한, 박물관 외부에는 그녀가 몰던 차와 생전 모습을 재현한 밀랍 인형이 있는데, 당장이라도 나스카 라인을 보기 위해 떠날 것처럼 사실적이다. 나스카 라인을 감상하기 전에 들러보자. 투어 프로그램에 참여하거나, 택시를 대절해서 올 수 있다.

Data 지도 139p-A
가는 법 아르마스 광장에서 차로 30분
주소 Km. 425 Carr. Panamericana Sur, San José, Distrito de Ingenio, Nasca
전화 5652-1372
운영 시간 월~일 08:00~18:00
요금 5솔~

마리아 라이헤 박물관 외부 전경

PERU BY AREA 03
나스카

Writer's Pick! 나스카 라인을 만나는 최고의 방법
경비행기 투어 Nasca Lines Airplane Tour

나스카 라인을 볼 수 있는 방법은 두 가지. 전망대 투어는 2개의 지상화를 볼 수 있고, 경비행기 투어는 12개의 지상화 모두를 볼 수 있다. 원화로 7~10만 원에 해당하는 요금이 부담스럽지만, 나스카 라인을 가장 확실하게 볼 수 있는 방법이다.

숙련된 파일럿이 나스카 라인이 잘 보이도록 좌우로 기울이면서 곡예에 가까운 비행을 하고, 조종사 옆에 탄 조수가 지상화가 있는 방향을 상세하게 알려주므로 비싼 요금이 아깝지 않다. 경비행기 투어는 40분가량 진행된다. 평소에 멀미가 심하다면 비행 전 멀미약을 먹는 게 좋다.

Data **지도** 139p-C **가는 법** 아르마스 광장에서 차로 15분(경비행기 투어 이용 시 투어 차량으로 이동) **주소** Carr. Panamericana Sur, Nasca **운영 시간** 월~일 09:00~17:00 **요금** 60~90달러 내외, 공항세 30솔(경비행기 크기와 탑승 인원에 따라 다름)

Tip 투어 신청 시, 경비행기 크기와 탑승 인원 그리고 12개의 지상화 모두를 볼 수 있는지 꼼꼼하게 따져야 한다. 회사별로 투어 프로그램의 가격은 비슷한 편. 나스카 버스터미널에서 호객하는 여행사 직원을 통하거나, 숙소에서 소개받거나, 나스카 시내의 여행사를 통해 예약할 수 있다. 흥정할수록 요금이 저렴해진다.

2개의 지상화를 볼 수 있는 곳
나스카 라인 전망대 Nasca Lines Mirador

경비행기 투어가 부담스럽다면 나스카 라인 전망대도 좋은 대안이다. 마리아 라이헤가 나스카 라인을 연구하기 위해 세운 건물이 현재는 13m 높이의 나스카 라인 전망대가 되었다. 마리아 라이헤 박물관 근처에 있어 나스카 시내에서 택시를 대절해 가거나, 마리아 라이헤 박물관과 묶은 투어 상품으로 갈 수 있다. 투어는 나스카 시내 여행사를 직접 방문해서 신청할 수 있고, 호텔 리셉션에서 투어사를 소개해주기도 한다.

다만, 전망대 투어는 '나무'와 '손', 지상화 2개만 볼 수 있다. 경비행기를 타고 내려다보는 전망에 비할 수는 없지만 나스카 라인을 감상하기엔 충분하다. 마리아 라이헤 박물관과 전망대를 둘러보는 투어는 약 3시간 정도 진행된다.

Data **지도** 139p-A **가는 법** 아르마스 광장에서 차로 20분 **주소** Carr. Panamericana Sur, Nasca **운영 시간** 월~일 09:00~17:00 **요금** 3솔~

💬 |Talk|
나스카 라인, 지상 최고의 수수께끼

나스카 근교의 건조한 분지 지표면에 그려진 신비한 그림. 오래전 이곳에 살던 고대인들이 거대한 나스카 지상화를 그린 이유는 현재까지도 밝혀지지 않았다.

1939년 페루 남부 상공을 지나던 비행기 조종사가 최초로 발견했다. 나스카 라인이 오랫동안 훼손되지 않은 이유는 나스카가 태평양 한류의 영향을 받아 비가 거의 내리지 않는 건조 지대이기 때문이다. 이후 지속적으로 연구했지만 현재까지 지상 최고의 수수께끼로 남아 있다.

공중에서만 전체를 볼 수 있어서 외계인이 그렸다는 설도 있고, 신에게 바치는 제물이었다는 설도 있다. 그중 고대 나스카인이 천문학을 위한 용도로 그렸다는 이야기가 가장 설득력을 얻는다. 한편으로, 손재주가 뛰어난 고대 나스카인들이 열기구를 발명해 공중에서 지상화 제작을 감시했을 것이라는 추측도 있지만 증명된 바는 없다. '나스카의 순교자'로 불리는 독일인 천문학자 마리아 라이헤가 평생 동안 나스카 라인을 연구해 더욱 유명해졌다. 이제 나스카 라인은 페루를 대표하는 관광상품이자, 여행자에게는 기묘한 볼거리가 되었다.

마리아 라이헤 박물관 내부

나스카 라인(거미)

고대 나스카 라인 제작 모습

마리아 라이헤 생전 작업 공간

PERU BY AREA 03
나스카

나스카 라인은 어떻게 생겼을까?

경비행기에서 나스카 라인을 보려면 우선 어떤 지상화가 있는지 알아야 한다.
그야말로 눈 깜빡할 사이에 지상화가 지나간다.
먼 페루에 와서 비싼 요금까지 지불했는데, 하나라도 놓친다면 아쉬울 것이다.
투어에 참여하기 전 미리 나스카 라인을 공부해보자.

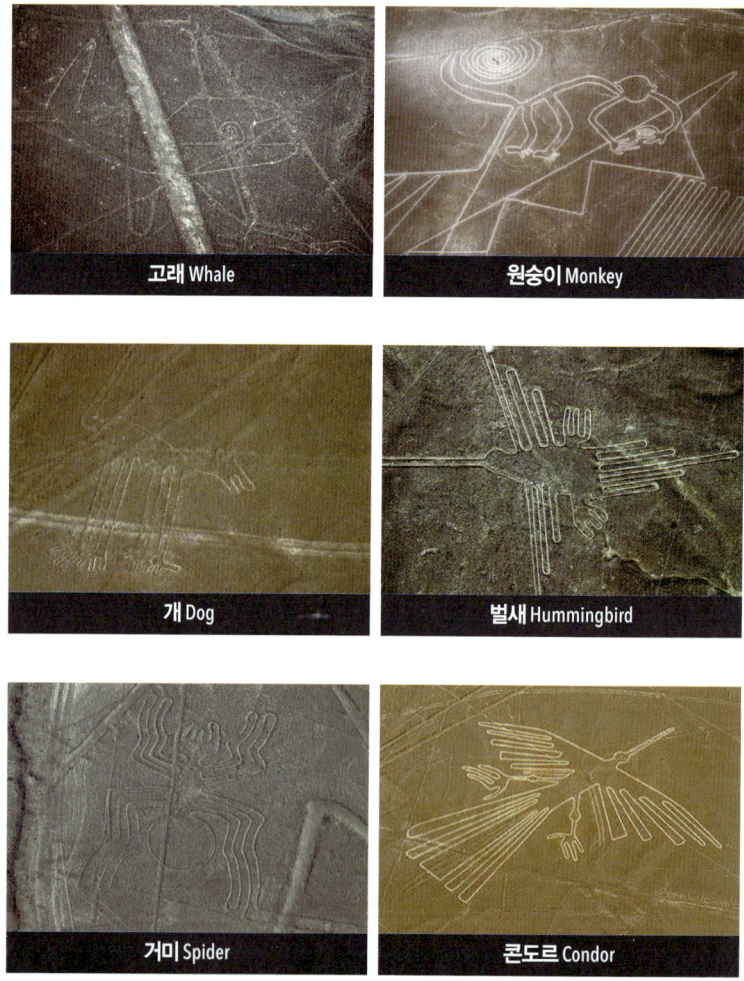

고래 Whale

원숭이 Monkey

개 Dog

벌새 Hummingbird

거미 Spider

콘도르 Condor

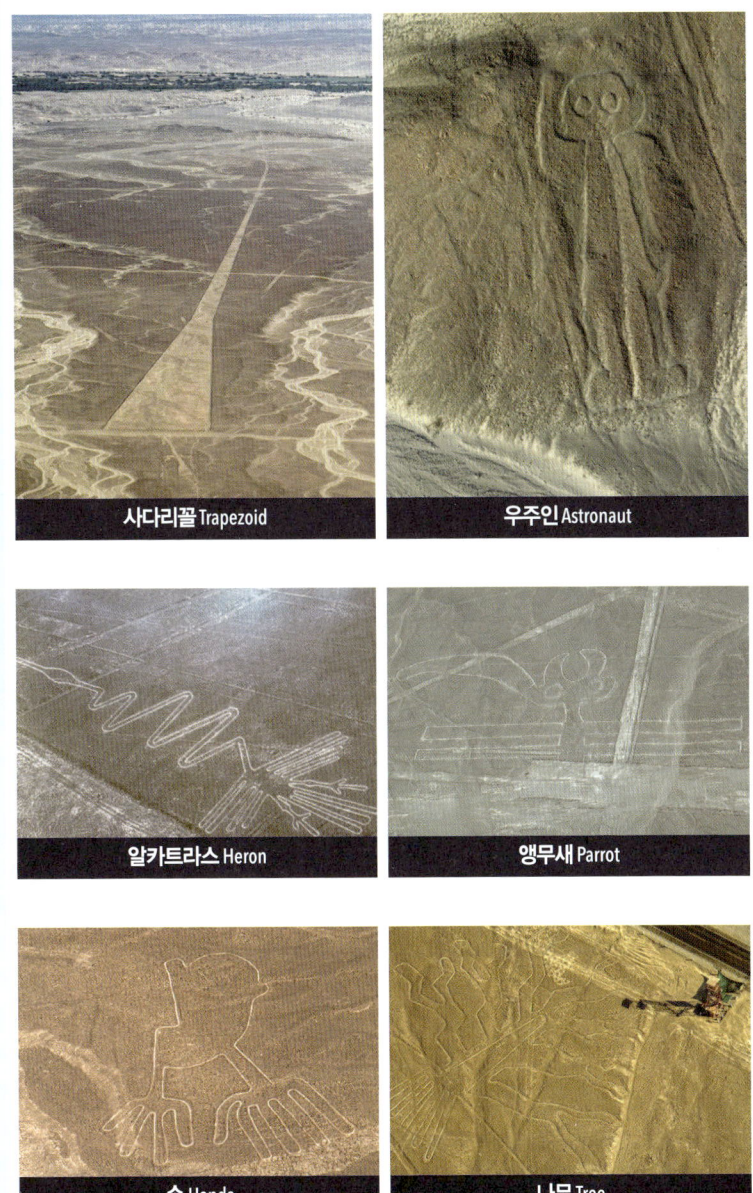

사막에서 만나는 미라
차우치야 묘지 Cementerio de Chauchilla

고대 나스카, 파라카스 문명 당시 사람들을 미라로 보존한 신비한 고대 무덤. 보행로를 따라 군데군데 파헤쳐져 있는 약 10여 개의 구덩이에 오랜 세월 보존된 미라와 함께, 미라가 입은 옷, 장식, 토기 등 유물이 있어 당시 사람들의 생활 모습을 엿볼 수 있다. 천 년이 넘는 세월을 견뎌낸 미라의 모습을 마주하고 있노라면 엄숙한 기분이 절로 든다.

보통 영어나 스페인어를 할 수 있는 가이드가 동행하는 투어 프로그램으로 방문한다. 4시간 동안 진행되며, 묘지를 방문한 후 시내로 돌아와 몇몇 박물관을 둘러보면 마무리된다. 나스카 시내에 있는 여행사 여러 곳을 돌면서 흥정을 하자.

Data 지도 139p-E
가는 법 아르마스 광장에서 차로 40분(보통 투어 차량으로 이동)
전화 9540-29371
요금 25달러 내외(가이드, 묘지 입장료 포함)

소문난 닭고기 맛집
리코 포요 Rico Pollo

상호인 리코 포요Rico Pollo는 스페인어로 '맛있는 닭고기'를 뜻한다. 식사 시간에는 빈자리를 찾기 어려울 정도로 나스카에서 유명한 레스토랑 중 하나. 평소에도 북적이는 곳인 만큼 메뉴가 나오는 데 시간이 오래 걸리는 편이다. 닭고기 구이, 닭고기 볶음밥, 닭고기 샐러드 등 닭고기로 만든 요리가 주메뉴다.

닭고기 전문 음식점이지만 안티쿠초, 소시지 요리, 소고기나 돼지고기 요리 등 다양한 요리가 준비돼 있다. 한국식 치킨과 비슷한 맛의 메뉴도 있다.

Data 지도 139p-B **가는 법** 아르마스 광장에서 도보 10분
주소 Calle Lima 190, Nasca 11400, Nasca **전화** 5652-1151
운영 시간 월 10:00~23:30, 화~일 ~01:00
가격 음식 15솔~, 음료 10솔~

중국식 볶음밥 전문점
치파 남쿡 Chifa Nam Kug

페루 곳곳에는 중국식 볶음밥 치파Chifa를 맛볼 수 있는 레스토랑이 발에 챌 정도로 많다. 그중 보르그네시 도로변에 자리한 남쿡Nam Kug 레스토랑은 나스카에서 가장 유명한 차이니스 레스토랑이다. 닭고기와 돼지고기, 해산물, 채소 등 들어가는 재료에 따라 달라지는 다양한 볶음밥 메뉴가 준비돼 있다.

추천하는 메뉴는 오징어와 새우, 조개 등 해산물이 듬뿍 들어간 치파 마리스코Chifa Marisco. 새우와 채소를 우린 완탕 국물 그리고 시원한 맥주를 곁들이면 최고의 한 끼가 완성된다.

Data 지도 139p-C
가는 법 아르마스 광장에서 도보 5분
주소 Av. Bolognesi 448, Nasca
운영 시간 월~일 12:00~16:00, 18:00~23:00
가격 음식 10솔~, 음료 6솔~

음식과 분위기 모두 일품
마마샤나 Mamashana

아르마스 광장에서 버스터미널까지 이어지는 보르그네시 도로 주변은 여행자가 가장 많이 몰리는 거리라 자연스럽게 고급 레스토랑과 카페가 즐비하게 들어섰다. 마마샤나 카페 겸 레스토랑도 보르그네시 도로 주변에 자리한 곳. 식사를 하거나 커피 한 잔을 즐길 수도 있다.

페루 전통 음식부터 서양 음식까지 다양한 메뉴를 맛볼 수 있고, 맥주를 비롯해 치차, 피스코 사워 등 음료도 준비돼 있다. 나무와 페루 전통 장식을 이용한 내부 인테리어, 가게 안을 채우는 흥겨운 남미 음악 등이 특별한 분위기를 조성한다.

Data 지도 139p-B
가는 법 아르마스 광장에서 도보 5분
주소 Av. Bolognesi 270, Nasca
전화 5652-1286
운영 시간 월~일 10:00~23:00
가격 음식 15솔~, 음료 10솔~

현지인에게 인기 있는 감자 요리 전문점
파파 앤드 파 PAPA&PA

아르마스 광장과 버스터미널 사이에 자리한 감자 요리 전문점. 빠르게 한 끼 식사를 해결할 수 있어 큰 사랑을 받는 패스트푸드점으로, 온종일 여행자와 현지인으로 가득하다. 내부에는 5~6개의 테이블이 준비되어 있고 한쪽 벽에 세계 지도가, 다른 쪽 벽에 페루, 에콰도르, 콜롬비아의 국기가 걸려 있다.
감자 요리 전문점답게 감자샐러드부터 감자가 들어간 닭고기 요리까지, 감자로 만든 다양한 요리를 맛볼 수 있다. 시원한 생과일주스 등 음료도 판매한다. 테이크아웃도 가능하다.

Data 지도 139p-B
가는 법 아르마스 광장에서 도보 10분
주소 Av. Bolognesi 287, Nasca 14401, Nasca
전화 5632-5029 **운영 시간** 월~일 11:00~23:00
가격 음식 10솔~, 음료 6솔~

유서 깊은 남미 음식 전문점
엘 포르톤 El Porton

나스카의 오래된 스테이크 전문 레스토랑. 안데스 지방과 티티카카 호수 주변에서 생산한 고기와 싱싱한 천연재료로 요리한 스테이크를 맛볼 수 있다. 소고기와 돼지고기 스테이크는 물론, 세비체, 파스타, 피자 등 다양한 메뉴가 있다. 그중 인기 메뉴는 돼지 등심을 구운 요리인 추레타 데 세르도 Chuleta de Cerdo.
식물을 활용한 내부 인테리어가 마음을 편하게 하고, 운이 좋다면 수준급 악사가 페루 전통 악기로 연주하는 음악을 들을 수도 있다. 테이블이 많아 웨이팅은 적은 편이다.

Data 지도 139p-B
가는 법 아르마스 광장에서 도보 10분
주소 Ignacio Morsesky 120, Nasca
전화 5652-3490
운영 시간 월~일 11:00~23:00
가격 음식 20솔~, 음료 10솔~

수준 높은 해산물 요리
라 카사 루스티카 La Kasa Rustika

남미 전통 해산물 요리 전문점. 트립어드바이저에서 선정한 레스토랑으로, 전 세계 여행자들에게 96%의 압도적인 지지를 받은 만큼 음식 맛은 이미 검증된 셈이다. 바닷가재 요리, 꽃 모양의 아보카도 샐러드, 소스 한 방울까지도 디스플레이로 활용한 세비체 요리 등 음식보다는 작품에 가까워 맛보기도 전에 사진부터 찍게 될 것이다. 해산물 요리 전문 레스토랑이지만 피자와 스테이크 등 다른 메뉴도 맛볼 수 있고, 맥주와 고급 와인리스트도 준비돼 있다.

Data 지도 139p-C
가는 법 아르마스 광장에서 도보 3분 주소 Av. Bolognesi 372, Nasca 11401, Nasca 전화 5632-4463
운영 시간 월 11:30~23:00, 화~일 07:00~23:00
가격 음식 30솔~, 음료 10솔~

지중해 느낌의 우아한 다이닝
비아 라 엥칸타다 Via la Encantada

보로그네시 도로 중간에 자리한 다이닝 레스토랑. 해산물 요리가 주메뉴인데 세비체와 오징어 튀김, 스페인식 파에야 등이 인기 있다. 주문하면 가리비나 물고기 모양 접시에 담아서 주는 것도 눈길을 끈다.
고급스러운 외관과 인테리어를 보면 나스카에서 스페인이나 그리스의 도시를 만난 기분이 든다. 저녁에는 칵테일을 마실 수 있는 바가 된다.

Data 지도 139p-B 가는 법 아르마스 광장에서 도보 10분 주소 Av. Bolognesi 282, Nasca 11401, Nasca 전화 5652-4216
운영 시간 월~토 10:00~23:30, 일 ~22:30
가격 음식 20솔~, 음료 10솔~

푸른색 파스텔 톤 카페
라 메종 블랑셰 La Maison Blanche

아르마스 광장에 위치한, 동화 속에 있을 법한 브런치 카페다. 아기자기한 카페를 좋아하는 여행자라면 이곳을 꼭 들러보자.
외관상으로는 카페처럼 보이지만 카페 겸 레스토랑으로 운영 중이다. 여행자는 식사보다는 크레이프, 케이크 등과 함께 커피 한 잔을 마시기 위해 주로 찾는 곳이지만 식사도 할 수 있다. 싱싱한 과일과 채소가 듬뿍 들어간 음식 등 채식주의자를 위한 메뉴가 많다.

Data 지도 139p-B 가는 법 아르마스 광장에서 도보 3분 주소 Av. Bolognesi 388, Nasca 전화 5652-2361 운영 시간 월~일 10:00~23:00
가격 음식 15솔~, 음료 8솔~

SLEEP

합리적인 가격의 페루 유명 체인 호텔
카사 안디나 스탠다드 나스카 Casa Andina Standard Nasca

페루 도시마다 쉽게 볼 수 있는 카사 안디나 체인 호텔로, 합리적인 요금으로 묵을 수 있는 스탠다드 등급부터 고품격 프리미엄 등급까지 있다. 그중 스탠다드 등급의 카사 안디나 스탠다드는 지갑 사정 가벼운 배낭여행자도 큰 부담 없이 하룻밤 묵을 수 있는 호텔이다. 수준 높은 서비스로 1999년부터 현재까지 꾸준히 사랑받고 있다.

3층 규모로, 총 60개 객실이 준비돼 있다. 룸 타입은 슈피리어룸, 트래디셔널룸 등이 있다. 호텔 내 야외 수영장, 전용 레스토랑, 비즈니스 라운지 등의 시설을 갖추고 있으며, 최적의 위치를 자랑한다. 아르마스 광장 등 주요 명소와 버스터미널이 가깝고, 주변에 고급 레스토랑, 카페, 여행사가 많아 편한 나스카 여행을 약속한다.

Data 지도 139p-C
가는 법 아르마스 광장에서 도보 5분
주소 Av. Bolognesi 367, Nasca
전화 5652-3563
요금 1박 240솔~

뛰어난 청결도, 수준 높은 시설
호텔 나스카 라인 Hotel Nazca Lines

보로그네시 도로 인근에 자리한 3성급 호텔. 2층 규모로, 가운데 야외 수영장 주변으로 총 76개의 객실이 둘러싸고 있다. 싱글룸, 트윈룸, 트리플룸이 있다. 객실도 깔끔하지만, 호텔 내 시설도 수준이 높다. 호텔 전용 레스토랑은 단체 여행팀을 한번에 수용할 수 있을 정도로 넓다.
호텔 나스카 라인의 최대 장점은 넓은 야외 수영장. 뜨거운 햇볕이 내리쬐는 낮에 선베드에 누워 일광욕을 즐기면 휴양지에 온 듯한 기분을 느낄 수 있다. 나스카에서 인기 있는 호텔인 만큼 2~3일 전에는 예약해야 한다.

Data 지도 139p-B 가는 법 아르마스 광장에서 도보 7분 주소 Callao 473, Nasca 전화 9412-54279 요금 1박 230솔~

조용한 휴식을 원한다면
호텔 오로 비에호 Hotel Oro Viejo

시끄러운 보로그네시 도로에서 약간 벗어나 있어 조용하게 휴식을 취할 수 있다. 싱글룸, 트윈룸, 더블룸, 스위트룸 등 다양한 타입의 객실이 있고, 호텔 내 대부분이 금연 구역이라 쾌적한 휴식을 보장한다. 아르마스 광장과 버스터미널이 가깝고, 레스토랑, 카페, 여행사 등 여행자 편의시설과 접근성이 뛰어나다. 무료 와이파이를 제공하고, 무료 주차장도 있다. 셔틀 서비스와 세탁 서비스는 유료. 또한, 투숙객이라면 언제든 이용할 수 있는 야외 수영장을 갖췄다.

Data 지도 139p-B 가는 법 아르마스 광장에서 도보 7분 주소 Callao 483, Nasca 전화 5652-3332 요금 1박 200솔~

나스카 최저가 수준의 호텔
라 포사다 데 돈 오노 La Posada de Don Hono

아르마스 광장 바로 옆에 자리한 2성급 호텔. 총 23개의 객실. 싱글룸, 트윈룸, 트리플룸, 패밀리룸이 준비돼 있다. 조식도 포함된다. 각종 명소와의 접근성을 고려했을 때 배낭여행자에게 추천하는 가성비 좋은 숙소다.

일행이 있다면, 수많은 여행자로 북적이는 호스텔보다 괜찮은 선택이 되겠다. 남미 여행에서는 특히 소지품 보관에 주의를 요하기 때문. 요금, 깔끔한 시설, 다양한 객실 타입, 위치뿐 아니라 안전 측면에서도 충족시켜주는 호텔이다.

Data **지도** 139p-C **가는 법** 아르마스 광장에서 도보 2분
주소 Maria Reiche Neuman 112, Nasca
전화 5652-3991 **요금** 1박 110솔~

아르마스 광장 바로 옆
브리스 호텔 Bris Hotel

아르마스 광장 인근에 자리한 3성급 호텔. 외관이 눈에 띄는 황토색이라 쉽게 찾을 수 있다. 싱글룸, 트윈룸, 트리플룸이 있으며, 객실 타입에 따라 정원 전망과 도심 전망으로 나뉜다. 전 객실에 욕실이 있고, 방음 시설이 완비돼 있어 온전한 휴식이 약속된다.

브리스 호텔의 최고 장점은 뛰어난 접근성. 아르마스 광장은 도보 3분이면 이동할 수 있다. 주변에 투어 여행사가 많아 나스카 경비행기 공항, 마리아 라이헤 박물관, 차우치야 묘지 등 각종 투어에 참여할 경우 보다 쉽게 이동할 수 있다. 내부에 전용 레스토랑이 없어 아쉽지만, 주변에 여행자를 위한 레스토랑이 많다.

Data **지도** 139p-C **가는 법** 아르마스 광장에서 도보 3분
주소 Callao 907, Nasca **전화** 5652-2722 **요금** 1박 150솔~

고품격 리조트 부럽지 않은 시설
호텔 알레그리아 Hotel Alegria

한국인 여행자가 선호하는 소유즈, 크루즈 델 수르 버스터미널 바로 건너편에 자리한 3성급 호텔. 나스카 센트로의 호텔 중에서 고급 리조트 못지않은 시설과 서비스를 자랑한다. 리노베이션 이후 한층 업그레이드되었다. 싱글룸, 트윈룸이 준비돼 있다. 중앙에 자리한 야외 수영장을 객실 건물이 둘러싸고 있다. 수영장 주변으로 잘 가꿔진 정원이 자리한다. 호텔 내 전용 레스토랑과 바를 갖추었으며, 리셉션에서 나스카 경비행기 투어도 연결해준다.

Data 지도 139p-B **가는 법** 아르마스 광장에서 도보 10분
주소 Calle Lima 166, Nasca **전화** 5652-2702 **요금** 1박 170솔~

버스터미널 바로 앞
호텔 솔 델 수르 Hotel Sol del Sur

나스카의 버스터미널이 밀집한 지역에 자리한 3성급 호텔. 총 30개 객실. 싱글룸, 더블룸, 트리플룸이 준비돼 있으며, 호텔 전체에서 무료 와이파이를 사용할 수 있다. 비교적 넓은 객실과 24시간 운영하는 리셉션 등으로 만족도 높은 호텔. 호텔 솔 델 수르의 최대 장점은 한국인 여행자가 가장 선호하는 크루즈 델 수르 버스터미널이 가깝다는 것. 아르마스 광장과 레스토랑, 여행사 등이 즐비한 보로그네시 도로도 가깝다.

Data 지도 139p-A **가는 법** 아르마스 광장에서 도보 10분
주소 Av. Guardia Civil 120, Nasca
전화 5650-1752 **요금** 1박 120솔~

저렴한 숙소의 교과서
오스탈 불러바드 Hostal Boulevard

나스카 센트로 보로그네시 도로에 자리한 2성급 숙소. 연두색 외관의 3층 건물을 찾으면 된다. 건물 1층에서 오스탈Hostal이라고 적힌 갈색 간판을 찾을 수 있다. 총 6개 객실. 싱글룸과 트윈룸이 있다. 알록달록한 무늬의 침대, 군더더기 없는 실내 인테리어로, 특히 커플 여행자가 좋아할 만한 숙소. 아르마스 광장과 버스터미널이 가깝고, 주변에 여행사가 많아 나스카 라인 경비행기 투어도 쉽게 예약할 수 있다.

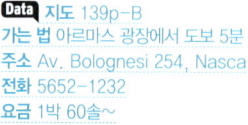

Data 지도 139p-B
가는 법 아르마스 광장에서 도보 5분
주소 Av. Bolognesi 254, Nasca
전화 5652-1232
요금 1박 60솔~

탁월한 위치와 가격
리본스 호텔 Libon's Hotel

아르마스 광장에서 한 블록 거리에 자리한 3성급 호텔. 보로그네시 도로를 비롯해, 레스토랑, 카페, 버스터미널과 가깝다. 4층 규모, 1층은 리셉션이고 2~4층이 객실이다. 싱글룸과 트윈룸이 있다. 호텔 곳곳에서 무료 와이파이가 잘 터지고, 투숙객이 원한다면 나스카 라인 경비행기 투어도 소개해준다. 나스카 센트로에 있어 늦은 밤에도 주변 치안이 양호한 편.

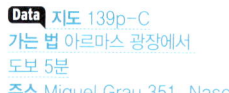

Data 지도 139p-C
가는 법 아르마스 광장에서 도보 5분
주소 Miguel Grau 351, Nasca
전화 5631-1402
요금 1박 150솔~

배낭여행자 맞춤형 숙소
부엔 파스토르 Buen Pastor

아르마스 광장에서 도보 2분 거리에 위치한 호스텔. 총 8개 객실이 준비돼 있으며, 도미토리룸, 싱글룸, 트윈룸까지 다양한 타입의 객실이 있다. 1박 요금이 50솔부터 시작하지만 흥정할 수 있고, 도미토리룸이라면 더욱 저렴한 요금으로 묵을 수도 있다. 또한, 전망 좋은 루프톱 테라스가 눈에 띈다. 나스카 경비행기 투어, 차우치야 묘지 투어 등 나스카의 주요 투어도 쉽게 연결해 준다.

Data 지도 139p-C
가는 법 아르마스 광장에서 도보 2분
주소 Maria Reiche Neuman 160, Nasca **전화** 5652-1737
요금 1박 50솔~

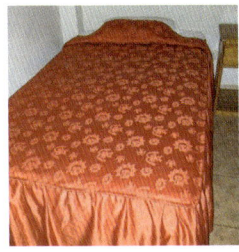

아르데코 양식의 중저가 호텔
쿠난 와시 Kunan Wasi

아르마스 광장과 가까운 곳에 자리한 3성급 호텔. 페루에서 좀처럼 볼 수 없는 아르데코 양식의 외관이 눈길을 끈다. 4층 규모, 총 21개 객실. 싱글룸, 더블룸, 트리플룸이 준비돼 있다. 유럽식 조식이 포함되어 있으며, 객실 내 무료 와이파이 상태도 양호한 편. 특히 암막 커튼과 어두운 스탠드 조명은 투숙객의 편안한 숙면을 돕는다. 아기자기한 실내 인테리어로 특히 젊은 여행자들에게 인기 있다.

Data 지도 139p-C
가는 법 아르마스 광장에서 도보 1분
주소 Arica 419, Nasca
전화 5652-4069
요금 1박 150솔~

Peru by Area

04

아레키파
AREQUIPA

페루 제2의 도시. 오래전 잉카 제국의
도시였던 곳에 스페인풍 백색 가옥이
들어서면서 이국적인 분위기를 내뿜게
되었다. 잉카와 바로크, 로코코 등 다양한
양식의 건물이 조화롭게 섞이고 고풍스러운
건물이 즐비한 아레키파 센트로는
그야말로 거대한 박물관이다.
푸노나 쿠스코로 떠나기 전 잠시 짐을 풀고
센트로 일대와 근교에 자리한
콜카 캐니언 등을 둘러본다.

Arequipa
PREVIEW

최근 여행자 사이에 입소문이 나면서 이카, 나스카, 아레키파로 이어지는 페루 남서부 지역이 주목받았다. 이제는 '페루 필수 방문 도시'로 자리 잡았을 만큼 아레키파를 찾는 여행자가 많다. 특히 아레키파 인기의 일등공신은 스페인식 가옥이 즐비한 센트로의 이국적인 풍경과 근교에 자리한 콜카 캐니언이다.

SEE

아르마스 광장 바로 옆에는 아레키파 대성당이 우뚝 서 있고, 북쪽에는 감성 사진을 찍기 좋은 성 카탈리나 수도원이 자리한다. 남쪽으로는 현지인의 생활 모습을 엿볼 수 있는 산 카밀로 마켓이 있으며, 센트로 외곽 서쪽에는 스페인식 가옥이 즐비해 출사지로 유명한 야나우아라 지구가 자리한다. 아레키파 근교에 자리한 콜카 캐니언은 세계에서 가장 깊은 협곡으로 알려져 있다.

EAT

아르마스 광장 주변으로 레스토랑과 카페가 밀집해 있다. 페루식, 유럽식, 중식 레스토랑 등 종류는 다양하지만, 메뉴는 비슷하다. 페루식 레스토랑에서도 파스타와 피자를 맛볼 수 있고, 유럽식 레스토랑에서 페루 전통 요리인 세비체를 주문할 수 있다. 저렴하게 현지식 식사를 하고 싶다면 산 카밀로 마켓에 가면 된다. 분위기 있는 카페를 찾는다면 아르마스 광장 주변으로 가보자.

BUY

산 카밀로 마켓과 아르마스 광장 주변으로 기념품숍이 많은데, 페루의 다른 도시와 마찬가지로 흥정해야 한다. 아레키파는 원주민의 비율이 높은 지역이니 발품을 팔면 질 좋은 라마 인형과 털모자, 스웨터 등을 저렴한 가격에 구매할 수 있다. 이왕 페루까지 왔으니 제대로 쇼핑을 즐겨보자. 아레키파에서 추천하는 아이템은 베이비 알파카의 부드러운 털로 제작한 스카프. 아레키파 곳곳에 취급 매장이 많다.

SLEEP

아르마스 광장 주변에 저렴한 호스텔부터 중저가 호텔, 고급 호텔까지 다양한 타입의 숙소가 있다. 대부분 아레키파 주요 명소와 접근성이 뛰어나다. 안전과 편안함이 중요하다면 고급 호텔을, 저렴한 요금이 중요하다면 호스텔을 선택하면 된다. 일행이 있다면 중저가 호텔을 추천한다. 아레키파에 도착하기 하루 이틀 전 미리 예약하는 것이 좋다.

Arequipa
GET AROUND

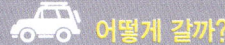 **어떻게 갈까?**

1. 버스 Bus

아레키파 센트로 남쪽에 버스터미널이 있다. 한국인 여행자가 많이 이용하는 크루즈 델 수르Cruz del Sur, 소유즈Soyuz, 텝사Tepsa, 시바Civa부터, 플로레스Flores, 페루 부스Peru Bus 등 저가형 버스 회사 부스까지 모여 있다. 발품만 잘 팔면 비교적 저렴하게 버스 티켓을 구매할 수 있다. 출발 시각이 임박한 버스 티켓은 흥정도 할 수 있다.

리마에서 약 15시간, 푸노에서 약 6시간, 나스카에서 약 10시간 정도 소요된다. 2개의 버스 터미널이 붙어있으니 자신이 타고 내리는 터미널의 위치를 잘 확인해야 한다.

터미널은 국내선 버스가 발착하는 테르미날 테레스트레Terminal Terrestre와 국제선 버스가 발착하는 테라푸에르토 인터나시오날Terrapuerto Internacional로 나뉘는데, 상황에 따라 두 곳이 바뀌는 경우도 있으니 참고할 것. 참고로 두 터미널은 도보로 5분 내에 있으니 위치가 서로 바뀌어도 걱정하지 않아도 된다.

2. 항공 Airplane

리마나 쿠스코 등으로 가장 빨리 이동할 수 있는 교통수단. 라탐항공, 페루비안항공, 아비앙카항공, 비바에어, LC페루 등이 리마까지 매일 15편, 쿠스코까지 2~3편 정도 운항한다. 비행시간은 리마까지 1시간 30분, 쿠스코까지 1시간이다. 특히 저가 항공이 발달한 리마-아레키파 구간을 미리 예매할 시 저렴하게 발권할 수 있다. 이카, 나스카 등에 가지 않는다면 장거리 버스보다는 비행기를 추천한다.

아레키파 로드리게스 발론 공항(AQP)에서 시내로 가기

아레키파 로드리게스 발론 공항은 센트로 기준 북쪽, 차로 20분 거리에 있다. 보통 오피셜 택시와 일반 택시를 타고 이동하는데, 오피셜 택시는 정찰제지만 가격이 비싼 편이고, 일반 택시는 흥정해야 한다. 보통 시내까지 25솔 전후의 요금이 든다.

어떻게 다닐까?

1. 택시 Taxi
아레키파 시내에서 가장 편리한 이동 수단. 아레키파는 페루에서 두 번째로 규모가 큰 도시인 만큼, 공항이나 버스터미널에서 시내로 들어올 때나 시내 끝에서 끝으로 이동할 때 좋다. 주요 명소가 밀집된 아르마스 광장 일대는 도보로 이동해도 괜찮지만, 야나우아라 지구나 카르멘 알토 전망대 등 아레키파 외곽으로 가려면 택시를 타야 한다. 단, 흥정은 필수.

2. 콤비버스 Combi Bus
현지인이 주로 이용하는 봉고차형 버스. 아르마스 광장, 버스터미널 등 확실한 목적지로 이동할 때 추천하는 교통수단. 요금은 1~2솔 정도. 약간의 불편함만 감수한다면 저렴하게 목적지까지 이동할 수 있다. 다양한 노선의 콤비버스가 아레키파 시내 곳곳을 거미줄처럼 연결한다.

3. 도보
아레키파 센트로 내에 아르마스 광장, 성 카탈리나 수도원, 산 카밀로 마켓, 산 프란시스코 광장 등 주요 명소가 몰려 있어 도보로 이동할 만하다. 한나절 정도면 모두 느긋하게 볼 수 있다.

INFO

로드리게스 발론 국제공항
Aeropuerto Internacional de Rodriguez Ballon
Data 주소 Aeropuerto, Cerro Colorado, Arequipa
전화 5434-4834

아레키파 버스터미널
Terminal Terrestre Arequipa
Data 주소 Arturo Ibañez 130, Arequipa
전화 5442-7792

긴급 전화번호
경찰·구급차 105
화재 신고 116

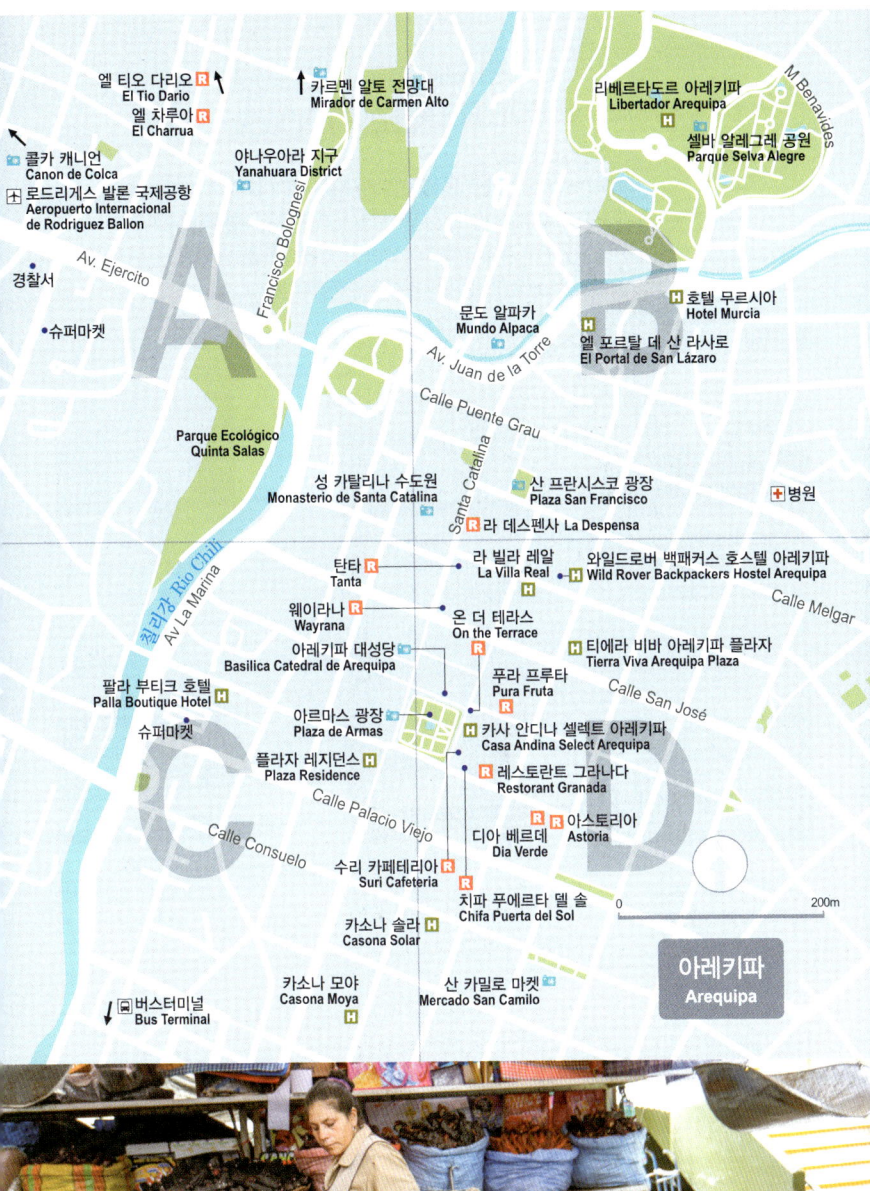

Arequipa
TWO FINE DAYS

리마에 이어 두 번째로 큰 도시인 만큼 볼거리가 많다.
콜카 캐니언 투어까지 갈 예정이라면 아레키파에서 이틀 이상 체류해야 한다.
보통 하루 정도면 아레키파 센트로에 있는 주요 명소를 볼 수 있고,
콜카 캐니언 투어도 하루면 충분하다.

1일차

09:00 아레키파 관광의 시작, 아르마스 광장 둘러보기

도보 1분

10:00 스페인식 건축의 으뜸, 아레키파 대성당 관람하기

도보 10분

11:00 출사 명소, 성 카탈리나 수도원 구경하기

도보 5분

13:00 산 프란시스코 광장에서 휴식하기

도보 5분

14:00 문도 알파카 구경하기

도보 15분

15:00 현지인의 삶을 엿보다, 산 카밀로 마켓 구경하기

택시 15분

17:00 스페인식 골목, 야나우아라 지구 탐방하기

2일차

04:00
아레키파에서
출발하기

차로 3시간 →

07:00
안데스 도착, 치바이 마을에서
아침 식사하기

차로 1시간 →

08:00
원주민 마을,
마카 탐방하기

↓ 차로 1시간

17:00
아르마스 광장 도착,
노을 감상하기

← 차로 3시간

13:00
얀케 마을에서
온천욕 즐기기

← 차로 1시간

10:00
콜카 캐니언 전망대에서
콘도르 보기

SEE

백색 도시의 중심이 되는 곳
아르마스 광장 Plaza de Armas

아레키파는 스페인 식민지 시대 때 개발되면서 페루 제2의 도시로 발전했다. 페루에서 리마 다음으로 큰 도시답게, 아레키파 아르마스 광장의 규모 또한 상당히 큰 편. 아레키파는 화산암인 실라Sillar로 지은 건물이 많아 백색 도시로 불리는데, 대성당을 포함해 아르마스 광장 주변의 건물들 역시 흰색을 띤다. 광장 북쪽에 백색의 대성당이 자리하고, 나머지 3면 역시 스페인식 백색 건물이 ㄷ자형으로 자리한다. 아르마스 광장은 아레키파에서 가장 유동 인구가 많은 곳으로, 분수대 주변은 늘 현지인과 여행자로 북적인다. 오후나 주말에는 광장 한쪽의 무대에서 공연이나 집회가 열리기도 한다.

아르마스 광장 남쪽 건물 2층에서는 아르마스 광장을 한눈에 내려다볼 수 있으니, 노을 질 무렵에 찾아보자. 백색 도시의 근사한 전망을 볼 수 있다. 동쪽과 서쪽에는 멋진 테라스가 있는 레스토랑이 즐비해, 해 질 녘에 찾으면 아르마스 광장을 비롯한 주요 명소를 보며 분위기 있는 저녁 식사를 즐길 수 있다.

Data 지도 161p-D
가는 법 버스터미널에서 택시로 10분
주소 Plaza de Armas, Centro Historico, Arequipa

아레키파 백색 건물의 표본
아레키파 대성당 Basilica Catedral de Arequipa

아르마스 광장 북쪽에 자리한 백색의 성당으로, 리마, 쿠스코, 푸노 대성당과 함께 '페루에서 가장 아름다운 성당' 후보로 거론된다. 아르마스 광장을 중심으로 형성된 센트로는 아레키파 역사 지구로 불리는데, 대성당은 이 역사 지구에서 가장 유명한 건물이다. 1544년, 스페인 군대는 원주민 교화를 목적으로 아르마스 광장 옆에 대성당을 세워, 잉카의 태양신을 숭배하던 원주민들을 가톨릭교로 강제 개종시켰다.

대성당은 17세기 중반 건축가 안드레스Andrés de Espinoza에 의해 건축되었고 6번의 대지진 동안 지속적인 개보수가 이루어졌다. 1960년, 아레키파 대지진 이후 2개의 종탑이 모두 무너졌지만 지금은 복구한 상태. 아레키파 대성당의 제일 큰 종은 5t이 넘는데, 국경일과 같은 중요한 행사 때만 울린다고 한다. 내부의 초대형 파이프 오르간 역시 놓치지 말아야 할 포인트. 대성당에 관해 더 자세히 알고 싶다면 대성당 왼편에 자리한 박물관에 가보자.

Data 지도 161p-D
가는 법 아르마스 광장에서 도보 1분
주소 Plaza de Armas, Arequipa 전화 5421-3149
박물관 운영 시간 월~토 10:00~17:00
휴무 일요일
박물관 요금 10솔~
홈페이지 www.museocatedralarequipa.org.pe

고품격 베이비 알파카 제품이 한자리에
문도 알파카 Mundo Alpaca

아레키파 센트로 북쪽에 자리한 알파카 의류 전문 매장으로, 박물관과 동물원을 같이 운영한다. 알파카는 고품격 털을 생산하는데, 어린 알파카의 털일수록 고급 원단을 만들 수 있다.

문도 알파카 초입에는 고급 알파카 털로 만든 의류가 전시된 매장이 있고 더 안으로 들어가면 야생 알파카와 라마를 직접 볼 수 있는 우리가 나온다. 여행자는 먹이를 직접 주는 체험도 가능하다. 우리 반대편에는 라마와 알파카, 비쿠냐 털과 관련된 자료실이 있으며, 원주민이 직접 알파카 털로 원단을 만드는 과정을 볼 수 있다. 귀여운 알파카와의 만남, 자료실 견학, 쇼핑까지 일석삼조의 재미를 느낄 수 있는 곳이다.

Data 지도 161p-B 가는 법 아르마스 광장에서 도보 12분
주소 Av. Juan de la Torre 101, San Lazaro, Arequipa 04001, Arequipa 전화 5420-2525
운영 시간 월~금 08:30~18:30, 토 09:00~18:30, 일 09:00~17:30 요금 무료

아레키파의 숨은 볼거리가 한가득
산 프란시스코 광장 Plaza San Francisco

가로수가 많이 심어져 있어 광장보다 공원에 가깝다. 중앙에 분수대가 있고, 그 주위로 잔디밭이 둘러싸고 있다. 규모는 아르마스 광장의 1/4 수준으로, 작지만 알찬 광장이다. 때로는 거리 예술가가 다양한 퍼포먼스를 보여주기도 한다. 광장 오른편에는 산 프란시스코 성당이 있고, 왼편에는 아레키파 도시 박물관Museo Histórico Municipal이 있다.

광장에서 이어진 샛길로 들어가면 수공예품 전문점이 즐비한 푼도 엘 피에로Fundo El Fierro가 나오는데, 개성 넘치는 조형물이 많아 사진 찍는 재미가 쏠쏠하다. 푼도 엘 피에로 반대편에는 다양한 기념품을 파는 가판대가 밀집해 있으니 참고하자.

Data 지도 161p-B 가는 법 아르마스 광장에서 도보 10분 주소 Calle Zela 202, Arequipa

페루에서 가장 큰 수도원

성 카탈리나 수도원 Monasterio de Santa Catalina

1580년에 지어진 곳으로, 남미에서 가장 특별한 수도원으로 손꼽힌다. 지도가 없으면 길을 잃을 정도로 거대하다. 수도원 내부에는 수녀들의 생활 공간과 성당, 박물관, 전망대, 정원, 카페 등이 있다. 다소 부담스러울 수 있는 40솔이라는 입장료에도 불구하고, 파스텔 톤 외벽 등을 배경으로 멋진 인생 사진을 건질 수 있어 여행자의 만족도는 상당히 높은 편. 수도원 안쪽의 붉은색 건물이 이어지는 좁은 골목이 가장 인기 있는 촬영 장소다.

안쪽 깊숙한 곳에 자리한 파란색 외벽이 칠해진 건물 내부는 그리스의 산토리니나 모로코의 셰프샤우엔에 온 듯한 착각이 들게 한다. 규모가 매우 크고 아름다워 적어도 2시간 이상 둘러보는 것을 추천한다. 내부에 수도원 전체를 내려다볼 수 있는 전망대도 있다. 오래된 건물이 많아 안전장치가 없는 계단이 곳곳에 있어 샌들보다는 운동화를 신는 것이 좋다. 성 카탈리나 수도원에 대해 제대로 공부해보고 싶다면, 입구에서 영어 가이드 투어를 신청해보자.

Data 지도 161p-B 가는 법 아르마스 광장에서 도보 10분
주소 Santa Catalina 301, Arequipa 전화 5422-1213 운영 시간 월~일 08:00~17:00
요금 40솔~ (가이드 투어 20솔~) 홈페이지 www.santacatalina.org.pe

| Talk |
아레키파 더 깊이 즐기기

*아레키파에서 더욱 풍성한 여행을 완성하고 싶다면 아래 두 정보를 기억하자.
매일 오전 10시와 오후 3시에 펼쳐지는 아레키파 무료 워킹 투어와
센트로 일대에서 만날 수 있는 원주민과 사진 찍는 방법이다.*

아레키파 무료 워킹 투어

아레키파 센트로의 주요 명소를 그냥 보는 것도 좋지만, 설명을 들으면서 둘러보면 더 유익한 시간을 보낼 수 있다. 매일 오전 10시와 오후 3시, 두 차례 무료 워킹 투어가 있는데, 아레키파뿐 아니라 리마나 쿠스코에도 비슷한 프로그램이 있다. 아레키파 호텔이나 호스텔 리셉션, 혹은 거리 홍보 팸플릿 등으로 홍보하고 있다. 미팅 포인트는 아르마스 광장 북쪽에 자리한 초콜릿 박물관이다.

해박한 지식을 가진 자원봉사자들이 영어나 스페인어로 인솔하며, 워킹 투어 코스는 아르마스 광장, 아레키파 대성당, 산 카밀로 마켓이다. 간혹 야나우아라 지구 등을 추가로 둘러보기도 한다. 오전, 오후 그리고 날짜에 따라 코스는 약간씩 달라진다. 아레키파 센트로의 숨은 골목을 구경할 수 있고, 관련 설명을 들을 수 있기 때문에 여행자 사이에서 반응이 좋다. 그러나 자원봉사자에 따라 영어 실력이 천차만별이므로, 완벽한 설명은 기대하지 않는 것이 좋다. 워킹 투어는 중간에 합류해도 되고, 빠져나와도 상관없다. 투어를 끝까지 함께했다면, 고생한 자원봉사자에게 약간의 팁을 주는 센스를 보이자.

원주민과 멋진 사진 찍기

리마, 쿠스코, 푸노 등 아르마스 광장을 비롯한 센트로 일대를 걷다 보면 페루 전통 복식을 입고 새끼 라마나 알파카와 함께 다니는 원주민 아주머니나 어린아이를 쉽게 볼 수 있다. 지방 소도시의 경우, 라마나 알파카 대신 독수리를 데리고 다니는 원주민도 있다. 이들은 온종일 구시가지 일대를 돌며 여행자를 상대로 기념사진을 찍어준다. 아레키파 역시 아르마스 광장과 대성당, 주변 골목에서 이들을 찾을 수 있다.

차려입은 원주민과 기념사진을 남기고 싶다면 원주민에게 다가가 의사를 표현하면 된다. 교과서적인 자세로 그들과 함께 기념사진을 찍어도 좋고, 새끼 라마를 끌어안고 찍어도 좋다. 정해진 가격은 없지만, 사진 한두 장 정도를 찍은 후 팁으로 1솔 정도를 지불하자. 제법 많은 사진을 찍었다면 그 이상을 팁으로 주면 된다. 간혹 과도한 팁을 요구하는 원주민과 실랑이가 벌어지기도 하는데, 그럴 경우 단호하게 "노, 그라시아스No, Gracias(됐습니다)"라고 외치고 돌아서자.

원주민 전통 재래시장
산 카밀로 마켓 Mercado San Camilo

아레키파 최대 규모의 재래시장. 총 2층 규모. 대부분의 상점은 1층에 있는데, 구획별로 나뉘어져 있으며 정육점, 과일가게, 기념품숍, 음식점 등이 다닥다닥 붙어 있다. 2층에는 의류 매장, 원단 매장 등이 있어 사람들로 북적인다. 사람 냄새 물씬 나는 거대한 삶의 현장을 보고 있노라면 감동이 몰려온다.

여행자는 주로 1층 구석에 자리한 가판대에서 생과일주스를 마시거나 세비체, 닭고기 요리와 같은 전통 음식을 맛본다. 저렴하지만 위생 상태는 좋지 않으니 참고할 것. 또한, 산 카밀로 마켓 주변은 유동 인구가 많아 소매치기와 날치기가 종종 출몰한다. 무장경찰이 자주 순찰하지만, 붐비는 시장에서는 카메라나 가방을 앞으로 메는 것이 좋다.

Data 지도 161p-D
가는 법 아르마스 광장에서 도보 10분
주소 Nicolas de Pierola 418, Arequipa
운영 시간 월~일 06:00~18:00

도심 속 허파
셀바 알레그레 공원 Parque Selva Alegre

센트로 북쪽에 자리한 거대한 공원. 정확한 명칭은 파르케 무니시팔 셀바 알레그레 Parque Municipal Selva Alegre이며, 대규모 잔디와 인공 호수, 분수, 꽃밭 등이 조성되어 있다. 공원 일부는 유료지만, 1.5솔 이상의 퀄리티를 보장한다.

주말이면 피크닉으로 공원을 찾은 현지인 가족도 쉽게 볼 수 있다. 셀바 알레그레 공원이 자리한 지역은 아레키파에서 부촌으로 통하는 지역이라 센트로에 비해 치안이 안정적이고 주변에 고급 호텔이 많다.

아레키파에서 오래 머문다면 한 번쯤 둘러볼 가치는 충분하다. 공원에서 일광욕을 즐기며 독서를 즐겨도 좋고, 그저 멍하니 현지인을 구경해도 좋다.

Data 지도 161p-B
가는 법 아르마스 광장에서 도보 15분
주소 Selva Alegre, Garanios, Arequipa
운영 시간 월~일 08:00~17:00 **요금** 1.5솔~

센트로 외곽, 사진 찍기 좋은 곳
야나우아라 지구 Yanahuara District

센트로를 뒤로하고 칠리강Rio Chili을 건너면, 야나우아라 지구와 연결된 오르막길이 시작된다. 야나우아라Yanahuara는 케추아어로 '검은 속옷'이라는 뜻인데, 오래전 케추아족이 칠리강을 건널 때 바지가 젖는 것을 막기 위해 검은색 속옷을 만들어 입었던 것에서 유래한다. 광장 주변에 있는 산 후안 바우티스타 교회Iglesia de San Juan Bautista de Yanahuara와 작은 전망대를 기준으로 동선을 짜면 된다.

스페인 남부 안달루시안 양식의 교회와 아치형 돌로 만든 전망대는 출사 명소. 스페인식 백색 가옥이 광장을 둘러싸고 있는데, 좁은 골목을 누비며 사진 찍는 재미가 쏠쏠하다. 특히, 전망대에서는 아레키파 시내 전경과 미스티 화산의 모습을 한눈에 볼 수 있다.

Data 지도 161p-A
가는 법 아르마스 광장에서 도보 20분
주소 Yanahuara, Arequipa

한눈에 보는 아레키파
카르멘 알토 전망대
Mirador de Carmen Alto

야나우아라 지구보다 더 북쪽에 자리한 전망대. 전망대에서는 아레키파를 둘러싸고 있는 안데스의 미스티 화산Volcan Misti과 차차니산 Nevados Chachani의 만년설이 먼저 눈에 들어오고, 그다음 앞쪽에 위치한 아레키파 시내의 모습이 보인다. 아레키파를 감싸고 있는 안데스의 두 고봉을 제대로 볼 수 있어서, 풍경 사진을 찍기 위한 여행자가 주로 찾아온다.

여행자는 센트로에서 택시를 타거나, 아레키파 외곽 시티 투어 프로그램을 통해 온다. 투어에 참여할 경우 이곳과 야나우아라 지구, 문도 알파카 등의 아레키파 명소를 둘러본다. 도심에서 멀리 떨어져 있기 때문에 비교적 안전한 낮에 찾는 것을 추천한다.

Data 지도 161p-A
가는 법 아르마스 광장에서 도보 1시간, 택시로 15분
주소 Ramon Castilla, Arequipa

Special Page

아레키파 근교 투어,
콜카 캐니언 Canon de Colca, Colca Canyon

여행자들이 아레키파를 찾는 가장 큰 이유는 아레키파 근교에 있는 협곡, 콜카 캐니언Canon de Colca을 찾기 위해서다. 콜카 캐니언은 미국의 그랜드 캐니언보다 2배 정도 더 깊은 협곡으로, 유네스코의 인정을 받은 페루의 첫 번째 지질공원이기도 하다.

해발 4,800m에 자리한 콜카 캐니언 전망대에서 콘도르Condor를 볼 수 있는데, 세계에서 가장 깊은 협곡을 자유로이 비행하는 콘도르의 모습을 보면 자연스레 경외심이 샘솟는다. 콘도르는 페루인이 신성시하는 조류.
보통 아레키파에서 당일치기 투어를 통해 콜카 캐니언과 주변 마을을 다녀온다. 주변의 마카Maca, 얀케Yanque, 치바이Chivay 등의 고산 지대 마을을 차례로 둘러보고 콜카 캐니언 전망대로 향하는 것이 일반적인 루트. 아레키파로 돌아오는 길에는 야생 라마를 만날 수 있고, 온천도 체험할 수 있다. 고산병이 찾아올 수 있으니 물을 많이 마시고, 과격한 활동은 피하는 것이 좋다.

Data 지도 009p, 173p
가는 법 아르마스 광장에서 차로 3시간(보통 투어 차량으로 이동)
주소 Chivay
투어 시간 월~일 03:00~17:00
투어 요금 70솔~ (국립공원 입장료 포함)

Tip 콜카 캐니언 투어 신청하는 방법

아레키파 센트로 일대에는 당일치기 콜카 캐니언 투어를 소개해주는 여행사가 많다. 투어에는 아침 식사와 국립공원 입장료, 숙소 픽업이 포함되어 있으며 점심 식사와 온천 입장료는 별도다. 새벽 3시경에 출발해서 오후 5시경에 투어가 끝난다. 발품을 많이 팔수록 조금 더 저렴한 가격에 투어를 신청할 수 있으며, 국립공원 입장료와 아침 식사 포함 여부 등을 꼼꼼히 따져가며 신청해야 한다. 스페인어를 몰라도, '콜카 캐니언Canon de Colca'이라는 지명만 알면 신청할 수 있다.

| Talk |

페루 여행의 불청객, 고산병

안데스산맥은 남아메리카의 척추다.
단, 해발고도 4,000~6,000m에 달하는 고봉이 많아 고산병을 주의해야 한다.
고산병 예방에 관련된 정보를 모아봤다.

Q. 남미에서 고산병이 찾아오는 지역은 어디인가요?

A: 안데스산맥이 지나가는 지역에서 주로 발생한다. 페루의 쿠스코와 푸노, 아레키파, 와라스, 볼리비아의 라파스, 우유니 소금사막, 에콰도르의 키토가 고산 지역이다. 이 지역을 연속해서 방문한다면, 고산병에 철저히 대비해야 한다.

Q. 고산병의 증상은 어떤 것이 있을까요?

A: 고산병 증상은 개인차가 크다. 가벼운 두통 정도에 그치는 사람이 있고, 두통은 물론 구토, 오한 등을 동반한 징후를 보이는 사람도 있다. 아무런 증상이 없을 수도 있다. 또한, 키가 크거나 체중이 많이 나간다고 해서 특별히 쉽게 고산병에 걸리는 것은 아니다. 해발고도가 높은 지역에 가기 전까지는 고산병이 걸릴지 쉽게 예측할 수 없으나, 미리 대비하는 것이 좋다.

Q. 고산병 징후가 찾아오면 어떻게 해야 하나요?

A: 고산병 증세가 나타난다고 해서 여행을 포기할 수는 없다. 보통 하루 이틀 정도 지나면 고도에 적응해 각종 증상이 사라진다. 간혹 증세가 더욱 심해지는 이들이 있는데, 심하면 폐와 뇌에 물이 차는 폐부종과 뇌부종 증상이 나타날 수도 있으니, 고도가 낮은 지역으로 내려가는 것을 추천한다. 여행보다는 건강이 우선이다.

Q. 고산병을 예방하는 방법이 있을까요?

A: 해발고도가 높은 지역에 도착하면 무리한 활동은 하지 않는 것이 좋다. 안데스 트레킹과 같은 액티비티에 참여할 경우, 평소보다 2~3배는 천천히 움직이는 것이 좋다. 또한, 필요 이상으로 물을 많이 마시는 것도 중요하다. 코카차, 휴대용 산소, 아스피린, 찬물 샤워 등도 고산병 예방에 효과가 있다. 마지막으로, 과도한 음주는 고산병에 방해만 될 뿐이다.

Q. 코카차Mate de Coca는 고산병에 효과가 있나요?

A: 페루를 비롯한 안데스 지역의 나라에서 코카잎은 기호 식품이다. 특히, 뜨거운 물에 코카잎을 띄워 만든 코카차는 고산병과 두통에 효과가 좋다. 보통 고산 지역 투어에 참여했을 때 식당에서 코카차를 주는 경우가 많다. 그 외에도 마켓에서 코카사탕, 코카껌 등을 구매한 후, 주머니에 넣어 다니면서 먹는 것도 추천한다. 코카잎은 마약 성분이 있기 때문에 페루 국경 밖으로 가져갈 수 없다.

고산병 예방에 좋은 코카차

Q. 콜카 캐니언 투어 시에도 고산병에 주의해야 하나요?

A: 아레키파의 해발고도는 2,335m 정도지만, 콜카 캐니언 투어에 참여하면 해발고도 5,000m에 가까운 지역을 방문하게 되므로 고산병이 찾아올 가능성이 높다. 출발하기 전 물을 충분히 마시고 생수도 두어 병 챙기는 것이 좋다. 보통 치바이Chivay 마을에 도착해서 아침 식사를 하게 되는데, 이때 코카차를 마실 수 있다. 또한, 콜카 캐니언 전망대에 도착하면 절대로 무리하지 말고 천천히 걷도록 하자.

Q. 남미에서 고산병 예방약을 처방받을 수 있나요?

A: 가능하다. 약국에서 주로 판매하는 고산병 치료제는 아세타졸아마이드다. 이뇨제의 일종으로 고산병에 효과가 있다. 비슷한 약물로는 메타졸아마이드, 다이아막스 등이 있다. 먼저 고산 지대에 오르기 전 복용하고, 고산병 증세가 나타나면 다시 복용한다. 부작용의 우려가 있기 때문에 하루 세 번 이상 먹으면 안 된다. 현지에서 고산병 예방약을 산다면, 약사의 설명을 정확하게 파악해야 한다. 한국에서 미리 아세타졸아마이드를 처방받고 싶다면, 반드시 가정의학과를 먼저 방문해 의사의 처방전을 받은 다음 약국을 찾아야 한다.

Q. 비아그라가 고산병 예방에 효과가 있나요?

A: 그렇다. 비아그라는 고산병 예방과 폐부종, 뇌부종 치료에 좋은 효과를 보인다. 수축된 동맥을 확장시켜주는 효능이 있는데, 혈류를 원활하게 도와주기 때문에 산소 공급이 쉽다. 실제로 미국 질병통제본부의 고산병 가이드라인에는 비아그라를 사용할 수 있다고 적혀 있고, 전문 산악인도 약으로 자주 사용한다. 하지만 험한 고산 트레킹을 준비하는 경우가 아니라면, 굳이 챙길 필요는 없다. 고산병 약이 필요하다면 아세타졸아마이드를 처방받는 것을 추천한다.

Q. 원주민은 고산병에 걸리지 않다고 하는데, 사실인가요?

A: 고산병은 해발고도 2,500m 이상의 고지대를 빠르게 올라갈 때 주로 발생한다. 여행자는 버스 등을 타고 오르므로, 몸이 미처 적응할 새도 없이 높은 지역에 도착해서 고산병이 찾아온다. 오랫동안 안데스에서 살아온 원주민의 혈액 속에는 적혈구가 많아 산소를 운반하기 쉽다. 저지대 사람보다 심장이 큰 편이라 신체 혈액순환 기능도 발달했다. 오랜 고산 생활을 거듭해 자연스레 진화했다고 볼 수 있겠다.

칠레로 가는 관문
타크나 Tacna

페루 남부, 칠레 국경 근처에 자리한 작은 도시. 칠레 최북단에 있는 아리카Arica와 마주보고 있으며, 아레키파에서는 차로 약 5시간 정도 소요된다. 페루에서 칠레로 넘어가거나, 반대로 칠레에서 페루로 넘어올 때 반드시 지나치는 관문과도 같은 도시다.

아레키파나 칠레의 아리카로 떠나는 버스 시간이 많이 남았다면, 큰 짐은 터미널에 맡기고 타크나 시내로 향해보자. 파세오 시비코 데 타크나Paseo Civico de Tacna로 불리는 아르마스 광장과 타크나 성당, 젤라 하우스Zela House, 국립 철도 박물관Museo Ferroviario Nacional de Tacna, 로코모티브 공원Parque Locomotive 등이 주요 관광 포인트.

Data 지도 009p
가는 법 아레키파에서 차로 5시간

EAT

수도원 앞 디저트 전문점
라 데스펜사 La Despensa

성 카탈리나 수도원 정문 바로 건너편에 자리한 디저트 전문점. 수도원 앞 거리를 지날 때면 갓 구운 빵 냄새에 이끌려 이곳을 찾게 된다. 바로 옆에 있는 성 카탈리나 수도원의 영향인지 내부 인테리어를 보면 수도원에 온 듯한 느낌도 든다.

탐스러운 딸기와 블루베리가 듬뿍 올라간 타르트, 초콜릿 케이크, 제철 과일로 만든 샐러드, 큼지막한 크루아상, 아르헨티나식 군만두 엠파나다 등 각종 디저트 메뉴를 맛볼 수 있다. 부드러운 휘핑크림이 올라간 헤이즐넛, 남미 정통 에스프레소, 콜롬비아산 원두로 내린 아메리카노 등 커피도 다양하게 준비되어 있다.

Data 지도 161p-B 가는 법 아르마스 광장에서 도보 5분
주소 Santa Catalina 302, Arequipa 전화 5422-2104
운영 시간 월~금 08:00~22:00, 토 09:00~, 일 09:00~21:00
가격 음식 10솔~, 음료 8솔~

파란 감성의 레스토랑
탄타 Tanta

성 카탈리나 수도원 건너편에 자리한 레스토랑. 정확한 명칭은 탄타 포르 가스톤 아쿠리오Tanta por Gastón Acurio다. 아레키파의 고급 레스토랑답게 음식과 서비스 모두 수준급이다. 파란 외벽 때문에 모로코의 셰프샤우엔이나 지중해 어느 도시를 찾은 듯한 느낌도 든다. 세비체, 쿠이와 같은 페루 음식은 물론 파스타, 리소토, 피자 등 서양 음식도 준비되어 있다. 고급 와인리스트도 보유하고 있으며, 칵테일도 주문할 수 있다. 식사 시간에는 웨이팅이 있을 수 있다.

Data 지도 161p-D
가는 법 아르마스 광장에서 도보 7분
주소 Santa Catalina 210 Int. 105, Arequipa
전화 5428-7360
운영 시간 월~토 12:00~22:00, 일 09:00~19:00
가격 음식 20솔~, 음료 10솔~

고품격 레스토랑의 정석
웨이라나 Wayrana

탄타Tanta 레스토랑과 마찬가지로 도로변에서 깊숙하게 들어간 안쪽에 자리한다. 바깥에도 간판이 있지만, 자세히 보지 않으면 지나칠 수도 있으니 잘 찾아야 한다. 제대로 찾았다면 콘도르가 새겨진 문을 발견할 수 있을 것이다.
박물관을 연상케 하는 인테리어, 우아한 조명 등으로 고급 레스토랑임을 짐작할 수 있다. 바닷가재 요리, 소고기 스테이크, 고급 식재료로 만든 샐러드 등이 준비되어 있다. 저녁에는 내부에서 전통 공연이 펼쳐지기도 한다.

Data 지도 161p-D
가는 법 아르마스 광장에서 도보 5분
주소 Santa Catalina 200, Arequipa
전화 5428-5641
운영 시간 월~일 10:00~22:00
가격 음식 25솔~, 음료 10솔~

전통 현지식을 맛보고 싶다면
레스토란트 그라나다 Restorant Granada

아르마스 광장 동남쪽에 자리한 현지식 레스토랑. 지어진 지 제법 오래된 레스토랑이지만 실내 인테리어는 고풍스러운 느낌이 들고, 깔끔한 옷을 입은 종업원의 서비스도 인상적이다. 세비체, 쿠이, 닭고기 요리, 로모살타도 등 페루 전통 요리를 비교적 저렴한 가격에 맛볼 수 있다.
아르마스 광장에서 가까워서 현지인보다는 여행자가 많이 찾는다. 페루 대부분의 음식점이 그렇듯, 레스토란트 그라나다 역시 평균 이상의 음식을 선보인다. 강한 향신료가 들어가지 않은 메뉴가 많아 부담 없이 즐길 수 있다.

Data 지도 161p-D
가는 법 아르마스 광장에서 도보 1분
주소 General Móran 111, Arequipa **전화** 5420-1730
운영 시간 월~수 08:00~22:00, 목~토 ~23:00, 일 ~21:00
가격 음식 15솔~, 음료 8솔~

건강해지는 음료, 꽉 찬 샌드위치
푸라 프루타 Pura Fruta

아르마스 광장 근처의 패스트푸드 전문점. 샌드위치가 주메뉴지만, 현지인들은 싱싱한 제철 과일로 만든 생과일주스를 맛보기 위해 찾는 곳이다. 수박과 오렌지, 키위, 멜론, 파인애플주스와 믹스 음료를 마시면 건강해지는 느낌을 받을 수 있다.
치킨 샌드위치, 비프 샌드위치 등도 일품이다. 샌드위치는 크기가 제법 크고, 속도 꽉 차 반 개만 먹어도 든든하다. '페루식 막걸리'라는 별칭의 발효 음료인 치차도 이곳의 명물. 샌드위치에 치차를 곁들이면 오묘한 맛이 완성되는데, 생각보다 나쁘지 않다.

Data 지도 161p-D
가는 법 아르마스 광장에서 도보 3분
주소 Calle Mercaderes 131, Arequipa 04001, Arequipa
전화 5423-1849
운영 시간 월~토 08:00~22:00, 일 08:30~01:30
가격 음식 10솔~, 음료 8솔~

현지인이 인정하는 베이커리
아스토리아 Astoria

산토 도밍고 성당Iglesia Santo Domingo과 아르마스 광장 사이에 자리한 베이커리로, 규모가 커서 쉽게 찾을 수 있다. 아르마스 광장 남쪽부터 시작하는 산토 도밍고 거리는 온종일 유동 인구가 많은 지역이라 이곳에서 가볍게 아침 식사를 하는 현지인을 쉽게 볼 수 있다. 테이크아웃도 할 수 있어 크루아상이나 샌드위치 따위를 들고 나서는 여행자도 눈에 띈다. 베이커리 좌우로 페루 전통 음식을 파는 동명의 레스토랑이 있으니 기억해두자.

Data 지도 161p-D
가는 법 아르마스 광장에서 도보 5분
주소 Calle Domingo 128, Arequipa 전화 5421-3352
운영 시간 월~금 08:00~22:00, 토·일 ~21:00
가격 음식 15솔~, 음료 8솔~

중국식 볶음밥이 생각난다면
치파 푸에르타 델 솔 Chifa Puerta del Sol

페루는 유독 중국식 볶음밥 전문점이 많다. 아르마스 광장 남쪽에 제법 큰 규모의 차이니스 레스토랑이 자리한다. 중국 출신의 젊은 사장이 운영하는 곳으로, 내부에는 20개 이상의 테이블이 있다. 들어가는 재료에 따라 볶음밥의 종류는 천차만별이다. 닭고기, 돼지고기, 해산물 등이 들어간 볶음밥이 인기 있고, 큼지막한 새우와 각종 채소를 넣고 끓인 완탕도 일품이다. 쿠이 등 이색적인 페루 음식도 맛볼 수 있다.

Data 지도 161p-D
가는 법 아르마스 광장에서 도보 1분
주소 General Móran 127, Arequipa
전화 5466-3531
운영 시간 월~일 10:00~22:00
가격 음식 12솔~, 음료 8솔~

센트로의 소문난 닭고기 전문점
디아 베르데 Dia Verde

아레키파 센트로의 중심가, 산토 도밍고 거리 중간 즈음에 자리한 레스토랑이자 닭고기 전문점. 쿠이, 세비체, 로모살타도 등 페루 음식을 맛볼 수 있는데, 특히 닭고기로 만든 요리가 인기 있다.

흰색 간판 아래에 있는 닭고기 요리 사진을 보고 이곳을 찾는 여행자도 많다. 기호에 따라 다양하게 조리한 닭고기 요리를 주문할 수 있으며, 한 마리, 반 마리, 1/4마리 등 양을 선택할 수도 있다. 닭고기 요리 외에는 작은 컵에 담아 내오는 세비체, 세비촙Cevichop이 눈길을 끈다.

Data 지도 161p-D 가는 법 아르마스 광장에서 도보 7분 주소 Calle Santo Domingo 120, Arequipa 전화 5423-680 운영 시간 월~토 08:00~22:00, 일 08:30~20:30 가격 음식 15솔~, 음료 8솔~

광장을 바라보며 간단한 식사
수리 카페테리아 Suri Cafeteria

아르마스 광장 동쪽에 자리한 작은 카페테리아. 오래된 테이블 4~5개가 전부지만 찾는 사람들이 많다. 오랫동안 광장 바로 옆에 자리했기 때문인지 현지인 사이에서 유명하고, 광장과 가까워 여행자도 많이 찾는 편이다.

커피와 음료를 비롯해 가볍게 한 끼 식사로 먹을 수 있는 샌드위치와 햄버거 등을 판매한다. 테이크아웃도 가능하다. 테이블이 다 찼을 경우에는 간단하게 포장해서 광장 벤치에서 맛보는 것도 좋다.

Data 지도 161p-D
가는 법 아르마스 광장에서 도보 1분
주소 Portal de Flores 128, Arequipa
전화 5423-7202 운영 시간 월~토 07:30~22:00,
일 08:00~15:00 가격 음식 9솔~, 음료 7솔~

야나우아라 지구의 스테이크 전문점
엘 차루아 El Charrua

야나우아라 광장 북쪽 끝, 전망대 근처에 자리한 스테이크 전문점. 우아한 분위기 속에서 멋진 서비스를 받으며, 수준 높은 요리를 맛볼 수 있는 고급 레스토랑이다. 다양한 스테이크가 준비되어 있는데, 여행자는 주로 로모살타도 같은 무난한 메뉴와 와인을 주문한다.

트립어드바이저에서 여행자가 85%에 육박하는 높은 만족도를 표한 만큼 맛은 이미 보장된 셈이다. 북적이는 아르마스 광장 쪽보다 비교적 조용한 분위기 속에서 식사를 즐길 수 있다.

Data 지도 161p-A 가는 법 아르마스 광장에서 도보 25분, 택시로 7분 주소 Cuesta del Olivo 318, Yanahuara, Arequipa
전화 5434-6688 운영 시간 월~토 12:30~23:00, 일 12:00~17:00 가격 음식 25솔~, 음료 15솔~

아레키파 최고의 전망
온 더 테라스 On the Terrace

수리 카페테리아가 있는 건물 2층에 있는 레스토랑. 다양한 페루 음식을 판매하며, 맥주와 칵테일도 있다. 많은 여행자가 이 레스토랑을 찾는 이유는 탁월한 전망 때문. 레스토랑의 테라스석에서 아르마스 광장과 대성당이 한눈에 내려다보인다.

해 질 녘 온 더 테라스를 찾아 야경과 함께 다이닝을 즐겨보자. 단, 매우 인기 있는 레스토랑이니 테라스 끝에 자리한 테이블에 앉고 싶다면 서두르는 것이 좋다.

Data 지도 161p-D
가는 법 아르마스 광장에서 도보 7분
주소 Portal de Flores 102, Arequipa
전화 5428-1787
운영 시간 월~일 10:00~23:00
가격 음식 15솔~, 음료 8솔~

야나우아라 지구의 명품 음식점
엘 티오 다리오 El Tio Dario

야나우아라 지역은 스페인식 백색 가옥이 많아 최근 여행자 사이에서 주목받는 곳. 엘 티오 다리오는 야나우아라 전망대 근처 골목에 자리한 고급 해산물 전문 음식점이다. 매일 점심 무렵 오픈해 짧은 시간만 운영하는데, 따스한 햇볕을 맞으며 만족할 만한 식사를 경험할 수 있다. 바닷가재와 랑고스티노(대형 새우)로 만든 요리와 해산물이 듬뿍 들어간 수프 등을 모두 맛볼 수 있다.

Data 지도 161p-A
가는 법 아르마스 광장에서 도보 25분, 택시로 7분
주소 Callejón del Cabildo 100, Yanahuara, Arequipa
전화 5427-0473
운영 시간 월~일 11:00~16:00
가격 음식 20솔~, 음료 12솔~

아레키파에서 누리는 초특급 호사
리베르타도르 아레키파 Libertador Arequipa

셀바 알레그레 공원Parque Selva Alegre 안에 자리한 5성급 호텔. 1940년에 지어진 호텔로, 지속적인 리노베이션을 거쳐 클래식함과 모던함이 조화를 이룬다. 현대 화가의 고풍스러운 작품이 걸린 로비 주변은 미술관을 연상시킨다. 총 88개 객실. 슈피리어룸, 주니어 스위트룸, 프리미엄 더블룸 등이 있으며, 정원 전망과 도시 전망으로 나뉜다.

아레키파 최고 규모의 시설과 서비스를 자랑하는 만큼 초특급 호사를 경험할 수 있다. 대규모 회의 공간과 비즈니스 센터를 갖추고 있고, 터키식 사우나를 경험할 수 있다. 또한, 호텔 안에 전용 놀이터가 있어 가족 여행자에게 좋다. 잘 정돈된 정원과 야외 수영장도 있어, 기분 좋은 휴식을 취할 수 있다. 매일 무료 생수, 무료 세면용품을 제공하며 객실 안에 금고를 갖추었고, 무료 와이파이 역시 잘 터진다. 아르마스 광장과 대성당, 산 카밀로 마켓, 성 카탈리나 수도원, 야나우아라 지구 등 유명한 주요 명소가 도보 20분, 차로 10분 이내에 있다. 호텔 주변 치안도 좋아서 밤늦은 시간에 다녀도 문제없다.

Data 지도 161p-B 가는 법 아르마스 광장에서 도보 20분
주소 Plaza Bolivar S/N, Alto Selva Alegre 04001, Arequipa 전화 5421-5110 요금 1박 420솔~

아르마스 광장을 내려다보다
카사 안디나 셀렉트 아레키파 Casa Andina Select Arequipa

아르마스 광장 동쪽에 자리한다. 5층 규모로, 총 58개의 객실이 있다. 슈피리어 트윈룸, 슈피리어 더블룸이 있으며, 아르마스 광장 전망과 도시 전망으로 나뉜다. 가장 큰 장점은 뛰어난 접근성이다. 아르마스 광장과 대성당이 1분 거리에 있고 성 카탈리나 수도원, 산 카밀로 마켓 등 주요 명소가 10분 거리에 있다. 노을이 질 때 아레키파 대성당과 광장의 아름다운 풍경을 객실에서 편하게 감상할 수 있다. 전용 레스토랑과 라운지, 피트니스 센터를 갖추었고, 스파 서비스와 공항 셔틀 서비스를 유료로 제공한다.

Data 지도 161p-D **가는 법** 아르마스 광장에서 도보 1분
주소 Plaza de Armas, Portal de Flores 116, Arequipa **전화** 5441-2930 **요금** 1박 300솔~

합리적인 가격, 조용한 휴식
엘 포르탈 데 산 라사로 El Portal de San Lázaro

아르마스 광장을 기준으로 북쪽 외곽에 자리한 3성급 호텔. 더블룸과 트윈룸, 트리플룸이 있으며, 20개의 객실이 금연 객실로 운영된다. 24시간 운영하는 데스크, 하우스키핑 서비스, 무료 주차 서비스 등의 서비스를 제공한다. 무료 조식도 포함되며, 무료 와이파이도 사용할 수 있다. 원화 약 4만 원 정도에 괜찮은 시설과 서비스를 경험할 수 있어 가성비 높은 호텔로 추천한다. 또한, 도심 외곽에 자리해 조용한 휴식이 보장된다. 문도 알파카, 성 카탈리나 수도원, 야나우아라 지구와 가깝고 아르마스 광장은 도보로 이동할 수 있다.

Data 지도 161p-B
가는 법 아르마스 광장에서 도보 10분
주소 Violín 107, Arequipa **전화** 5424-1463
요금 1박 130솔~

이국적인 실내 인테리어
라 빌라 레알 La Villa Real

성 카탈리나 수도원 건너편 골목에 자리한 숙소. 가운데가 뻥 뚫려 천장이 바로 보이는 구조로, 가장자리에 직사각형 모양으로 객실이 늘어서 있다. 모로코의 전통 가옥 리아드Riad를 연상시키는 이국적인 인테리어가 인상적이다.

내부의 흰색 벽과 화분들, 남미 느낌 물씬 풍기는 창틀을 배경으로 기념사진을 남겨도 될 정도. 객실은 싱글룸, 트윈룸, 스위트룸이 있으며, 트리플룸의 경우 침대 겸용 소파가 놓여있다.

Data 지도 161p-D
가는 법 아르마스 광장에서 도보 5분
주소 Centro Historico, Arequipa 04001, Arequipa
전화 5462-8180
요금 1박 130솔~

접근성과 가성비를 모두 잡다
호텔 무르시아 Hotel Murcia

센트로 북쪽, 개천가에 자리한 3성급 호텔. 20개 객실이 전부 금연 객실로 운영 중이며, 트윈룸과 트리플룸이 있다. 일행이 있다면 호스텔에 묵는 것보다 보안에 덜 취약한 3성급 호텔 트윈룸을 잡는 것을 추천한다. 그런 면에서 호텔 무르시아는 배낭여행자에게 가성비가 높은 숙소. 저렴한 가격에 괜찮은 객실에서 묵을 수 있다.

유럽식 조식이 포함되고 무료 와이파이를 사용할 수 있으며, 수하물 보관 서비스 등을 받을 수 있다. 문도 알파카, 산 프란시스코 광장, 성 카탈리나 수도원 등 주요 명소와도 가깝다.

Data 지도 161p-B
가는 법 아르마스 광장에서 도보 10분
주소 Calle Jerusalén 621, Arequipa
전화 5438-4229
요금 1박 130솔~

아레키파 강가의 낭만적인 숙소
팔라 부티크 호텔 Palla Boutique Hotel

아레키파 강변 근처에 자리한 3성급 호텔. 부티크Boutique라는 이름에 어울리는 아기자기하고 깔끔한 시설을 자랑한다. 총 31개 객실. 전용 레스토랑과 라운지, 루프톱 테라스, 비즈니스 센터 등을 갖추었다. 루프톱 테라스에서는 아레키파 센트로를 한눈에 볼 수 있다. 반대편에는 칠리강이 흐르고, 그 너머로 야나우아라 지구의 모습이 보인다. 노을이 질 때면 꽤 낭만적인 시간을 보낼 수 있다. 개인 여행자보다 커플 여행자에게 인기 있는 숙소다.

Data 지도 161p-C
가는 법 아르마스 광장에서 도보 7분
주소 Puente Bolognesi 350, Arequipa 04000, Arequipa
전화 9809-59990
요금 1박 250솔~

도심 속 편안한 휴식
티에라 비바 아레키파 플라자 Tierra Viva Arequipa Plaza

아레키파 센트로 중심에 있는 3성급 호텔. 아르마스 광장에서 매우 가깝고 고급 호텔 못지않은 시설과 서비스를 보여준다. 총 26개의 객실이 준비되어 있고, 아레키파 센트로의 모습을 감상할 수 있는 루프톱 테라스가 있다.
더블룸과 슈피리어 더블룸이 있으며, 미리 신청하면 간이침대나 유아용 침대를 추가할 수 있다. 아레키파 센트로 심장부에 자리하고 있기 때문에 밤늦은 시각까지 돌아다녀도 큰 부담이 없다.

Data 지도 161p-D
가는 법 아르마스 광장에서 도보 3분
주소 Calle Jerusalén 202, Arequipa
전화 5423-4161
요금 1박 250솔~

아레키파 최고의 접근성
플라자 레지던스 Plaza Residence

아르마스 광장 인근에 자리한 3성급 호텔. 아르마스 광장 주변에 비슷한 수준의 호텔은 많지만, 가격 대비 접근성은 이곳이 최고다. 호텔을 나와 도로 하나만 건너면 아르마스 광장이 펼쳐지고, 산 카밀로 마켓, 성 카탈리나 수도원도 도보로 이동할 수 있다. 아레키파 교통의 중심에 위치해 버스터미널, 공항 등으로 이동할 때 편하다. 더블룸과 트윈룸이 있으며, 유럽식 조식이 포함되어 있다. 날씨가 좋으면 객실 창밖으로 미스티 화산이 한눈에 들어오고, 아레키파 센트로의 모습도 볼 수 있다.

Data 지도 161p-C **가는 법** 아르마스 광장에서 도보 1분
주소 La Merced 105, Arequipa **전화** 5423-1586 **요금** 1박 160솔~

시설과 서비스, 접근성 모두 일품
카소나 솔라 Casona Solar

산 카밀로 마켓 근처에 있는 3성급 호텔. 총 20개 객실. 스위트룸과 트리플룸이 있으며, 간이침대를 추가할 수 있다. 전용 바와 라운지를 갖추었고, 정원도 있다. 객실 내부에는 32인치 위성 TV, 개인 금고, 냉장고, 고급 침구류 등이 구비되어 있고, 무료 와이파이를 제공한다. 남미 숙소는 보안이 중요한데, 허름한 숙소일수록 분실 위험이 높은 편이다. 카소나 솔라 호텔의 또 다른 강점은 보안으로, 호텔 내에서 물건을 잃어버릴 위험이 적다.

Data 지도 161p-D
가는 법 아르마스 광장에서 도보 5분
주소 Calle Consuelo, Arequipa
전화 5422-8991
요금 1박 250솔~

다국적 배낭여행자를 만날 수 있는 숙소
와일드로버 백패커스 호스텔 아레키파 Wild Rover Backpackers Hostel Arequipa

남미를 대표하는 백패커스 호스텔. 아레키파뿐 아니라, 쿠스코와 볼리비아 라파스에도 있다. 매우 저렴하게 하루 이틀 묵기 좋은 숙소. 아르마스 광장, 대성당, 산 카밀로 마켓 등 주요 명소와 가깝다. 객실은 4인 혼성 도미토리룸부터 20인 혼성 도미토리룸까지 준비돼 있다. 저렴한 만큼 쾌적한 시설을 기대하긴 어렵다. 또한, 매일같이 수많은 여행자가 드나들기 때문에 개인 사물함 사용은 필수다. 자물쇠는 한국에서 미리 챙겨가는 것이 좋다. 레스토랑, 야외 테라스, 야외 수영장을 갖추었고, 당구대도 있다. 신용카드는 받지 않는다.

Data 지도 161p-D **가는 법** 아르마스 광장에서 도보 5분
주소 Av. Alfonso Ugarte 111, Arequipa **전화** 5421-2830 **요금** 1박 30솔~

저렴한 호스텔을 찾고 있다면
카소나 모야 Casona Moya

호스텔이지만 에어비앤비 형태에 가깝다. 원색으로 꾸민 내부는 깔끔하면서도 분위기 있다. 총 7개 객실. 싱글룸, 더블룸, 트리플룸이 각 1개씩 준비돼 있으며, 4~5인용 침실도 있다. 조식도 제공되며, 공용 주방이 있어 간단한 요리도 만들어 먹을 수 있다. 저렴한 만큼 시설이 다소 아쉽지만, 서비스와 접근성을 생각하면 아레키파의 호스텔 중에서 추천할 만하다. 전 세계 여행자들로 북적이는 호스텔이 아닌 숙소를 찾는다면 괜찮은 선택이다.

Data 지도 161p-C
가는 법 아르마스 광장에서 도보 7분
주소 Álvarez Thomas 417, Arequipa
전화 9599-08504
요금 1박 30솔~

Peru by Area

05

쿠스코
CUSCO

페루 동남부에 자리한 고산 도시.
스페인이 침략하기 전까지 잉카 제국의
수도였다. 쿠스코는 케추아어로 '배꼽'이란 뜻.
고대 잉카인들은 쿠스코를 세상의 중심이라고
생각했다. 마추픽추, 비니쿤카, 성스러운 계곡
등으로 가는 관문이 되는 도시로,
페루를 대표하는 볼거리가 집중되어 있어
페루 여행의 하이라이트라고도 할 수 있다.

Cusco
PREVIEW

페루 볼거리의 절반 이상이 이곳에 몰려 있다. 고대 도시의 흔적을 엿볼 수 있는 골목과 건물이 많아 도시 전체가 거대한 박물관에 가깝다. 세계 7대 불가사의에 오른 마추픽추, 잉카인의 지혜가 돋보이는 모라이와 살리네라스 염전, 신비로운 무지개산 비니쿤카로 가는 전진기지이기도 하다.

SEE

쿠스코 여행 역시 아르마스 광장에서부터 시작한다. 쿠스코 대성당과 로레토 거리, 코리칸차 유적이 도심에 몰려 있다. 북쪽 언덕에는 삭사이와만 유적과 쿠스코 도심을 한눈에 내려다볼 수 있는 크리스토 블랑코 전망대가 자리하고, 쿠스코 근교에는 마추픽추를 비롯해 오얀타이탐보, 우루밤바, 친체로, 모라이, 살리네라스 염전, 비니쿤카 등 매력적인 명소가 가득하다.

EAT

아르마스 광장을 기준으로 동서남북 어디로 가든 수준급 레스토랑과 카페를 쉽게 발견할 수 있다. 쿠이와 세비체, 로모살타도 등 페루 음식과 피자, 파스타, 리소토, 파에야, 동양식 볶음밥을 같이 판매하는 레스토랑도 많아 선택의 폭이 넓다. 잉카 제국의 수도였던 곳답게 원주민도 많아, 정통 방식으로 조리한 쿠이, 안티쿠초를 맛보는 것도 좋다.

BUY

여행자가 많이 찾는 아르마스 광장 근처의 산 페드로 마켓과 완차크 기차역 근처의 아르테사니아스 마켓에서 원주민이 만든 숄과 스웨터, 양말, 모자 등을 저렴하게 구매할 수 있다. 각종 마그네틱, 목걸이나 팔찌 따위의 액세서리, 마추픽추가 그려진 티셔츠 역시 인기 있는 아이템. 또한, 쿠스코에서 추천하는 쇼핑 아이템은 알파카나 라마 인형이다. 일명 '베이비 알파카 털'로 제작해 부드럽다.

SLEEP

아르마스 광장 주변에 고급 호텔이 많다. 또한, 언덕 지역으로 몇 블록 들어가면, 매우 저렴한 호스텔, 호스페다헤Hospedaje도 많은 편. 접근성 좋은 아르마스 광장 일대에 숙소를 구하는 것이 좋다. 저렴한 숙소일수록 보안 문제에 신경 써야 하므로 여행 전 튼튼한 자물쇠를 구매해서 가져가자. 일행이 있다면 중저가 호텔이나 호스텔의 트윈룸을 함께 쓰는 것을 추천한다.

Cusco
GET AROUND

 **어떻게 갈까?**

1. 버스 Bus

쿠스코 센트로 남쪽에 버스터미널이 있다. 크루즈 델 수르Cruz del Sur를 비롯해 텝사Tepsa, 시바Civa, 소유즈Soyuz, 플로레스 Flores, 페루 부스Peru Bus 등 버스 회사가 등급별로 모여 있는데, 부스를 돌며 발품을 많이 팔수록 저렴하게 티켓을 구매할 수 있다.
리마에서 약 19시간, 이카에서 약 16시간, 아레키파에서 약 9시간, 푸노에서 약 6시간 30분 정도 소요된다. 쿠스코는 매우 인기 있는 도시라서, 버스 티켓이 금세 매진되는 경우가 많으니 터미널에서 다음 도시 티켓을 미리 예매하는 것이 좋다.

---

2. 항공 Airplane

리마나 아레키파 등으로 가장 빨리 이동할 수 있는 교통수단이다. 라탐항공, 페루비안항공, 비아에어, LC페루, 아비앙카항공 등이 리마와 아레키파 등의 도시를 연결하고 있다.
리마까지 1시간 15분, 아레키파까지 1시간이 소요된다. 저가 항공이 발달한 리마-쿠스코 구간을 미리 예매하면 버스 티켓과 비슷한 가격으로 발권할 수 있다. 특히 리마로 이동할 경우 비행기를 추천한다.

쿠스코 알레한드로 벨라스코 아스테테 국제공항(AVA)에서 시내로 가기

쿠스코 국제공항은 쿠스코 센트로에서 차로 15분 거리에 있다. 보통 택시를 타고 이동하는데, 가까운 거리지만 택시 기사들이 터무니없는 요금을 부르는 경우가 많다. 그럴 경우 과감히 돌아서자. 센트로에서 공항까지 10솔 내외. 단, 일행이 있거나, 짐이 많거나, 새벽에 이동할 경우 요금이 올라갈 수 있다.

어떻게 다닐까?

1. 택시 Taxi
여행자가 쿠스코 시내에서 일반적으로 이용하는 교통수단. 공항이나 버스터미널에 도착했다면 보통 택시를 타고 시내로 들어간다. 크리스토 블랑코 전망대, 삭사이와만 같이 높은 지역에 자리한 명소나 외곽 지역으로 이동할 때 역시 택시를 타는 것이 좋다.

2. 콤비버스 Combi Bus
현지인들이 종종 이용하는 봉고차형 버스. 약간의 불편함을 감수한다면 매우 저렴하게 이동할 수 있다. 크기에 따라 콤비Combi, 미크로Micro, 옴니버스Omni Bus로 나뉜다.
타기 전에 차장에게 목적지를 말하고 타면 된다. 센트로나 버스터미널 등 목적지가 확실한 경우와 짐이 적을 경우에 추천한다.

3. 도보
아르마스 광장과 센트로 골목으로 차량 진입이 어렵기 때문에, 쿠스코 센트로 내에서는 보통 도보로 이동한다. 대성당, 로레토 거리, 12각돌, 코리칸차, 산 페드로 마켓 등 모두 가까워 반나절이면 충분히 둘러볼 수 있다.

INFO

쿠스코 알레한드로 벨라스코 아스테테 국제공항
Aeropuerto Internacional de Alejandro Velasco Astete
Data 주소 Aeropuerto, Velasco Astete, Cusco
전화 8422-2611
홈페이지 www.aeropuertos.net/aeropuerto-internacional-alejandro-velasco-astete

쿠스코 버스터미널 Terminal Terrestre Cusco
Data 주소 Centenario, Cusco 전화 8422-4471

긴급 전화번호
경찰 · 구급차 105
화재 신고 116

Cusco
FOUR FINE DAYS

페루에서 가장 유명한 도시인 만큼 볼거리가 상당히 많아,
하루 이틀 정도로는 쿠스코와 주변 지역 모두를 볼 수 없다.
쿠스코에서 추천하는 일정은 최소 4박. 마추픽추를 비롯해 성스러운 계곡,
비니쿤카 등은 멀리 떨어져 있어 보통 당일치기나 1박 이상으로 다녀온다.

1일차

09:00
아르마스 광장에서
쿠스코 관광 시작하기

→ 도보 1분

09:30
아름다운 쿠스코 대성당
관람하기

→ 도보 3분

10:00
잉카인의 건축술에 놀라다,
12각돌 구경하기

↓ 도보 10분

15:00
크리스토 블랑코 전망대에서
쿠스코 전망 감상하기

← 택시 10분

13:00
산 페드로 마켓에서
명품 기념품 구입하기

← 도보 10분

11:00
잉카 태양의 신전,
코리칸차 구경하기

↓ 도보 10분

16:00
언덕 위 신비의 유적,
삭사이와만 구경하기

→ 택시 10분

18:00
아르마스 광장에서
노을 감상하기

PERU BY AREA 05
쿠스코

2일차

06:00
쿠스코 완차크 기차역에서
기차 타기

차로 2시간 →

09:00
오얀타이탐보 도착,
페루 레일로 이동하기

기차로 2시간 →

12:00
아구아스칼리엔테스에서
마추픽추 티켓 예매하기

 버스 20분

20:00
쿠스코 도착 후
휴식하기

← 버스&기차
약 5시간

13:00
잃어버린 공중 도시,
마추픽추 관광하기

3일차

05:00
쿠스코 아르마스
광장에서 출발하기

→ 차로 3시간

08:00
비니쿤카 근처 마을에서
아침 식사하기

→ 차로 20분

09:00
비니쿤카 입구 도착,
트레킹 준비하기

↓ 도보 2시간

11:00
아름다운 무지개산,
비니쿤카 정상에 오르기

← 도보 4시간

13:00
안데스를 만끽하다,
레드밸리 트레킹하기

← 차로 3시간

16:00
쿠스코 도착 후
휴식하기

4일차

08:00
쿠스코 아르마스
광장에서 출발하기

→ 차로 1시간

09:00
원주민 전통 공예촌,
친체로 둘러보기

→ 차로 1시간

10:00
잉카 고대 농경지,
모라이 관광하기

↓ 차로 30분

11:30
안데스의 기적,
살리네라스 염전 탐방하기

← 차로 2시간

13:00
쿠스코 도착 후
휴식하기

오랜 잉카 제국의 중심
아르마스 광장 Plaza de Armas

잉카 제국의 중심이었던 쿠스코의 아르마스 광장은 페루 다른 도시와 비교해 훨씬 더 화려하고 웅장하다. 광장 중앙에는 잉카 제국을 지배했던 왕의 동상이 있으며, 대성당을 비롯한 스페인식 건물이 광장을 둘러싸고 있다.

광장에 자리한 분수대에서는 온종일 시원한 물줄기가 솟아오르고, 때로 거리의 예술가가 유쾌한 공연을 보여준다. 저녁이 되면 은은한 조명이 들어와 야경 명소로 변한다. 광장 주변 건물 2층에서 내려다보는 전망은 황홀할 정도. 쿠스코 시티 투어와 비니쿤카, 마추픽추, 성스러운 계곡 등으로 떠나는 근교 투어 차량이 보통 이곳에서 출발하기 때문에 온종일 인파로 북적인다.

`Data` 지도 196p-F 가는 법 버스터미널에서 택시로 10분
주소 Plaza de Armas, Centro Historico, Cusco

페루에서 가장 아름다운 성당
쿠스코 대성당 Cusco Catedral

15세기 스페인 정복자들이 잉카 제국의 신전이 있던 자리에 100년에 걸쳐 건축했다. 대성당 내부에는 무려 은 300t으로 만든 중앙 제단이 있고, 지붕에는 남미에서 가장 큰 종이 매달려 있다. 두 개의 성당이 있는데, 왼쪽 성당에서는 주로 현지인이 미사를 올리고, 여행자는 오른쪽 성당을 방문해 내부를 관람한다. 스페인 식민지 시대 당시 문화를 엿볼 수 있는 벽화와 그림, 제단, 세공품 등의 작품을 관람하는 재미 또한 쏠쏠하다.

마르코스 사파타Marcos Zapata가 그린 〈최후의 만찬〉이 유명하다. 예수 앞에 놓인 음식 가운데 쿠이가 그려진 점이 재밌다. 안토니 반 다이크Anthony van Dyck의 〈예수 초상화〉도 놓치지 말아야 할 포인트.

특히, 쿠스코 대성당은 검은 예수를 모시고 있는 것으로도 잘 알려져 있으며, 매년 부활절이 되면 검은 예수를 기리는 대규모 축제가 열리기도 한다.

`Data` 지도 196p-F 가는 법 아르마스 광장에서 도보 1분
주소 Plaza de Armas, Centro Historico, Cusco
운영 시간 월~일 10:00~17:45 요금 30솔~

| Talk |

남미에서 아르마스 광장과 대성당은 공식?

남미의 유명한 도시에는 아르마스 광장Plaza de Armas이 있다. 그리고 그 옆에는 대성당이나 카테드랄Catedral(대주교가 있는 성당)이 있는 경우가 많다. 중세 대항해 시대, 스페인이 중남미 대륙을 처음 점령했을 때 정복자는 원주민을 교화하기 위해 마을 중심에 아르마스라는 이름의 광장과 그 옆에 대성당을 지었고, 그때 지은 건축물들이 오늘날까지 건재해 그 흔적을 볼 수 있다. 페루에서는 쿠스코, 리마, 이카, 나스카, 아레키파, 푸노, 트루히요, 와라스 등에서 아르마스 광장과 그 옆에 자리한 대성당을 볼 수 있다.

페루뿐 아니라 칠레의 산티아고, 쿠바의 아바나 등에서도 볼 수 있다. 명칭이 변경된 도시들도 있다. 멕시코 멕시코시티의 소칼로Zocalo 광장, 콜롬비아 보고타의 볼리바르Bolivar 광장, 볼리비아 라파스의 무리요Murillo 광장 등이다. 페루에서는 수도 리마의 아르마스 광장의 명칭이 '마요르Mayor 광장'으로 바뀌었지만, 현지인이나 여행자들 사이에서는 옛 이름으로 불린다. 페루뿐 아니라 남미 어느 도시든, 처음 방문했을 때 아르마스 광장을 기준으로 동선을 짜면 좋다.

쿠스코 대성당

아레키파 대성당

칠레 산티아고 대성당

PERU BY AREA 05
쿠스코

잉카 시대의 돌길을 걷다
로레토 거리 Calle Loreto

쿠스코에는 잉카 시대 건축물의 흔적을 볼 수 있는 건물 뼈대와 오래된 골목이 곳곳에 남아 있다. 그중 아르마스 광장 사이로 보이는 로레토 거리는 한때 남미를 평정했던 잉카인들의 숨결을 가장 진하게 느낄 수 있는 곳. 거리로 들어서면 잉카 제국 시대로 시간 여행을 온 듯하다.
자갈이 촘촘히 박혀 있는 바닥부터 골목 양쪽으로 늘어선 잉카 시대의 석벽, 그리고 가끔 전통 의상을 입은 원주민까지 볼 수 있어 거리를 걷는 재미가 쏠쏠하다. 종이 한 장 들어갈 틈 없이 완벽히 박힌 자갈만 봐도 융성했던 문명을 짐작해볼 수 있다.

`Data` **지도** 196p-F **가는 법** 아르마스 광장에서 도보 2분 **주소** Calle Loreto, Cusco 08000, Cusco

정교한 석조 기술
12각돌 La piedra de los doce angulos

잉카인들의 석조 기술은 철과 수레바퀴를 사용하지 않아 유명하다. 아르마스 광장을 등지고 좌측에 대성당을 낀 골목을 따라 조금만 걸으면 잉카 시대의 경이로운 건축 기술을 볼 수 있다. 수많은 석벽 가운데 커다란 돌을 12면으로 깎은 다음, 빈틈없이 쌓은 12각돌이 가장 유명하다. 12면은 12달을 상징한다. 12각돌 주변에는 13각돌, 14각돌과 함께 퓨마와 뱀의 형상도 숨어 있어 찾는 재미가 쏠쏠하다. 못 찾겠다면 주변 현지인에게 물어보자. 석벽 보호를 위해 만지는 것은 허용되지 않는다.

`Data` **지도** 196p-F **가는 법** 아르마스 광장에서 도보 5분
주소 Calle Hatunrumiyoc 480, Cusco 08000, Cusco

쿠스코에서 가장 유명한 재래시장
산 페드로 마켓 Mercado San Pedro

페루 관련 기념품을 사려는 여행자에게 산 페드로 마켓은 최고의 선택지. 쿠스코의 재래시장으로 기념품, 의류, 식료품 매장 등이 구획별로 잘 구분되어 있다. 여행자는 주로 알파카 인형, 스웨터, 털모자를 비롯해 각종 액세서리류를 구매하는데, 그중 알파카 인형이 인기 있다. 단, 재료에 따라 가격이 천차만별이니 반드시 만져보고, 부드러운 것으로 고르자.
발품을 많이 팔수록 괜찮은 아이템을 구매할 수 있으며, 흥정은 필수다. 규모가 크기 때문에 충분한 시간을 들여 둘러보는 것을 추천한다.

Data **지도** 196p-I **가는 법** 아르마스 광장에서 도보 10분
주소 Cascaparo, Cusco 08000, Cusco **운영 시간** 월~금 06:00~20:00, 토 ~19:00, 일 ~18:00

전통 공예품이 한자리에
아르테사니아스 마켓 Mercado Artesanias

산 페드로 마켓과 함께 쿠스코의 양대 마켓으로 불리는 곳이다. 완차크Wanchaq 기차역 바로 옆에 자리하며, 다양한 기념품을 판매한다. 산 페드로 마켓과 비교했을 때 구획이 더 잘 구분되어 있고, 깔끔해서 쾌적한 쇼핑을 즐길 수 있다. 질 좋은 아이템이 많은 편이라 가격대도 높은 편. 아르마스 광장에서 도보로 이동하기엔 멀어서 택시로 오는 게 좋다. 질 좋은 기념품을 구매하려면 이곳을, 질보다 양이라면 산 페드로 마켓을 추천한다.

Data **지도** 197p-K **가는 법** 아르마스 광장에서 차로 10분
주소 Av El Sol, Cusco 08000, Cusco **운영 시간** 월~일 08:00~20:00

페루식 전자제품이 한자리에
엘 파라이소 El Paraiso

산 페드로 마켓 바로 길 건너편에 자리한 전자제품 전문점. 휴대전화, 컴퓨터와 같은 전자기기부터 커피포트, 다리미와 같은 가전제품까지, 웬만한 전자제품은 모두 판매한다. 페루 현지인이 어떤 가전제품에 관심이 많은지, 실제로 어떤 제품을 사용하고 있는지 살펴볼 수 있다.

또한, 스마트폰 케이스, 각종 케이블과 액세서리 등 휴대전화 관련 제품도 저렴하게 구매할 수 있어 기억해두면 좋은 곳이다. 카메라 배터리나 충전식 케이블 등을 분실했을 경우에도 이곳을 찾으면 된다.

Data 지도 196p-I
가는 법 아르마스 광장에서 도보 10분
주소 New Street, Calle Nueva, Cusco 08000, Cusco
운영 시간 월~일 09:00~21:00

달콤한 초콜릿이 한가득
초콜릿 박물관 Choco Museo

초콜릿의 역사도 알 수 있고, 시식도 할 수 있는 오감 만족 초콜릿 박물관. 카카오 열매 생산국인 페루는 초콜릿에 대한 자부심이 남다르다. 우선 1층 왼쪽에 자리한 카카오 열매에 관련된 설명을 들은 후, 2층에서 초콜릿의 역사와 초콜릿 제조 과정을 배운다. 마지막으로 초콜릿과 초콜릿으로 만든 술을 시식한다.

카카오 씨를 볶은 뒤, 껍질을 벗기고, 열매를 빻은 다음 압착과 정제 과정을 거쳐 상품성 있는 초콜릿으로 만드는데, 이 과정이 매우 흥미롭다. 페루를 비롯해 멕시코, 콜롬비아, 도미니카 공화국, 니카라과, 콰테말라에도 지점이 있다. 페루에는 쿠스코 12각 돌 근처에 지점이 있으니 참고하자.

Data 지도 196p-E 가는 법 아르마스 광장에서 도보 3분
주소 Calle Garcilaso 210, Cusco 08000, Cusco
전화 8424-4765 운영 시간 월~일 09:00~19:00 요금 무료

웅장한 건물, 유서 깊은 유적
산 프란시스코 성당&박물관 Iglesia&Museo y Convento de San Francisco

산 프란시스코 광장 안에 자리한 성당. 여행자가 몰리지 않는 쿠스코 관광 지구 외곽에 있어 비교적 한산한 편이다. 1572년에 세워졌지만, 1650년 대지진으로 성당 일부가 무너진 후 17세기까지 십수 년에 걸쳐 복원되었다. 성당 안에는 수녀원과 박물관이 자리한다. 중앙 제단, 파이프 오르간, 성모상도 있어, 한 번쯤 볼 가치가 충분하다.

박물관은 산 프란시스코 성당과 쿠스코의 역사 자료를 전시하고 있다. 박물관 관람은 비교적 한산한 아침을 추천하고, 현지인 미사를 보려면 저녁을 추천한다.

Data 지도 196p-E
가는 법 아르마스 광장에서 도보 10분
주소 Calle Tordo 344, Cusco 08000, Cusco
운영 시간 월~일 09:00~18:00
박물관 요금 15솔~

바로크와 고딕의 조화
성 피터 교회 St. Peter's Church

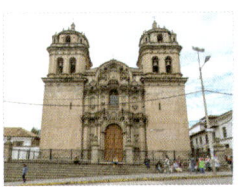

산 페드로 마켓 정문을 등지면 웅장한 성 피터 교회와 마주하게 된다. 현지어로 산 페드로 성당Iglesia de San Pedro이라고도 부른다. 쿠스코 대성당, 코리칸차, 산 프란시스코 성당 등에 비해 인지도는 떨어지지만, 그냥 지나치기엔 아쉬운 건물이다.

14세기 스페인이 쿠스코를 점령한 뒤 성당과 교회 여러 개를 세웠지만 성 피터 교회의 웅장한 외관만 놓고 보면, 결코 대성당에 뒤지지 않는다. 바로크 양식과 고딕 양식이 적절히 조화를 이루고 있는 외관이 인상적이다. 바로 앞에 조성된 산 페드로 광장 Plazoleta San Pedro 중앙에 서서 성 피터 교회를 뒤로하고 멋진 기념사진을 남겨보자.

Data 지도 196p-I
가는 법 아르마스 광장에서 도보 12분 **주소** Av. San Pedro de Choque S/N, Puente Piedra 08000, Cusco

쿠스코에서 만나는 미로 유적
켄코 Q'enqo

쿠스코 센트로를 기준으로 북쪽에 자리한 유적. 케추아어로 켄코Q'enqo는 '지그재그' 혹은 '미로'라는 뜻이다. 퓨마가 조각된 6m 규모의 거석을 중심으로 바위산 유적이 반원형으로 퍼져 있는데, 돌이 특별한 규칙 없이 흩어져 있는 모습이 마치 미로를 연상시킨다. 바위 사이를 따라 깊숙이 들어가다 보면, 잉카인이 신에게 가축을 제물로 바친 제단을 발견할 수 있다. 인신공양을 했다는 설도 있지만 확실하지 않다. 또한, 제단 주변에서 왕의 의자나 수술대 등의 흔적을 발견할 수 있다.

켄코 유적 주변에는 조잡한 기념품을 파는 상인이 많고, 쿠스코의 여느 유적지처럼 잉카 전통 의상을 입은 원주민이 있어 기념사진을 찍을 수 있다. 기념사진을 찍은 후에는 팁을 요구한다. 시티 투어에 참여하면 켄코, 삭사이와만, 푸카푸카라 등 쿠스코의 주요 유적을 쉽게 둘러볼 수 있다. 시티 투어는 쿠스코 센트로 주변 여행사에서 신청할 수 있다.

Data 지도 197p-C
가는 법 아르마스 광장에서 차로 20분
주소 Q'enqo, Cusco
운영 시간 월~일 09:00~17:45

> **Tip 쿠스코 통합 입장권**
> 쿠스코 근처에 있는 다양한 유적지를 모두 보려면 입장료가 상당하다. 쿠스코 통합 입장권을 구매하면 친체로, 모라이, 오얀타이탐보, 피삭, 켄코, 삭사이와만, 푸카푸카라 등 쿠스코 주변 유적은 물론, 쿠스코 시내의 주요 박물관 입장도 할 수 있어 유용하다. 2일권 70솔~, 10일권 130솔~. 국제학생증이 있을 시, 할인 받을 수 있다.

잉카 문명의 정수
삭사이와만 Saqsaywaman

수천 년의 세월을 버틴 잉카 제국 대표 유적으로, 쿠스코 북부 외곽에 자리한다. 잉카인의 위대한 석조 기술을 이곳에서도 발견할 수 있는데, 수레바퀴 없이 정교하게 쌓은 석조 건물을 마주하면 탄성이 나온다. 쿠스코를 강타한 지진에도 무너지지 않을 정도로 내구성이 뛰어나고, 종이 한 장 들어갈 틈도 없는 석벽이 눈에 띈다. 삭사이와만에 사용된 돌 모두가 쿠스코에서 난 돌이 아니라는 점에서 미스터리로 남아 있다.

14세기 쿠스코를 통치하던 잉카인들과 스페인 군대의 전투지로도 유명해, 역사적으로도 중요한 유적이다. 삭사이와만은 케추아어로 '독수리의 왕'이라는 뜻. 잉카인들은 쿠스코를 퓨마의 몸통으로 여기고 삭사이와만을 머리로 여겨, 삭사이와만에 견고한 요새를 지었다. 그 결과 군사적, 정치적으로 매우 의미 있는 장소가 되었다.

Data 지도 196p-A
가는 법 아르마스 광장에서 차로 10분
주소 Saqsaywaman, Cusco
운영 시간 월~일 07:00~17:30

Tip 쿠스코에서 즐기는 액티비티

쿠스코 외곽에서 즐기는 번지점프와 슬링샷은 최근 페루 여행자들 사이에서 인기 있는 액티비티. 슬링샷Sling Shot은 마치 인간 대포가 되어 하늘을 날아가는 기분을 선사하는 액티비티. 특히, 쿠스코의 번지점프는 무려 122m를 자랑하는데, 시설만 보더라도 오금이 저릴 정도다. 전문 가이드가 하나부터 열까지 코치하기 때문에 매우 안전하며, 초보자도 쉽게 즐길 수 있다. 아르마스 광장 근처에 자리한 여행사에서 신청하면 된다.

Data 지도 196p-E
가는 법 아르마스 광장에서 도보 1분, 액션밸리Action Valley 사무소에서 차량으로 이동 **주소** Street Santa Teresa 325 Regocijo Square, Sta Teresa 325, Cusco 08002, Cusco **전화** 8424-0835
운영 시간 월~일 09:00~17:00 **가격** 슬링샷 2시간 USD74~, 번지점프 USD52~

잉카 시대의 목욕탕
탐보마차이 Tambomachay

푸카푸카라 건너편에 자리한 또 다른 잉카 시대 유적. 고대 잉카인들은 신에게 제사를 올리기 전, 몸을 정갈히 하기 위해 목욕을 했다고 한다. 탐보마차이는 잉카인들에게 목욕탕 역할을 한 곳이었다는 설이 있는 곳이다.
당시 잉카인들의 성스러운 샘물을 찾기 위해 오랜 시간 동안 여러 강과 연못에 인위적으로 색소를 풀었지만, 수원지는 여전히 미스터리로 남아 있다. 보통 푸카푸카라, 겐코, 삭사이와만 등과 묶어서 돌아본다.

Data 지도 197p-C
가는 법 아르마스 광장에서 차로 20분
주소 Tambomachay, Cusco
전화 8422-7037
운영 시간 월~일 07:00~17:30

잉카 시대의 붉은 성벽
푸카푸카라 Puca Pucara

쿠스코 센트로를 기준으로 북쪽 외곽에 자리한 잉카 시대 유적. 푸카푸카라Puca Pucara는 케추아어로 '붉은 요새'라는 뜻이다. 요새 아래쪽에는 방어를 위한 돌담이 있고, 언덕 위에는 작은 성채가 자리한다. 고산 지대에서도 높은 해발 3,800m 위치에 있어서 탁 트인 전망이 약속된다.
한편, 이곳은 과거 잉카 제국 시대 마을을 지키는 신들을 모신 곳이라는 설과, 쿠스코 북쪽의 검문소였다는 설이 있다. 잉카 시대에는 보초가 이곳을 지켰고 지금은 여행자가 찾아온다는 것만 다를 뿐, 푸카푸카라는 과거부터 지금까지 전망대 역할을 하고 있다.

Data 지도 197p-C
가는 법 아르마스 광장에서 차로 20분
주소 Puca Pucara, Cusco
운영 시간 월~일 07:00~18:00

쿠스코 최고의 전망
크리스토 블랑코 전망대 Mirador desde El Cristo Blanco

브라질 리우데자네이루, 칠레의 아리카, 볼리비아의 코차밤바 그리고 쿠스코의 공통점은 도시를 한눈에 볼 수 있는 언덕에 예수상이 자리하고 있다는 것. 크리스토 블랑코 전망대에도 쿠스코 시내를 감싸 안을 듯이 두 팔을 벌린 백색 예수상이 서 있다.

크리스토 블랑코 전망대는 고산 지대에 자리한 쿠스코 시내를 조망하는 최고의 방법이다. 언덕 아래로 아르마스 광장과 대성당이 내려다보이고, 멀리 코리칸차, 쿠스코 기차역, 산 프란시스코 성당 등도 한눈에 보인다. 주로 일몰과 야경을 함께 볼 수 있는 저녁에 여행자가 몰린다. 단, 야간에는 안전에 유의해야 하기 때문에 택시로 이동하는 것을 추천한다.

아르마스 광장에서 도보로 갈 경우, 삭사이와만으로 통하는 도로는 피하자. 길을 잘못 들면 무려 70솔에 달하는 삭사이와만 입장료를 지불해야 할 수도 있다. 크리스코 블랑코 전망대까지 간다면 올라갈 때는 택시를, 내려올 때는 도보를 추천한다.

Data 지도 196p-B **가는 법** 아르마스 광장에서 차로 10분 **주소** Cristo Blanco, Cusco

백색 예수상

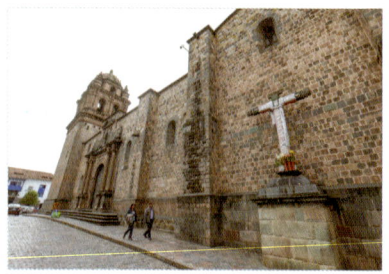

잉카 제국 태양의 신전

코리칸차(태양의 신전) Coricancha

아르마스 광장 남쪽에 자리한 잉카 시대 유적. 잉카 시대 때 코리칸차라는 태양의 신전이었으나 스페인 정복자가 코리칸차를 허물고, 돌로 된 초석만 남긴 후에 산토 도밍고 성당Iglesia de Santo Domingo을 세웠다. 자료에 따르면 당시 코리칸차는 눈부신 황금빛으로 빛났다고 한다. 잉카 제국의 마지막 황제 아타우알파가 이 신전에 감금되었다는 기록도 남아 있다.

15세기와 20세기에 발생한 쿠스코 대지진으로 성당은 크게 파괴되었지만 코리칸차를 지지하던 초석은 무너지지 않아, 이후 코리칸차 유적 일부가 복원되었다. 지금은 박물관으로 사용된다. 발코니에서는 쿠스코 센트로를 한눈에 감상할 수 있다. 코리칸차 유적 터에서는 매년 6월, 태양신을 기리는 인티라이미 축제가 펼쳐진다. 코리칸차 유적을 좀 더 공부하고 싶다면 입구에서 영어 가이드 투어를 신청할 것.

Data 지도 196p-F
가는 법 아르마스 광장에서 도보 10분 **주소** Santo Domingo S/N, Cusco 08000, Cusco
전화 8424-9176 **운영 시간** 월~토 08:30~17:30 **휴무** 일요일 **요금** 20솔~

잉카 제국을 건설한 황제가 태어난 곳
쿠시칸차 Kusicancha

쿠스코 아르마스 광장과 코리칸차 사이에 자리한 유적. 쿠시칸차는 잉카 제국을 세운 쿠스코의 왕, 파차쿠텍Pachacutec이 태어난 장소다. 고대 잉카인들에게 쿠시칸차는 신성하고, 상징적인 성소였다. 지금은 형체를 알아보기 어려운 터만 남아 있다.

아르마스 광장에서 코리칸차 사이의 로레토 거리를 따라 걷다 보면 쿠시칸차 내부를 볼 수 있는 공간이 여럿 있다. 여행자는 보통 이곳에 서서 유적 내부를 본다. 코리칸차, 쿠스코 대성당 등에 비해 인지도가 낮아 주의를 기울이지 않으면 지나치기 쉽다. 평소 고고학에 관심이 많았다면, 한 번쯤 둘러볼 만한 가치는 충분하다.

Data 지도 196p-F **가는 법** 아르마스 광장에서 도보 3분 **주소** Afligidos, Cusco 08000, Cusco

💬 | Talk |
잉카 문명 이야기

13세기부터 16세기 초까지 페루를 비롯한 중앙 안데스 지방을 지배한 고대 제국, 잉카. 안데스의 고산 지대에서 생활했던 잉카인들은 수준 높은 건축 기술을 갖고 있었다. 수레바퀴를 사용하지 않고 건축한 마추픽추에서 짐작할 수 있다. 쿠스코의 코리칸차 신전, 12각돌, 삭사이와만 등도 위대한 잉카 제국 시대의 유적이다.

잉카 제국의 기원은 아직 명확하게 밝혀지지 않았지만, 13세기에 망코 카팍이라는 인물이 자신의 부족을 이끌고 안데스 고산 지대에 정착하며 시작됐다는 설이 가장 지지받고 있다. 그는 쿠스코를 수도로 삼고 태양의 신전을 지었다. 이후, 잉카 제국은 전성기를 맞으면서 북쪽으로는 현재 콜롬비아 남부까지, 남쪽으로는 칠레 중부까지 영토를 확장했다.

그러나 16세기 초반, 프란시스코 피사로가 이끄는 스페인 군대에 무릎을 꿇고 만다. 당시 잉카인들이 사용했던 원시적 무기로는 스페인 군대의 총과 칼을 당해낼 재간이 없었다. 당시 황제였던 아타우알파가 스페인 군대에 체포되면서 잉카 문명은 쇠퇴하게 되었다. 찬란했던 잉카 제국은 막을 내렸지만, 그들이 남긴 위대한 유산은 여전히 페루를 대표하는 얼굴이 되었다.

| 쿠스코 근교 |

쿠스코에는 마추픽추만 있는 것이 아니다. '성스러운 계곡 투어'로 불리는 쿠스코 근교 투어를 신청해 잉카의 후손들이 살고 있는 도시를 둘러볼 수도 있다. 쿠스코 근교 도시와 마추픽추를 같은 날 둘러본다면 오얀타이탐보에서 아구아스칼리엔테스까지 페루 레일을 타고 가서 마추픽추로 들어갈 수도 있으니 기억하자.

잉카 제국의 마지막 요새
오얀타이탐보 Ollantaytambo

쿠스코 북쪽, 마추픽추로 가는 길목에 자리한 도시. 스페인 군대가 쿠스코로 향하기 전 주둔했던 곳이다. 오얀타이탐보는 쿠스코 센트로의 옛길과 마찬가지로 십자형 골목으로 이루어져 있으며, 곳곳에 돌길과 석벽이 가득해서 마치 잉카 시대로 시간 여행을 온 듯한 착각을 느끼게 한다.

마을 서쪽에 있는 오얀타이탐보 생추어리 Ollantaytambo Sanctuary와 태양의 신전 터 Templo del Sol, 마을 동쪽에 있는 푼쿠푼쿠 Punku Punku 유적 등이 주요 관람 포인트. 마을 남쪽에는 잉카의 젖줄로 불리는 우루밤바강이 흐른다. 오얀타이탐보 기차역에서 마을까지 약 20분 정도면 접근할 수 있다.

Data 지도 210p-A 가는 법 쿠스코에서 차로 2시간

잉카의 젖줄을 품은 도시
우루밤바 Urubamba

쿠스코와 오얀타이탐보 사이에 자리한 도시로 우루밤바강을 품고 있다. 우루밤바로 가는 길은 매우 아름다운데, 잉카인들은 이곳을 '성스러운 계곡 El Valle Sagrado de los Incas'이라고도 불렀다. 해발 4,000m의 고지대가 선사하는 풍광은 감동을 선사한다. 우루밤바 센트로에서도 잉카 시대의 정교한 석벽을 볼 수 있다. 마을 중앙에 있는 아르마스 광장 주변으로 옛 마을이 형성되어 있다. 버스도 있지만, 여행자는 보통 쿠스코에서 택시를 타고 우루밤바로 온다. 우루밤바 기차역은 우루밤바강이 범람하는 우기에는 문을 닫으니 주의할 것. 우루밤바에 도착하기 전 통과하게 되는 고지대 곳곳에 전망대로 불리는 포인트가 있다.

Data 지도 210p-A
가는 법 쿠스코에서 차로 1시간 10분, 오얀타이탐보에서 차로 30분

Special Page

신비로운 잉카 유적,
쿠스코 근교 투어 | 성스러운 계곡

당일치기 투어로 쿠스코 근교에 있는 잉카 유적을 둘러보는 투어.
친체로, 모라이, 살리네라스 염전을 보는데, 피삭을 다녀오는 경우도 있다. 보통 반나절
정도면 다 볼 수 있으며, 쿠스코 시내에 자리한 여행사에서 신청할 수 있다.

진짜 잉카 후손과의 만남
친체로 Chinchero

쿠스코 북쪽에 자리한 근교 도시. 보통 쿠스코에서 당일치기로 '성스러운 계곡 투어'에 참여하면, 제일 먼저 쿠스코와 가장 가까운 곳에 있는 친체로를 들른다. 잉카 시대부터 그들만의 전통을 계승하고 있는 원주민들이 모여 살고 있다. 쿠스코와 오얀타이탐보, 우루밤바 등 주변 도시에도 잉카 후손이 많지만, 친체로의 원주민은 유독 손기술이 뛰어나다. 그중 직물 염색을 잘하기로 유명한데, 각종 꽃과 이끼, 곤충 등에서 색을 추출한다.

Data 지도 210p-D 가는 법 쿠스코에서 차로 40분

성스러운 계곡 사이의 작은 마을
피삭 Pisac

친체로 인근에 자리한 작은 마을. 피삭 요새는 마추픽추 다음으로 중요했던 곳으로 알려져 있다. 또, 마추픽추에서 볼 수 있는 유적과 비슷한 형태의 건물이 많아 '작은 마추픽추'라는 별칭도 붙었다.
요새에서 내려다보는 피삭 마을은 웅장한 안데스산맥이 품고 있어 그림이 따로 없다. 잉카 시대에 만들어진 계단식 농지를 원주민 후손이 그대로 사용하고 있는 모습도 볼 수 있다. 고품격 수공예품을 판매하는 피삭 시장도 있다.

Data 지도 210p-D 가는 법 쿠스코에서 차로 50분

우기 때 모습

건기 때 모습

고대 잉카인의 지혜를 만나다
모라이 Moray

쿠스코 서북쪽 석회암 고원에 자리한 거대 유적이다. 동심원 형태의 계단식 경작지인데, 고고학자들은 '다랑이밭'이라고 부른다. 안데스 특유의 험한 산길을 개간해 경작지로 만든 잉카인의 지혜를 엿볼 수 있다. 총 7개의 층으로 이루어진 것이 특징. 고대 잉카인들은 이곳에서 농산물을 재배하고, 별자리를 관측했으며, 풍년을 기원하는 의식을 치르기도 했다.

모라이 동심원 중앙에 누우면 태양의 기운이 모인다는 설이 있어 여행자가 많이 몰리기도 한다. 여행자는 보통 쿠스코 근교 투어인 '성스러운 계곡 투어'에 참여하거나, 택시를 대절해서 친체로, 살리네라스 염전과 묶어서 당일치기로 둘러본다.

Data 지도 210p-C
가는 법 쿠스코에서 차로 1시간 20분 요금 70솔~

안데스 산골짜기의 기적
살리네라스 염전 Salineras de Maras

모라이 유적 근처에 고대 잉카인들의 지혜가 깃든 성소가 하나 더 있다. 해발 3,000m 안데스 산맥 기슭에 자리한 거대한 살리네라스 염전이다. 잉카인들은 오래전 바다였던 이곳의 지하에서 솟아나는 짠 소금물을 이용해, 산골짜기에 크고 작은 염전과 통로를 만들었다. 염전의 개수는 무려 200여 개에 달한다.

건기에는 새하얀 염전의 모습을 볼 수 있고, 우기에는 황토색 염전을 볼 수 있다. 두 시기의 모습이 다른 이유는, 건기 때 물의 공급량보다 증발량이 훨씬 많기 때문이다. 새하얀 염전을 보고 싶다면 건기 때 찾아야 한다. 염전 주변에서는 이곳에서 생산된 고품격 소금 관련 제품을 판매한다. 입욕제가 특히 인기 있다.

Data 지도 210p-A
가는 법 쿠스코에서 차로 1시간 30분 요금 10솔~

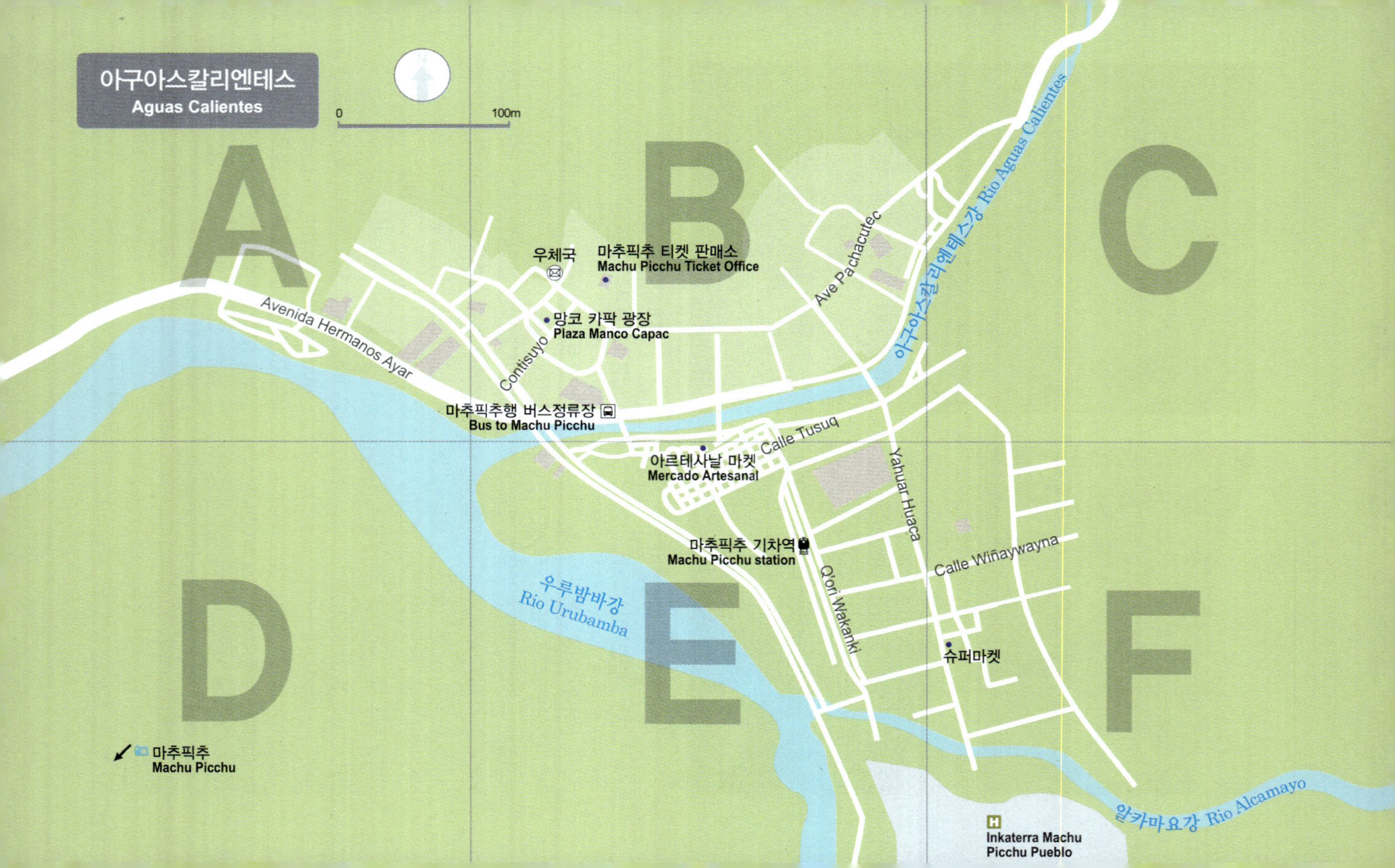

아구아스칼리엔테스
Aguas Calientes

0 — 100m

- 우체국
- 마추픽추 티킷 판매소 / Machu Picchu Ticket Office
- 망코 카팍 광장 / Plaza Manco Capac
- 마추픽추행 버스정류장 / Bus to Machu Picchu
- 아르테사날 마켓 / Mercado Artesanal
- 마추픽추 기차역 / Machu Picchu station
- 슈퍼마켓
- Inkaterra Machu Picchu Pueblo
- 마추픽추 / Machu Picchu

도로/지명:
- Avenida Hermanos Ayar
- Conhtsuyo
- Ave. Pachacutec
- Calle Tusuq
- Yahuar Huaca
- Q'ori Wakanki
- Calle Wiñaywayna
- 아구아스칼리엔테스강 / Río Aguas Calientes
- 알카마요강 / Río Alcamayo
- 우루밤바강 / Río Urubamba

마추픽추로 가는 관문
아구아스칼리엔테스 Aguas Calientes

마추픽추를 가기 위해 거치는 마지막 도시다. 쿠스코에서 시작하는 페루 레일의 종착역이기도 하다. 대부분 여행자는 페루 레일을 타고 종착역인 마추픽추역Machu Picchu Station에서 내린다. 역을 나오면 보이는 실개천 건너편에 마추픽추로 떠나는 셔틀버스 정류장이 있고, 주변으로 여행자 숙소와 레스토랑이 모여 있다. 조금 더 안쪽으로 들어가면 아구아스칼리엔테스에서 가장 큰 광장, 망코 카팍 광장Plaza Manco Capac이 나온다. 광장 중앙에는 태양의 아들로 불린 망코 카팍의 동상이 있는데, 온종일 기념사진을 찍는 여행자들로 분주하다. 광장 주변으로 센트로가 형성되어 있어서, 골목 사이로 분위기 있는 레스토랑과 카페가 많다. 마추픽추로 떠나기 전 혹은 쿠스코로 돌아가는 기차를 기다리는 여행자가 이곳에서 시간을 보낸다.

아직 마추픽추 입장권을 구하지 못했다면, 망코 카팍 광장에 있는 매표소에서 사도록 하자. 아구아스칼리엔테스 도착 시간에 따라 당일 마추픽추 입장 여부는 달라지므로 기억해두자. 쿠스코에서 새벽같이 서두른다면 당일치기로 마추픽추에 다녀올 수도 있지만, 1박 이상 머무르면서 마을의 분위기를 느껴보는 것도 좋다.

Data 지도 210p-A, 214p
가는 법 쿠스코에서 기차로 4시간, 오얀타이탐보에서 기차로 2시간

Tip 쿠스코에서 마추픽추 가기

마추픽추로 가기 위해서는 반드시 마추픽추 아래에 있는 아구아스칼리엔테스를 거치게 된다. 쿠스코에서 마추픽추로 가는 일반적인 방법은 기차를 타고 이동하는 것. 페루 레일Peru Rail을 타면 쿠스코에서 아구아스칼리엔테스까지 편하게 이동할 수 있다. 보통, 인터넷에서 일정에 맞춰 페루 레일 티켓을 예매 및 결제한다. 아구아스칼리엔테스에 도착한 후, 마추픽추 정문까지 가는 셔틀버스를 타고 이동한다.

혹은, 성스러운 계곡 투어를 통해 쿠스코 근교 마을을 둘러본 후 오얀타이탐보에서 페루 레일을 타고 아구아스칼리엔테스까지 이동할 수도 있다. 단, 우기 때(11~3월 사이)는 우루밤바강이 범람해 쿠스코-오얀타이탐보 구간의 선로가 침수되기도 한다. 이 경우 전용 리무진버스가 운행되니 참고하자.

마추픽추 티켓 예매 정보

페루 여행의 하이라이트, 마추픽추에 가기 위해서는 티켓을 끊어야 한다.
보통 아구아스칼리엔테스에 있는 마추픽추 티켓 판매소에서 티켓을 구매할 수 있지만,
인터넷이나 여행사를 통해 예약할 수도 있다.

1. 아구아스칼리엔테스 티켓 판매소에서 구매

페루 레일을 타고 종착역에 내려서 개천 하나만 건너면 잉카 제국 황제 동상이 서있는 망코 카팍 광장과 연결된다. 이 광장 뒤쪽에 마추픽추 티켓 판매소가 있다. 보통 여유롭게 표를 구할 수 있지만, 여행자가 몰리는 6월 축제 기간에는 간혹 매진될 수도 있으니 참고하자. 신용카드로도 구매할 수 있지만 VISA 카드를 추천하고, 가급적 현금을 준비하는 것이 좋다. 신분 확인을 위해 여권은 반드시 지참해야 한다.

티켓 판매소

2. 온라인 예매

온라인 예매도 가능하다. 마추픽추 예약 사이트에 접속한 뒤, 예약을 클릭하면 결제까지 논스톱으로 할 수 있다. 방문할 날짜를 클릭하고 티켓의 종류를 선택하면 된다. 카드 결제도 할 수 있다.

예약 사이트 www.machupicchu.gob.pe
전화 8458-2030

마추픽추 티켓 예매 사이트

마추픽추 티켓 종류(유적지 정책에 따라 시간과 요금은 수시로 바뀔 수 있다)

유적지	입장 시간	요금
마추픽추	06:00~14:00시 입장(1시간 간격)	152솔~
마추픽추+와이나픽추	06:00+07:00~08:00 입장, 07:00+07:00~08:00 입장, 08:00+10:00~11:00 입장	200솔~
마추픽추+몬타냐	06:00+07:00~08:00 입장, 07:00+07:00~08:00 입장, 08:00+09:00~10:00 입장	200솔~

3. 여행사를 통한 패키지 티켓 구매

쿠스코나 아구아스칼리엔테스에 자리한 여행사에서 신청하는 방법도 있다. 쿠스코에서 살 경우 기차 티켓이 포함되어 있는 패키지 티켓을 사는 방법이 있고, 마추픽추 입장 티켓만 별도로 구매하고 교통편은 개별적으로 구하는 방법도 있다. 가격대가 제일 비싸다.

| Talk |
페루 레일, 마추픽추로 가는 멋진 방법

쿠스코와 아구아스칼리엔테스를 연결하는 페루 레일Peru Rail은 수준 높은 시설과 서비스가 돋보인다. 좌우는 물론 천장에도 창문이 있어 달리는 내내 성스러운 계곡이 선사하는 멋진 풍경을 감상할 수 있다. 또한, 친절한 승무원이 간식과 음료를 서비스하고, 개성 넘치는 패션쇼와 원주민 전통 음악 공연이 펼쳐지는 등 다양한 볼거리도 선사한다. 쿠스코-마추픽추 왕복 기차 요금은 원화로 약 20만 원 정도인데, 시기에 따라 가격은 조금씩 다르다. 요금이 비싼 만큼, 매우 쾌적하게 이동할 수 있다.

Tip 하이럼 빙엄 특급열차
세계에서 가장 짧은 럭셔리 기차 여행으로 잘 알려져 있다. 마추픽추를 처음 발견한 미국 역사학자 하이럼 빙엄Hiram Bingham의 이름을 따왔다. 쿠스코에서 아구아스칼리엔테스까지 안데스산맥의 절경을 바라보며 이동한다. 수준 높은 잉카 음식을 맛보는 등 열차 안에서 5성급 호텔 서비스를 받을 수 있다. 왕복 티켓 요금이 무려 1,000달러에 달하지만, 일생일대의 기억을 선물한다. 또한, 하이럼 빙엄 특급열차 탑승과 함께 쿠스코, 마추픽추, 성스러운 계곡 일대의 고급 호텔을 도는 프로그램도 있다.
하이럼 빙엄 특급열차 www.perurail.com/trains/belmond-hiram-bingham

걸어서 마추픽추까지, 잉카 트레일

마추픽추를 처음 발견한 하이럼 빙엄처럼 걸어서 마추픽추까지 향하는 여행자도 많은 편이다. 오얀타이탐보 부근 피스카쿠초 Piscacucho에서 시작해 마추픽추까지 연결되는 산책로를 '잉카 트레일Inca Trail'이라고 부른다. 잉카인들이 만들고, 원주민 후예들이 보존하고 있다.

보통 잉카 트레일은 3박 4일 코스로 운영한다. 하루에 500명에게만 허가증을 발급하기 때문에 사전 예약을 해야 하며, 반드시 가이드와 함께 트레킹에 참여해야 한다. 쿠스코 시내 여행사에서 가이드와 포터를 포함한 투어 상품을 신청할 수 있다. 4일짜리 잉카 트레일 투어는 평균 700달러 정도(식사, 캠핑 포함). 전문 트레킹화와 아웃도어 등산복 등을 챙기지 못 했다면 여행사에서 대여할 수도 있으니 참고할 것. 우루밤바강이 범람하는 우기(11~3월 사이)에는 안전을 위해 등산로가 폐쇄되기도 한다.

잉카 트레일

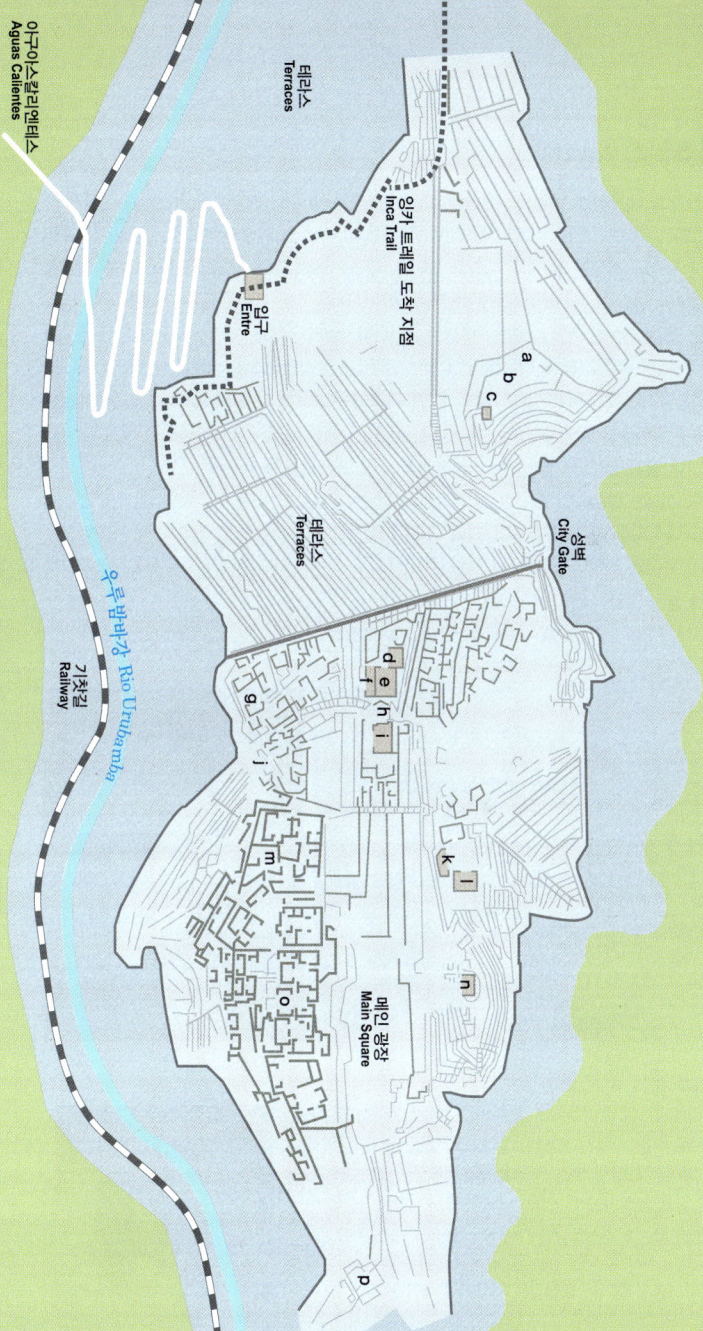

페루의 얼굴
마추픽추 Machu Picchu

페루를 넘어 남미를 대표하는 유적지. 1911년, 미국 역사학자 하이럼 빙엄에게 발견되기 전까지 베일에 싸여 있었다. 우유니 소금사막과 이구아수 폭포가 마추픽추의 아성을 넘보고 있지만, 마추픽추는 100년이 지나도 여전히 '남미의 얼굴'일 것이다. 쿠스코에서 마추픽추까지 가는 길은 험난하다. 건기에는 보통 쿠스코에서 아구아스칼리엔테스까지 기차를 타고 이동한다. 우루밤바강이 범람하는 우기에는 쿠스코에서 오얀타이탐보까지는 전용 리무진버스를 타고, 오얀타이탐보에서 아구아스칼리엔테스까지는 기차를 타고 이동한다. 이후, 아구아스칼리엔테스에서 전용 버스를 타고 20분 정도 산길을 달리면 마추픽추에 도착한다. 잉카 제국이 건설한 도시, 마추픽추는 산 아래에서는 잘 보이지 않아 '잃어버린 공중 도시'라는 별칭이 붙었다. 수레바퀴를 전혀 사용하지 않고 도시를 조성해 '세계 7대 불가사의'와 '세계 신新 7대 불가사의'에 모두 이름을 올렸다.

마추픽추 유적 안에는 화장실이 없으며, 입장 전 화장실은 유료로 이용할 수 있으니 참고할 것. 보통 당일치기로 마추픽추만 다녀오는 여행자와 아구아스칼리엔테스에 숙소를 잡고, 1박 2일 일정으로 마추픽추 맞은편의 와이나픽추까지 다녀오는 여행자로 나뉜다. 2019년부터 문화유산 보호 차원에서 일회용 용기 반입이 금지됐다.

Data 지도 009p, 210p-A **가는 법** 아구아스칼리엔테스에서 버스로 20분
운영 시간 월~일 06:00~14:00 **요금** 152솔~

Tip 마추픽추 왕복 버스 티켓

아구아스칼리엔테스에서 마추픽추 정문까지 이동하는 방법은 두 가지다. 도보로 이동하거나, 셔틀버스를 타고 이동한다. 아구아스칼리엔테스 마추픽추 티켓 부스 인근에 버스정류장이 있는데, 20분 남짓한 산길을 올라가는 데 편도 12달러 혹은 39솔 이상의 비용이 든다. 대부분의 여행자는 왕복 티켓을 끊지만, 여유롭다면 갈 때는 버스를 타고 내려올 때는 걷는 것도 좋다. 멀리 우루밤바강의 급류를 내려다보면서 즐기는 트레킹은 특별한 추억이 된다.

마추픽추 유적 살펴보기

*남미의 얼굴, 마추픽추와 만나기 위해 페루행 항공권을 끊는다고
해도 과장이 아니다. 마추픽추 유적에서 볼 수 있는 주요 명소를 짚어봤다.*

1. 태양의 신전 Templo del Sol

잉카인들이 가장 신성시한 곳으로, 마추픽추 유적에서 유일하게 곡선 형태를 띠고 있다. 얼핏 보면 쿠스코에 있는 태양의 신전, 코리칸차와 외관이 비슷하다. 당시 잉카인들의 농사 시기를 관장하던 건물로 알려져 있다. 동지(12월 22, 23일경)를 지날 때 햇살이 창을 통해 들어왔다고 해서 지금의 이름이 붙었다.

2. 인티와타나 Intihuatana

마추픽추 유적 중 가장 높은 곳에 자리한 1.8m 높이의 돌기둥. '태양을 잇는 기둥'이라는 의미가 있으며, 해시계 역할을 했던 것으로 추정된다. 현재까지 인티와타나의 용도는 정확히 밝혀지지 않았지만, 이곳에서 내려다보는 전망이 뛰어나다.

3. 오두막 전망대 Observatorio de Cabina

마추픽추의 교과서적인 장면을 확인할 수 있는 곳. 입구에서 100m 정도 걸으면 두 갈래 길이 나오는데, 그중 위쪽 길로 가면 된다. 멀리서 육안으로 오두막을 확인할 수 있기 때문에 헤맬 우려는 없다. 혹은 여행자를 따라가면 된다. 멋진 한 컷을 찍기 위한 여행자가 많아 웨이팅이 있는 편.

4. 콘도르 신전 Templo del Condor

잉카인들이 신성시한 콘도르는 해발 5,000m 근처에 서식하는 맹금류다. 잉카 시대에는 콘도르가 '잉카 문명의 부활'을 상징해서, 마추픽추에는 콘도르의 모양을 본뜬 신전이 있다. 신전 앞에는 콘도르 부리 모양의 부조가 있고, 지하에는 잉카 시대의 감옥과 사형장이 있다.

5. 채석장 Cantera

마추픽추 유적의 건물은 대부분 화강암으로 건설됐다. 당시 잉카인은 철 사용법이 미숙해서 자연히 돌을 사용했는데, 그 기술은 21세기인 지금도 위대하게 평가받는다. 마추픽추 채석장은 건물의 골조와 기둥 제작 등을 진행하던 공간이다.

잉카 시대의 젊은 봉우리
와이나픽추 Huayna Picchu

케추아어로 마추픽추는 '늙은 봉우리', 와이나픽추는 '젊은 봉우리'라는 뜻이다. 마추픽추 맞은편에 자리한 와이나픽추는 코뿔소의 뿔 형태를 취하고 있으며, 예부터 대제사장과 동정녀가 머물렀던 신성한 장소였다. 와이나픽추는 오전에만 오를 수 있으며, 유적 보호를 위해 입장객 수를 매일 400명으로 제한하기 때문에 마추픽추와 마찬가지로 사전에 티켓을 구매해야 한다. 1차로 200명이 먼저 출발하고, 2차로 200명이 출발한다. 와이나픽추로 향하는 등산로는 잉카인들이 만들었는데, 길이 매우 가파르고 좁아 안전사고에 유의해야 한다. 또한, 해발 약 2,667m로 고산병 초기 증상을 호소하는 여행자도 간혹 있으니 천천히 오르는 것이 좋다.

마추픽추에서 바라보는 와이나픽추의 모습이 유명하다. 와이나픽추 정상에 서면 우루밤바강과 산봉우리들이 한눈에 내려다보이고, 그 사이로 성스러운 계곡과 마추픽추 유적이 조용히 엎드려 있다. 달의 신전, 그레이트 캐번Great Carven 등이 주요 관람 포인트. 시간 여유가 있다면 콘도르를 닮았다는 몬타냐Montaña 봉우리를 오르는 것도 추천한다.

Data 지도 210p-A
가는 법 아구아스칼리엔테스에서 버스로 20분
운영 시간 월~일 07:00~11:00
요금 200솔~

무지개산을 오르다
비니쿤카 Vinicunca

최근 몇 년 사이 쿠스코를 찾은 여행자가 새롭게 선택하는 근교 여행지가 바로 비니쿤카다. 케추아어로 '일곱 빛깔 산'이라는 의미로, 여행자들 사이에서는 '무지개산'으로 통한다. 쿠스코에서 약 3시간을 달린 뒤, 비니쿤카 입구 주변 마을에서 아침을 먹고 등산을 시작한다. 정상까지는 약 2시간 정도 소요되는데, 오르막길이 계속되기 때문에 제법 힘겹다. 또한, 해발 5,000m를 올라가기 때문에 고산병에 유의해야 한다. 마음이 급하더라도 물을 많이 마시고, 천천히 오르자. 힘들면 입구에서 20솔짜리 말에 올라 오르는 방법도 있다.

비니쿤카 정상에 오른 뒤, 같은 코스로 내려오는 여행자와 비니쿤카 정상을 찍은 다음 반대쪽 레드밸리Red Valley 능선을 타고 내려오는 여행자로 나뉜다. 레드밸리 능선을 탈 경우, 약 4시간 정도 소요된다. 보통 쿠스코에서 당일치기 투어로 다녀온다.

Data 지도 210p-D
가는 법 쿠스코에서 차로 3시간
운영 시간 월~일 04:00~17:00
요금 입장료 10솔~,
투어 60~90솔(가격에 따라 입장료, 식사 포함 여부가 달라진다. 흥정 가능)

비니쿤카 트레킹 지도

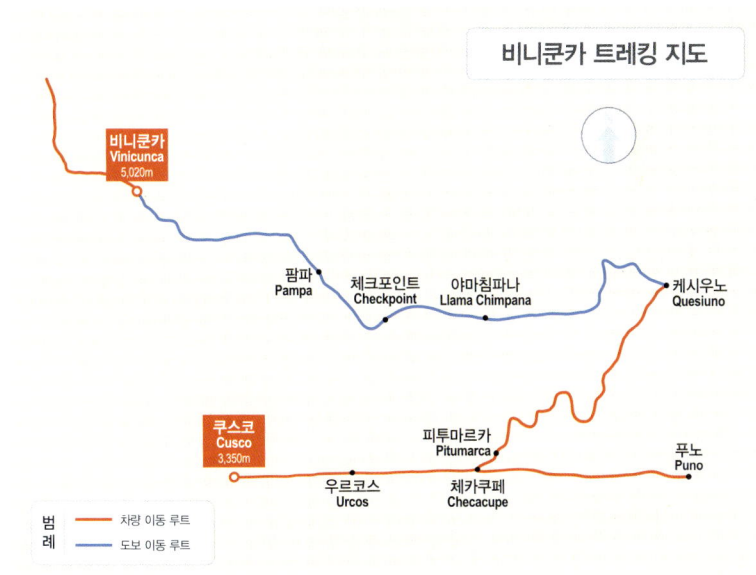

PERU BY AREA 05
쿠스코

EAT

쿠스코 최초의 한식당
사랑채 Sarangche

쿠스코 아르마스 광장에서 북쪽 골목 초입에 있는 한식당. 2008년에 문을 열어 '쿠스코 최초의 한식당' 타이틀을 가지고 있다. 보통 여행자는 리마에서 시작해 이카, 나스카, 아레키파, 푸노 등을 거친 뒤, 마지막에 쿠스코로 오는 경우가 많다. 또한, 아르헨티나나 칠레, 볼리비아를 거쳐 페루로 온 장기 여행자도 있을 것이다. 한식이 그리워져 있을 시기. 그럴 때, 사랑채에서 식사를 하게 되면, 김치찌개와 비빔밥, 불고기덮밥, 오징어덮밥 등을 마파람에 게 눈 감추듯 해치우게 된다. 라면과 김밥, 죽 같은 간단한 메뉴도 준비되어 있고, 설렁탕, 꼬리곰탕 등의 보양식도 주문할 수 있다. 페루에서 만나기 어려운 삼겹살도 먹을 수 있는데, 두부김치, 김치전 등을 곁들이면 최고의 술상이 완성된다.

소주와 맥주는 물론 페루 와인, 피스코 등도 맛볼 수 있다. 매일 저녁이면 삼겹살에 소주를 즐기는 한국인 단체 여행객을 쉽게 볼 수 있는데, 마치 서울 종로나 홍대에 있는 한식당을 찾은 듯 시끄러운 목소리조차 정겹다. 페루를 찾은 패키지 손님은 물론 쿠스코 현지인도 엄지손가락을 추켜세울 정도로 만족할 만한 식사를 할 수 있다.

Data 지도 196p-F
가는 법 아르마스 광장에서 도보 1분
주소 Procuradores 341, Cusco 08000, Cusco
전화 8423-5877
운영 시간 월~토 12:00~15:30, 18:00~21:30 휴무 일요일
가격 음식 30솔~, 음료 4솔~

대성당과 아르마스 광장을 한눈에
스타벅스 쿠스코 지점 Starbucks Cusco

아르마스 광장을 등지고 남쪽으로 도로 하나만 건너면 건물 2층에 자리한 스타벅스 쿠스코 지점이 눈에 들어온다. 로레토 거리 초입에 자리하고 있어 쉽게 찾을 수 있다. 어느 나라에서나 볼 수 있는 모습과 다르지 않지만, 우리나라 여행자 사이에서는 특별하다. 아르마스 광장과 대성당 그리고 센트로 주변 풍경을 한눈에 감상할 수 있기 때문. 커피 한 잔과 함께, 에어컨 바람을 맞으며 멋진 경치를 바라보면서 기분 좋은 휴식을 취할 수 있어서 온종일 많은 여행자가 이곳을 찾는다. 쿠스코를 찾은 한국인 여행자가 이곳을 들르지 않는 경우는 거의 없을 정도. '쿠스코'가 적힌 텀블러나 머그잔은 꽤 훌륭한 기념품이 된다.

Data 지도 196p-F
가는 법 아르마스 광장에서 도보 1분
주소 Calle Loreto 115, Cusco 07777, Cusco
전화 1505-5000
운영 시간 월~일 07:00~00:00
가격 음료 10솔~

페루에서 맛보는 곱창
미겔리토 Miguelito

코리칸차에서 10분 정도 걸으면 나오는 레스토랑. 허름한 내부에도 불구하고 한국인 여행자 사이에서 상상 이상으로 인기 있다. 곱창을 맛보고 싶다면 촌촐리Choncholi라고 불리는 메뉴를 주문하면 된다. 안티쿠초와 각종 고기꼬치 등의 메뉴도 준비되어 있다. 한국에서 쉽게 맛볼 수 있는 돼지 곱창이 한가득 올라오는데, '질리도록' 맛볼 수 있는 양이다.

페루 관련 각종 포털사이트와 오픈 카카오톡Open Kakao Talk 페루방에서 함께 곱창을 먹자는 메시지를 쉽게 볼 수 있을 만큼 인기가 높다. 즉흥적으로 한국인 여행팀을 결성해, 아르마스 광장에 모여 이곳으로 향하는 경우도 많다.

Data 지도 197p-K
가는 법 아르마스 광장에서 도보 17분, 택시로 5분
주소 Av. de la Cultura 404, Cusco 08000, Cusco
전화 8423-1376
운영 시간 월~일 16:00~00:00
가격 음식 15솔~, 음료 7솔~

고품격 음식, 우아한 분위기
안데안 그릴 Andean Grill

아르마스 광장 서북쪽으로 연결된 플라테로스Plateros 골목에는 수준급 레스토랑이 많다. 골목 중간 즈음 자리한 안데안 그릴 역시 그중 하나. 페루 전통 음식이 주메뉴로, 주변 레스토랑보다 인테리어와 음식의 질에 더 신경 쓴 모습이다. 가격대가 약간 높은 만큼, 수준급 식사를 즐길 수 있다. 실내에는 깔끔한 식탁이 가지런히 배치되어 있고, 벽에는 마추픽추 그림, 원주민 장식 등을 비롯해 페루 관련 작품이 걸려있다. 쿠이와 세비체, 각종 스테이크, 로모살타도 등의 메뉴를 주로 주문할 수 있고, 고급 와인리스트가 구비되어 있으며, 피스코 사워도 준비되어 있다.
저녁에는 테이블이 금방 차 약간의 웨이팅이 있을 수 있다. 간혹 원주민 음악가의 아름다운 연주를 감상할 수도 있다. 공연 후에는 1솔 정도의 팁을 주는 것이 좋다. 낮에는 비교적 한적한 분위기 속에서 식사를 즐길 수 있다.

Data 지도 196p-F
가는 법 아르마스 광장에서 도보 3분
주소 Calle Plateros 363, Plaza de Armas, Cusco 08000, Cusco
전화 8423-1376
운영 시간 월~일 11:00~23:00
가격 음식 25솔~, 음료 10솔~

세계 최고 높이의 아이리시 펍
패디스 아이리시 펍 Paddy's Irish Pub

스타벅스 쿠스코 지점 바로 옆에 자리한 아이리시 펍. 비교적 조용한 분위기에서 각종 주류를 마실 수 있다. 세계 맥주와 위스키, 칵테일이 준비되어 있으며, 간단한 안주도 주문할 수 있다. 저녁을 든든하게 먹은 뒤, 2차 즐길 곳을 찾는다면 추천한다. 매일 저녁이 되면 술과 음악을 즐기기 위해 다양한 국적의 여행자가 이곳을 찾는다. 한국인 여행자끼리는 물론 호스텔에서 만난 외국인 친구와 즉흥적으로 찾아 즐거운 시간을 보낼 수도 있다.

입구에 '세계 최고 높이의 아이리시 펍'이라고 적힌 간판이 눈길을 끄는데, 확인할 수는 없지만 쿠스코의 해발고도(3,399m)를 생각하면 믿기 어려운 이야기는 아니다. 아르마스 광장을 내려다보며 가볍게 한두 잔 먹기에 좋다. 단, 고산병이 찾아올 수도 있으므로 과도한 음주는 금물이다.

Data 지도 196p-F
가는 법 아르마스 광장에서 도보 1분
주소 Triunfo 124, Cusco 08000, Cusco
전화 8422-5361 운영 시간 월~일 10:00~01:00
가격 음식 20솔~, 음료 10솔~

다양한 세계 음식을 맛보다
잭스 카페 Jack's Café

아르마스 광장 근처, 쿠스코 동쪽의 언덕 마을 초입에 자리한 카페. 다양한 세계 음식을 판매하며 현지인들이 줄 서서 먹는 맛집으로 유명하다. 남미 음식은 물론 멕시코 음식, 유럽 음식, 호주 음식 등 다양한 음식을 주문할 수 있다.
또한, 수준 높은 커피도 맛볼 수 있다. 에스프레소와 라테는 물론 아포가토와 같은 고급 메뉴도 준비되어 있다. 배낭여행자에게 저렴한 가격은 아니지만, 쿠스코에서 꽤 만족할 만한 식사를 할 수 있다. 트립어드바이저에서 극찬한 곳인 만큼, 꽤 괜찮은 식사를 즐길 수 있다.

Data 지도 196p-F 가는 법 아르마스 광장에서 도보 5분
주소 Choquechaka 509, Cusco 08000, Cusco
전화 8425-4606 운영 시간 월~일 06:00~23:00
가격 음식 20솔~, 음료 10솔~

우아한 한 끼 식사
라 레타마 레스토랑 La Retama Restaurant

아르마스 광장과 면하고 있는 고급 레스토랑. 가게에 들어서면 우선 깔끔한 인테리어가 눈길을 사로잡는다. 매일 저녁 페루 전통 복장을 한 악사들이 고품격 공연을 선보인다. 아르마스 광장의 야경을 배경으로 전통 공연을 보고 있으면, 페루에 있다는 사실을 제대로 실감하게 된다. 세비체와 쿠이, 로모살타도 등 전통 페루 음식을 맛볼 수 있다. 레스토랑과 바를 함께 운영하고 있어서 식사 후 다양한 주류를 주문할 수 있다.

Data 지도 196p-F
가는 법 아르마스 광장에서 도보 1분
주소 Procuradores 320, Cusco 08000, Cusco
전화 8424-2620
운영 시간 월~일 11:00~23:00
가격 음식 25솔~, 음료 10솔~

고품격 스테이크를 맛보고 싶다면
잉카 그릴 Inka Grill

라 레타마 레스토랑 근처에 자리한 음식점. 잉카 그릴은 세계적으로 체인점을 가지고 있는 스테이크 전문 레스토랑이다. 쿠스코 지점은 아르마스 광장에서도 멀지 않아 늘 사람들로 북적인다. 소고기와 돼지고기, 닭고기, 양고기 스테이크 등을 맛볼 수 있고, 질 좋은 쿠이도 주문할 수 있다. 또한, 카베르네 소비뇽, 메를로, 피노 누아르 등 쉽게 맛볼 수 있는 품종의 와인은 물론 남미에서 주로 맛볼 수 있는 말벡 품종의 와인도 준비되어 있다.

Data 지도 196p-F
가는 법 아르마스 광장에서 도보 1분
주소 Portal de Panes 115, Cusco 08000, Cusco
전화 8426-2992
운영 시간 월~일 11:00~23:00
가격 음식 25솔~, 음료 10솔~

부담 없는 페루 음식
파차 맘마 Pacha Mamma

파차 맘마Pacha Mamma는 케추아어로 '대지의 여신'을 뜻한다. 쿠스코 센트로에 페루 음식을 선보이는 음식점이 많은데, 이곳이 유독 눈길을 끄는 이유는 무제한 샐러드 바를 운영하고 있기 때문이다. 쿠이와 세비체 등 메인 요리를 주문하면 샐러드 바를 자유롭게 이용할 수 있다. 당근과 양배추, 상추 등 신선한 채소를 무제한으로 맛볼 수 있다. 쿠스케냐 맥주, 피스코 사워, 와인 등 주류도 준비되어 있다.

Data 지도 196p-F
가는 법 아르마스 광장에서 도보 1분
주소 Calle Plateros 340, Cusco 08000, Cusco
전화 9842-51714
운영 시간 월~일 08:00~23:00
가격 음식 15솔~, 음료 7솔~

이탈리아 정통 피자와 만나다
카르페 디엠 Carpe Diem

플라테로스 골목 중간 지점에 자리한 이탈리안 레스토랑. 트립어드바이저가 선정한 피자 맛집으로, 수준 높은 이탈리안 음식을 맛볼 수 있다. 한국인 여행자보다는 유럽과 남미 여행자 사이에서 더 유명한 편이다. 넓지 않아 보이지만 2층까지 있다. 벽면에는 이탈리아 베니스의 곤돌라 그림을 비롯해 이탈리아 국기, 이탈리아어 경구 등이 보여, 이탈리아 느낌을 물씬 풍긴다. 피자와 파스타, 리소토 등을 주문할 수 있으며, 맥주와 와인도 준비되어 있다.

Data 지도 196p-F
가는 법 아르마스 광장에서 도보 3분
주소 Calle Plateros 361, Cusco 08000, Cusco
전화 8423-2016
운영 시간 화~일 12:00~16:00, 18:30~22:00 휴무 월요일
가격 음식 25솔~, 음료 10솔~

세계 여행자의 입맛을 사로잡은 음식점
초로스 그릴 Cholos Grill

플라테로스 골목 초입 근처에 자리한 남미 음식점. 백색 외벽의 건물이나 간판은 조잡하지만, 내부로 들어서면 남미 특유의 시끌벅적한 분위기와 만날 수 있다. 아르마스 광장 주변에 자리한 고급 레스토랑과 달리 '사람 냄새' 가득한 음식점이다.

다양한 수프와 샐러드 등 애피타이저와 각종 스테이크, 해산물 요리를 주문할 수 있다. 기니피그를 통째로 구운 쿠이, 알파카 스테이크 등 페루에서만 맛볼 수 있는 이색 음식도 준비되어 있다. 시원한 맥주도 함께 주문해보자. 흥겨운 분위기 속에서 남미 음식을 맛보고 싶다면, 망설이지 말고 초로스 그릴로 향하면 된다.

 지도 196p-F
가는 법 아르마스 광장에서 도보 1분 **주소** Calle Plateros 323, Cusco 08000, Cusco **전화** 8423-2329
운영 시간 월~일 10:30~23:00 **가격** 음식 15솔~, 음료 10솔~

제대로 된 페루 음식을 맛보려면
모레나 페루비안 키친 Morena Peruvian Kitchen

제대로 된 페루 음식을 맛보고 싶다면, 아르마스 광장 근처의 모레나 페루비안 키친으로 향하는 것도 좋다. 트립어드바이저에서 여행자들에게 무려 95%의 만족도를 얻은 만큼 음식 맛에 대한 걱정은 접어도 좋다.

오픈형 키친에서 조리하기 때문에 위생면에서도 안심할 수 있고, 식재료도 늘 최고의 신선도를 유지한다. 우아하고 깔끔한 분위기 속에서 수준 높은 음식을 즐길 수 있는 만큼 가격대는 주변 레스토랑에 비해 높은 편. 소고기부터 알파카 스테이크, 안티쿠초, 쿠이, 세비체까지 페루에서 맛볼 수 있는 거의 모든 음식이 준비되어 있다.

Data 지도 196p-F
가는 법 아르마스 광장에서 도보 5분
주소 Calle Plateros 348, Cusco 08000, Cusco
전화 8443-7832
운영 시간 월~일 12:00~22:00
가격 음식 30솔~, 음료 10솔~

최고의 전망, 최고의 분위기
림부스 레스토바 Limbus Restobar

쿠스코 센트로 동쪽, 언덕 지역에 자리한 레스토랑 겸 바로, 멋진 전망으로 유명하다. 매일 해 질 녘이면 노을과 야경을 보기 위해 많은 여행자가 찾아온다. 한국인 여행자 사이에서도 제법 입소문을 탄 곳이다. 대부분 전망을 보면서 술 한잔을 즐기기 위해 이곳을 찾는다. 아르마스 광장에서 출발하는 시티 투어에 참여하면 종종 이곳을 들르기도 한다. 운이 좋으면 가이드가 페루의 대표 음식인 세비체와 피스코 사워를 만드는 모습을 볼 수도 있다.

Data 지도 197p-C 가는 법 아르마스 광장에서 도보 10분 주소 Calle Pasñapakana 133, Cusco 08000, Cusco 전화 8443-1282 운영 시간 월~토 08:00~00:00, 일 14:00~ 가격 음식 15솔~, 음료 10솔~

여행자가 인정한 고급 음식점
파프리카 Paprika

플라테로스 골목 중간에 자리한 고급 음식점. 골목을 따라 5분 정도 걷다 보면 백색 건물에 새겨진 검정색 피망 모양의 부조가 눈에 띈다. 음식 맛은 물론 시설과 서비스 모두 수준급이다. 트립어드바이저 등 여행 정보 사이트에서 여행자들에게 높은 만족도를 얻었다. 음식의 배치는 물론 소스 하나하나까지 셰프의 정성이 깃들어 있어, 맛을 보기도 전에 카메라부터 꺼내게 될지 모른다. 페루 음식이 주메뉴인데, 여행자에게는 스테이크가 인기 있다.

Data 지도 196p-E 가는 법 아르마스 광장에서 도보 5분 주소 Calle Plateros 385, Cusco 08000, Cusco 전화 8425-2330 운영 시간 월~일 16:00~22:00 가격 음식 30솔~, 음료 10솔~

쿠스코 최고의 하룻밤
아란와 쿠스코 부티크 호텔 Aranwa Cusco Boutique Hotel

아르마스 광장 서쪽에 자리한 5성급 호텔. 아란와 쿠스코 부티크 호텔의 규모는 제법 크지만, 규모에 비해 적은 43개의 객실만 준비되어 있다. 객실 수가 적은 만큼, 소수의 투숙객에게 최고의 서비스를 제공한다. 클래식룸, 디럭스룸, 슈피리어 디럭스룸 등이 준비되어 있다. 호텔 로비와 복도에는 남미 현대 작가의 작품이 여럿 걸려 있는데, 천천히 걷고 있으면 마치 오래된 박물관을 찾은 듯하다. 중앙에 있는 우아한 정원 한쪽에 고산병을 예방하는 코카차와 제철 과일이 비치되어 있는데, 투숙객이라면 24시간 언제든 먹을 수 있다. 복도에서 만나거나 식사할 때마다 종업원들이 투숙객의 컨디션을 일일이 점검하는 등 호텔에 머무는 동안 대접받는 느낌을 준다.

아르마스 광장, 대성당, 12각돌, 로레토 거리, 코리칸차, 산 페드로 마켓 등 쿠스코 주요 명소와 고급 레스토랑이 많은 플라테로스 거리와 가깝고, 쿠스코의 각종 당일치기 투어를 예약할 수 있는 여행사도 호텔 주변에서 쉽게 찾을 수 있다. 쿠스코 공항을 이용할 경우 필수인 웹 체크인과 전자 티켓 출력도 리셉션에 요청하면 된다. 뷔페식 조식을 제공하며, 비즈니스 라운지를 갖추었다. 리셉션에서 각종 투어도 연결해준다. 홈페이지를 통해 미리 예약하는 것을 추천한다.

Data 지도 196p-E 가는 법 아르마스 광장에서 도보 5분
주소 San Juan de Dios 255, Cusco 08000, Cusco 전화 8460-4444 요금 1박 700솔~
홈페이지 www.preferredhotels.com

이보다 더 좋을 수 없는 스테이
팔라시오 델 잉카 Palacio del Inka

스페인어로 '잉카의 궁전'이란 뜻으로, 세계적인 대형 호텔 체인 스타우드 계열(SPG) 호텔이다. 5성급 호텔로, 최고 수준의 시설과 서비스를 경험할 수 있다. 코리칸차가 호텔 바로 앞에 있고, 쿠시칸차, 아르마스 광장도 가깝다. 203개가 금연 객실이며, 디럭스룸, 프리미엄룸, 스위트룸 등이 있다. 전용 레스토랑과 라운지, 풀서비스 스파 그리고 전용 피트니스 센터와 컨퍼런스 센터, 테라스 등 다양한 부대시설을 갖추었다. 잉카의 심장 쿠스코까지 왔는데, 하루 정도 고급 호텔에서 묵으면 평생 잊지 못할 추억이 될 것이다.

Data **지도** 196p-F **가는 법** 아르마스 광장에서 도보 7분
주소 Plazoleta Santo Domingo 259, Cusco 08002, Cusco
전화 8423-1961 **요금** 1박 1000솔~

시설과 서비스 모두 만점
JW 메리어트 엘 콘벤토 쿠스코 JW Marriott El Convento Cusco

아르마스 광장 동쪽에 자리한 5성급 호텔. 세계 곳곳에 체인점을 둔 고급 호텔&리조트 그룹 메리어트의 쿠스코 지점이다. 153개의 객실이 준비되어 있고, 호텔 내 2개의 레스토랑, 풀서비스 스파, 실내 수영장 등의 부대시설을 갖추었다. 싱글룸, 트윈룸, 트리플룸이 있다.

웅장한 대문을 통과해 로비로 들어서면 화려한 금박 장식의 리셉션 건물과 마주하게 된다. 고급 소파가 비치된 로비 라운지와 다양한 조각이 전시된 복도의 인테리어가 메리어트의 명성을 짐작하게 한다. 대규모 중정은 마치 쿠스코의 오래된 유적을 방문한 느낌을 주고, 중정 사방으로 전시된 작품을 구경하는 재미도 쏠쏠하다. 쿠스코에서의 완벽한 하룻밤을 기대한다면, JW 메리어트 엘 콘벤토 쿠스코에 묵는 것도 좋은 선택이다.

Data **지도** 196p-F **가는 법** 아르마스 광장에서 도보 5분
주소 Esquina de la Calle Ruinas 432 y San Agustin Cusco, Cusco 08001, Cusco
전화 8458-2200 **요금** 1박 1000솔~

합리적인 가격의 3.5성급 호텔
코스타 델 솔 라마다 쿠스코 Costa del Sol Ramada Cusco

아란와 쿠스코 부티크 호텔 같은 고급 숙소가 부담이지만 편안한 휴식을 원한다면 코스타 델 솔 라마다도 좋은 선택이 될 수 있다. 아르마스 광장 서쪽에 자리한 3.5성급 호텔로, 5성급 숙소 못지 않은 시설과 서비스를 자랑한다. 총 90개 객실. 전용 레스토랑, 컨퍼런스 센터를 갖추었고, 가운데에 고풍스러운 정원이 있다. 호텔 어디서나 무료 와이파이를 이용할 수 있고, 각종 투어 신청 시 호텔 앞까지 픽업 차량이 오는 서비스도 제공한다. 아르마스 광장을 비롯해 산 페드로 마켓, 코리칸차 등 쿠스코 명소까지 도보로 이동할 수 있는 것도 장점이다. 또한, 도보 5분 거리 내 유명 레스토랑과 카페도 많다.

Data 지도 196p-E
가는 법 아르마스 광장에서 도보 5분
주소 Santa Teresa 344, Cusco 08000, Cusco
전화 8422-1269
요금 1박 450솔~

세계적인 브랜드 호텔
노보텔 쿠스코 Novotel Cusco

세계적인 브랜드 호텔 노보텔의 런던과 파리, 뉴욕 지점은 현대적인 시설로 꾸며져 있고, 쿠스코는 모로코나 이집트 지점처럼 현지 문화에 맞춰 잉카 시대 석조 건물을 모티브로 했다. 총 99개 객실. 전 객실은 금연 객실로 운영 중이다.
싱글룸, 트윈룸이 준비되어 있고, 전용 레스토랑과 바, 라운지를 갖추었다. 코리칸차를 비롯해 쿠스코 주요 명소와 가깝다.

Data 지도 196p-F
가는 법 아르마스 광장에서 도보 5분
주소 Calle San Agustin 239, Cusco 08000, Cusco
전화 8458-1030
요금 1박 330솔~

아르마스 광장을 내려다보다
엘 비레이 부티크 El Virrey Boutique

아르마스 광장 바로 옆에 자리한 3성급 숙소. 군더더기 없는 시설과 서비스를 자랑하고, 부티크Boutique라는 명칭에 어울리는 아기자기한 인테리어가 특징이다. 전 객실은 총 12개뿐이라, 적어도 투숙하기 며칠 전에 미리 예약해야 한다. 싱글룸과 트윈룸이 준비되어 있다. 무엇보다 엘 비레이 부티크의 강점은 뛰어난 접근성으로, 숙소를 나서면 바로 아르마스 광장과 연결되는 점이 좋다. 쿠시칸차, 코리칸차 등 쿠스코 주요 명소로 이동하기도 쉽다.

Data **지도** 196p-F **가는 법** 아르마스 광장에서 도보 1분
주소 Portal Comercio N°165, Plaza de Armas, 084, Cusco 08000, Cusco **전화** 8422-1771 **요금** 1박 270솔~

합리적인 가격과 고급 서비스를 동시에
산 아구스틴 인터나시오날 호텔
San Agustin Internacional Hotel

쿠시칸차 유적 바로 옆에 자리한 3.5성급 호텔. 총 77개 객실. 싱글룸, 더블룸, 트리플룸, 스위트룸 등이 있다. 조식이 포함되어 있으며, 영어와 스페인어에 능통한 직원이 24시간 상주하고 있어 편하다. 셀프서비스로 세탁 시설도 이용할 수 있다. 또한, 쿠스코 근교 투어에 참여할 경우 픽업 차량이 호텔 앞까지 온다.

Data **지도** 196p-F **가는 법** 아르마스 광장에서 도보 5분
주소 Calle San Agustin, Cusco 08000, Cusco
전화 8422-2322 **요금** 1박 270솔~

세계 배낭여행자를 사로잡은 곳
와일드로버 백패커스 호스텔 쿠스코 Wild Rover Backpackers Hostel Cusco

세계적인 관광 도시 쿠스코는 유독 배낭여행자를 상대로 한 저렴한 숙소가 많다. 그중 와일드로버 백패커스 호스텔은 트립어드바이저에서 늘 상위권을 차지하는 호스텔. 화장실이 있는 객실과 없는 객실로 나뉘며 혼성 도미토리룸, 여성 전용 도미토리룸도 있다.
복도에 보안 카메라가 설치돼 있지만 수많은 여행자가 오가는 곳이니, 소지품 보안에 유의해야 한다. 개인 사물함이 있지만 자물쇠는 한국에서 미리 준비해 가는 것이 좋다.

Data 지도 196p-E
가는 법 아르마스 광장에서 도보 10분
주소 Cuesta de Sta. Ana 782, Cusco 08000, Cusco
전화 8422-7546
요금 1박 35솔~

쿠스코 배낭여행자의 성지
펠릭스 백패커스 호스텔
Felix Backpackers Hostel

배낭여행자에게 인기 있는 호스텔이다. 아르마스 광장에서 약 5분 정도 이동하면 백색 외관의 호스텔이 눈에 띈다. 싱글룸과 더블룸, 트리플룸, 패밀리룸이 준비되어 있다.
매우 저렴하게 묵을 수 있으며, 아르마스 광장을 비롯한 쿠스코 주요 명소도 가깝다. 하지만 건물과 시설이 낙후된 편이며 일부 객실은 공용 욕실을 사용해야 한다.

Data 지도 196p-F
가는 법 아르마스 광장에서 도보 5분
주소 Tecsecocha 171, Cusco
전화 9849-64957 **요금** 1박 35솔~

저렴한 가격, 멋진 전망
선셋 하우스 호스텔
Sunset House Hostel

아르마스 광장 동쪽, 쿠스코 센트로 언덕 지역에 자리한 호스텔. 더블룸과 트윈룸 그리고 혼성 도미토리룸이 준비되어 있다. 더블룸을 제외한 다른 객실은 공용 샤워실을 써야 하지만, 불편함을 감안할 만큼 가성비가 좋은 숙소다.
높은 곳에 자리해 쿠스코의 아름다운 전망을 즐길 수 있다. 숙소에서 바라보는 쿠스코의 일출과 일몰은 보너스다.

Data 지도 196p-B
가는 법 아르마스 광장에서 도보 10분
주소 Tandapata 353-B San Blas, Cusco
전화 8423-7370 **요금** 1박 35솔~

저렴한 숙소의 교과서
잉카 와일드 호스텔 Inka Wild Hostel

아르마스 광장 주변에 자리한 저렴한 호스텔. 4, 6, 8, 10, 12, 18인 도미토리룸과 트윈룸이 준비되어 있다. 가격을 최우선으로 생각했을 때 추천할 만한 숙소.
아르마스 광장은 물론 쿠스코 주요 명소와의 뛰어난 접근성을 자랑한다. 다양한 언어를 구사하는 직원이 늘 상주하고 있으며 보안과 청결도도 높은 편.

Data 지도 196p-J
가는 법 아르마스 광장에서 도보 5분
주소 Matara 261, Cusco 08000, Cusco
전화 8422-1515
요금 1박 40솔~

페루를 대표하는 체인 호스텔
파리와나 호스텔 쿠스코
Pariwana Hostel Cusco

미라플로레스 초입에 자리한 파리와나 호스텔에 묵었던 여행자라면 이곳을 찾을 확률이 높다. 혼성 도미토리룸과 여성 전용 도미토리룸이 있으며, 한 푼이 아쉬운 배낭여행자에게는 최고의 가성비를 자랑한다. 청결도와 보안도 뛰어나다. 조식으로 간단한 빵과 커피를 제공한다. 외국인 여행자와 함께 투어를 즐기고 싶다면 추천한다.

Data 지도 196p-F
가는 법 아르마스 광장에서 도보 5분
주소 C, Meson de la Estrella 136, Cusco
전화 8423-3751 요금 1박 40솔~

가성비 최고의 숙소
에코패커스 Ecopackers

쿠스코 센트로 중심에 자리한 배낭여행자 전용 숙소. 8, 10, 12, 15, 18인 도미토리룸과 1인실, 2인실이 준비되어 있다. 여행자들에게 위치와 시설, 청결, 보안, 분위기 모두 높은 만족도를 얻은 가성비 좋은 숙소다. 남미 호스텔에서 가장 우려되는 점이 청결도인데, 침구를 매일 관리하기 때문에 베드버그에 대한 우려는 하지 않아도 좋다.

Data 지도 196p-E
가는 법 아르마스 광장에서 도보 3분
주소 Santa Teresa 375, Cusco
전화 8423-1800 요금 1박 40솔~

Peru by Area

06

푸노
PUNO

페루 남동부, 티티카카 호수에 면한 도시.
페루 대표 고산 도시 가운데 하나로,
해발 3,830m에 자리한다. 쿠스코와 라파스
가운데 자리하고 있어 서로를 잇는 경유지
역할도 하는 곳. 높은 곳에 자리한 만큼,
티티카카 호수가 선사하는 멋진 풍경을
볼 수 있다. 여행자는 보통 센트로를
둘러본 후, 당일치기로 티티카카 호수에 있는
우로스섬과 타킬레섬 투어에 참여한다.

Puno
PREVIEW

세계에서 가장 높은 곳에 자리한 티티카카 호수를 품고 있다. 볼리비아 국경과 가까워
볼리비아로 넘어가는 여행자와, 볼리비아에서 넘어오는 여행자가 만나 늘 북적인다.
갈대를 엮어 만든 우로스섬, 고품격 직물이 생산되는 타킬레섬 등
티티카카 호수에서 살아가는 원주민과 만나는 것도 특별한 경험이다.

SEE

볼거리는 크게 센트로와 주변 섬으로 나뉜다. 여행자는 푸노에서 1박 2일 혹은 2박 3일 동안 머무는데, 보통 오후에 도착하기 때문에 최소 2박 3일 머무는 것을 추천한다. 하루는 아르마스 광장과 엘 콘도르 전망대, 퓨마 우타 전망대 등 센트로에 있는 주요 명소를 둘러보고, 다음 날 하루는 당일치기로 우로스섬과 타킬레섬 투어에 참여하면 알찬 2박 3일을 보낼 수 있다.

EAT

아르마스 광장 주변으로 여행자를 상대로 한 레스토랑이 많다. 쿠이와 세비체 등 페루 전통 음식을 판매하는 레스토랑부터, 파스타와 피자, 햄버거 등을 판매하는 서양식 레스토랑까지 다양하다. 특히, 푸노는 티티카카 호수와 맞닿아 있어 호수에서 갓 잡은 물고기 요리를 선보이는 레스토랑이 많은데, 그중 현지어로 트루차Trucha로 불리는 송어구이는 꼭 맛보자.

BUY

아르마스 광장 주변에서 기념품숍을 쉽게 발견할 수 있다. 라마 인형, 마그네틱, 전통 의상 등 페루하면 떠올릴 수 있는 기념품을 살 수 있으며, 흥정은 필수다. 우로스섬과 타킬레섬에서는 원주민이 직접 만든 공예품을 살 수 있으니 기억해두자. 발품만 잘 팔면 괜찮은 아이템을 얻을 수 있다. 단, 우로스섬과 타킬레섬의 일반 매장, 가정집, 길거리 가판대 어디에서든 흥정은 필수.

SLEEP

아르마스 광장 주변으로 합리적인 가격대의 숙소가 많다. 호스텔도 있지만, 3성급 호텔의 저렴한 숙소가 많으니 체크해두자. 일행이 있다면 호스텔보다 비교적 청결하고, 안전한 중저가 호텔을 추천한다. 무엇보다, 버스터미널과 주요 명소 등이 가깝다. 센트로에서 차로 약 10~15분 거리에 고품격 호텔이 있는데, 가격은 비싸지만 티티카카 호수가 한눈에 내려다보인다.

우로스섬

타킬레섬

Puno
GET AROUND

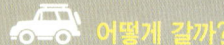 어떻게 갈까?

1. 버스 Bus

푸노 센트로 중심, 티티카카 호수와 면한 곳에 버스터미널이 있다. 크루즈 델 수르Cruz del Sur, 텝사Tepsa, 시바Civa, 플로레스Flores 등 다양한 회사의 버스가 한데 모여 있고, 볼리비아 국경이 가까워서 볼리비아 회사의 버스도 많은 편. 푸노에 도착했을 때 이동할 도시의 버스 티켓을 예약하는 게 좋다. 다양한 버스 회사가 모여 있으므로, 부스를 돌며 흥정할수록 저렴하게 티켓을 살 수 있다.
아레키파까지 약 6시간, 쿠스코까지 약 6시간, 리마까지 약 20시간, 라파스까지 약 4시간 30분 정도 걸린다. 특히, 볼리비아에 갈 예정이라면 버스 티켓을 반드시 미리 예매하자. 볼리비아로 떠나는 여행자도 많고, 파업이 잦아 미리 예매하는 것이 안전하다.

2. 항공 Airplane

푸노에는 공항이 없다. 푸노에서 북쪽으로 차로 1시간 거리에 있는 훌리아카Juliaca에 잉카 망코 카팍 국제공항이 있는데, 단체 여행객의 경우 이 공항에서 비행기로 이동하기도 한다. 비행시간은 리마까지 1시간 40분, 쿠스코까지 1시간 정도 소요된다. 쿠스코나 라파스에서는 푸노가 가까워 추천하지 않지만, 리마에서 이동한다면 비행기가 유리하다.

훌리아카 잉카 망코 카팍 국제공항(JUL)에서 푸노로 가기

잉카 망코 카팍 국제공항Aeropuerto Internacional de Inca Manco Capac은 훌리아카 도심 기준, 북쪽으로 6km 정도 지점에 있다. 공항에서 푸노로 이동하려면 우선 훌리아카 버스터미널로 가야 한다. 훌리아카 버스터미널에서 푸노까지 갈 수 있는 교통수단은 장거리 버스, 콜렉티보, 콤비버스 등 다양하다. 택시나 콤비버스 등을 타면 25분 정도 내외로 소요된다. 단, 큰 짐이 있다면 장거리 버스를 추천한다.

어떻게 다닐까?

1. 택시 Taxi
푸노 센트로에서 가장 편리한 교통수단. 외곽 지역으로 이동할 경우엔 택시를 이용하는 게 가장 좋다. 푸노 센트로 주변에서 택시를 쉽게 잡을 수 있지만, 흥정은 필수다. 일행이 여러 명일 경우 높은 요금을 부르기도 하는데, 그럴 때는 과감하게 돌아서자.

2. 콤비버스 Combi Bus
보통 콜렉티보 형태의 작은 봉고차를 콤비버스라고 하지만, 일반 승용차도 해당된다. 푸노 외곽에서 푸노 버스터미널로 가거나 버스터미널에서 훌리아카 센트로로 갈 경우 콤비버스를 이용할 수 있다. 약간의 불편함을 감수하면 저렴하게 이동할 수 있다.
단, 차에 타기 전 운전기사에게 행선지를 꼭 물어볼 것. 현지인도 행선지를 잘 모를 만큼 노선이 복잡하다.

3. 도보
푸노 센트로 내, 아르마스 광장에서 티티카카 호수 주변 그리고 재래시장 등 대부분의 주요 명소는 모여 있어 도보로 다닐 수 있다. 또한, 호수 반대편 언덕에 있는 엘 콘도르 전망대나 퓨마 우타 전망대 등도 차로 접근하기 어렵다.

INFO
훌리아카 잉카 망코 카팍 국제공항 Aeropuerto Internacional de Inca Manco Capac
Data 주소 Aeropuerto, Juliaca 전화 9997-60088

푸노 버스터미널 Terminal Terrestre Puno
Data 주소 Expreso Internacional Ormeño, Puno 전화 5136-4737

긴급 전화번호
경찰·구급차 105
화재 신고 116

PERU BY AREA 06
푸노

Puno
TWO FINE DAYS

푸노는 쿠스코와 라파스 사이에 자리해 대부분의 여행자가
1박 2일이나 2박 3일 정도 짧게 머문다. 보통 하루는
아르마스 광장, 푸노 대성당, 엘 콘도르 전망대 등이 있는 푸노 센트로를 둘러보고,
나머지 하루는 티티카카 호수에 있는 우로스섬과 타킬레섬을 간다.

1일차

09:00
푸노 관광의 시작,
아르마스 광장 둘러보기

→ 도보 1분

09:30
웅장한 고딕 외관의
푸노 대성당 관람하기

→ 도보 20분

11:00
엘 콘도르 전망대에서
티티카카 호수 조망하기

↓ 도보 20분

17:00
아르마스 광장에서
노을 감상하기

← 도보 10분

14:00
현지인의 휴식처,
피노 공원에서 휴식하기

← 도보 5분

13:00
푸노의 중심,
리마 거리 구경하기

2일차

07:00
푸노 선착장에서
이동하기

보트
20분

09:00
우로스섬
원주민과의 만남 갖기

보트
1시간 30분

12:00
직물 공예로 유명한
타킬레섬 투어하기

트래킹 1시간

16:00
푸노 선착장 복귀 후
휴식하기

보트
2시간

13:00
타킬레섬에서 트레킹,
그리고 점심 식사하기

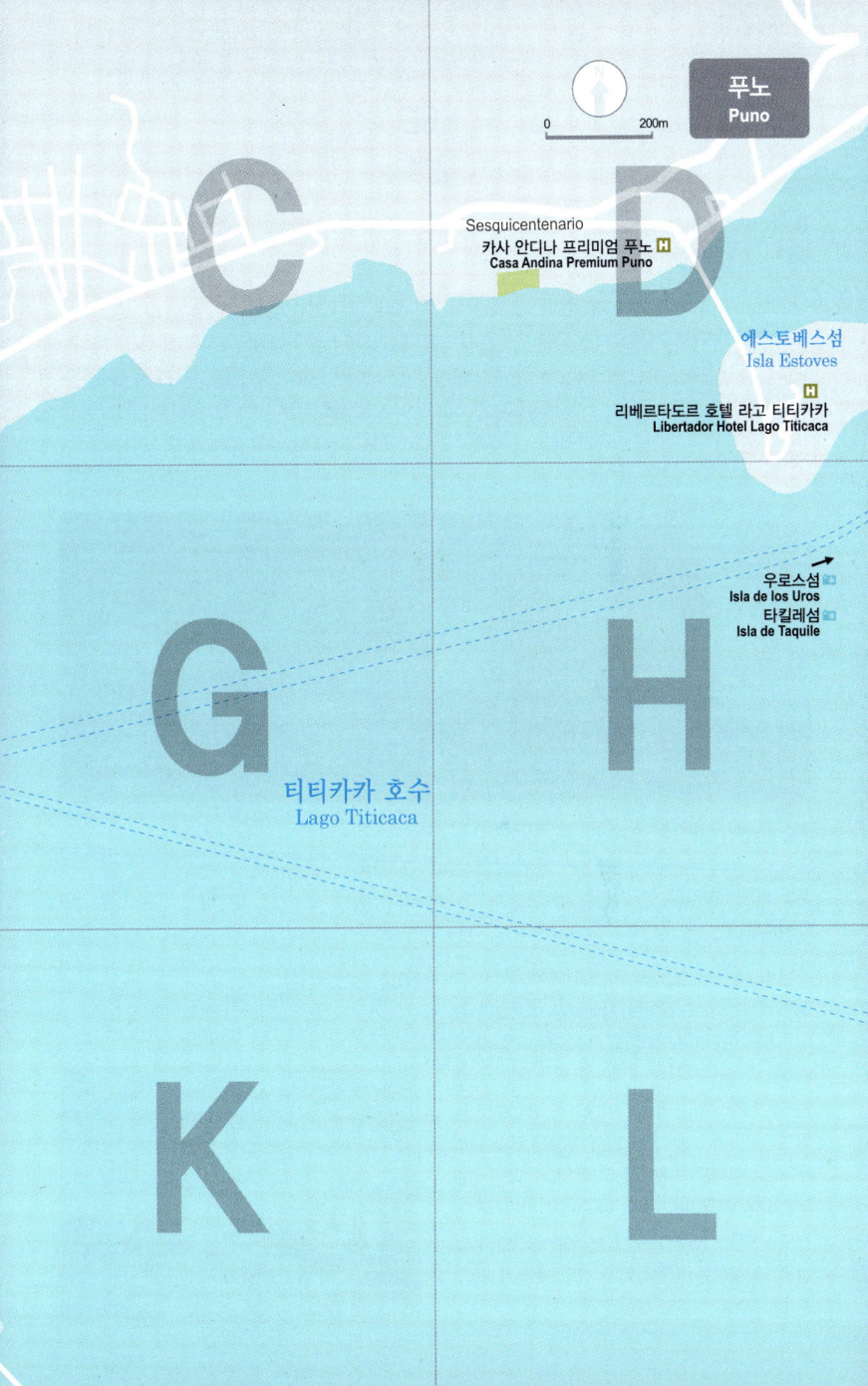

PERU BY AREA 06
푸노

SEE

푸노에서 가장 아름다운 건물
푸노 대성당 Puno Catedral

아르마스 광장 바로 옆에 자리한다. 스페인 식민지 시대 당시 세워졌으며, 이후 푸노의 상징과도 같은 건물이 되었다. 특유의 웅장한 외관은 쿠스코 대성당이나 리마 대성당과 어깨를 나란히 할 정도다. 성당 내부는 사진 촬영이 가능하지만, 플래시 기능은 꺼야 하고 셔터음을 무음으로 설정하는 것이 에티켓. 또한, 미사가 진행되고 있다면 선글라스와 모자를 벗어야 한다. 푸노에서 '만남의 장소'로 통하는 대성당 앞 돌계단에서는 지인을 기다리는 현지인과 여행자를 쉽게 볼 수 있다.

Data **지도** 246p-I | **가는 법** 아르마스 광장에서 도보 1분 **주소** Jr. Deustua 458, Puno **전화** 8424-6806

푸노 관광의 시작점
아르마스 광장 Plaza de Armas

호반 도시 푸노 센트로에도 중심에 아르마스 광장이 있고, 바로 옆에는 공식처럼 대성당이 붙어 있다. 아르마스 광장을 중심으로 고품격 레스토랑과 분위기 있는 카페, 중저가 호텔, 여행사 등이 몰려있다. 또한, 아르마스 광장부터 북쪽 피노 공원Parque Pino까지 이어진 리마 거리 Jr. Lima 주변은 여행자로 가득하다. 매년 2월 무렵이면 아르마스 광장 일대에서 칸델라리아 성모 축제가 펼쳐지는데, '태국에 송크란이 있다면, 페루에는 칸델라리아 성모 축제가 있다'는 말이 있을 정도로 특별한 추억을 선물한다.

Data **지도** 246p-I
가는 법 푸노 버스터미널에서 도보 15분
주소 Jr. Deustua 458, Puno

티티카카 원주민의 문화를 엿보다
코카&의상 박물관 Coca Museum&Customs

아르마스 광장 남서쪽에 자리한 작은 박물관. 티티카카 호수와 안데스산맥 주변에 거주하는 페루와 볼리비아 원주민들의 전통문화를 살펴볼 수 있는 곳이다. 평소 페루 원주민이 입고 다니는 화려한 무늬를 자랑하는 전통 의상의 유래는 잉카 제국 시절까지 거슬러 올라가는데, 박물관에서 그 유래를 확인할 수 있다.

또한, 페루와 볼리비아 등에서 재배되어 약재로 쓰이는 코카잎을 공부할 수도 있다. 박물관에 전시된 코카 관련 자료, 유래와 특징 등을 보다 보면 코카잎이 정확히 어떤 효능이 있는지 알 수 있다. 일부러 찾아갈 정도로 임팩트 있는 명소는 아니지만, 코카와 페루 원주민 문화를 배우기에는 더할 나위 없는 곳이다. 만약 원주민 전통 의상을 구매하고 싶다면, 이곳에서 구매하면 좋다. 혹은, 이곳에서 가방이나 모자 등을 눈여겨본 후 기념품숍이나 시장에서 비슷한 물건을 구매해도 좋다.

Data 지도 246p-I
가는 법 아르마스 광장에서 도보 5분
주소 llave 581, Puno
전화 5120-9420
운영 시간 월~토 09:00~19:00, 일 15:00~ 요금 5솔~

푸노의 상업 지구
리마 거리 Jr. Lima

아르마스 광장에서 시작해 피노 공원까지 이어진 거리. 한 블록 옆에 자리한 히론 아레키파Jiron Arequipa 거리와 함께 푸노 최대 규모의 상업 지구를 형성한다. 거리 좌우로 수준급 레스토랑과 분위기 있는 카페, 우로스섬&타킬레섬 투어를 신청할 수 있는 여행사, 기념품숍, 중저가 호텔 등이 즐비하다.

푸노에서 가장 번화한 곳인 만큼 온종일 유동 인구가 많다. 유명 레스토랑은 웨이팅이 있을 수 있으니 이른 시간에 찾는 것을 추천한다. 각종 축제와 거리 예술가의 공연도 열리는 등 볼거리도 많은 편이다.

Data 지도 246p-E
가는 법 아르마스 광장에서 도보 2분
주소 Jr. Lima, Puno

작지만 알찬 공원
피노 공원 Parque Pino

리마 거리와 히론 아레키파 거리 사이에 자리한 작은 공원. 분수와 잔디밭이 있어 여행자는 물론 현지인에게도 소중한 휴식 공간이 되어준다. 아르마스 광장의 북적거림을 피해 '만남의 장소'로 선택하기도 한다. 웅장한 외관이 일품인 산 후안 성당Iglesia de San Juan과 대중 미술 박물관Museo de Arte Popular, 사람 냄새 가득한 중앙 시장이 근처에 있어 함께 둘러보는 것도 좋다. 또한 볼리비아 영사관이 근처에 있어 평일 아침이면 볼리비아 비자를 받기 위한 여행자들이 공원으로 몰린다.

Data 지도 246p-E
가는 법 아르마스 광장에서 도보 7분 **주소** Parque Pino, Puno

원주민의 실생활을 엿보다
푸노 중앙 시장 Mercado Central Puno

피노 공원 동쪽에 자리한 실내형 재래시장. 푸노에서 가장 큰 시장으로 채소, 과일, 육류, 생선, 꽃, 기념품 등을 취급하는 상점이 구획별로 나뉘어 있으며, 총 2층이다. 푸노 지역 주민은 식재료를 살 때 이곳을 찾는다. 1솔짜리 동전을 두고 줄다리기하는 상인과 현지인의 모습을 바라보면, 치열한 삶의 현장이 따로 없.
볼리비아 우유니나 쿠스코 안데스산맥 주변으로 떠날 예정이라면, 이곳에서 두꺼운 스웨터나 장갑, 모자 등을 구매하는 것도 좋다. 손재주가 좋은 원주민이 직접 제작해 높은 퀄리티의 물건을 구매할 수 있는데, 여러 상점을 돌면서 흥정할수록 더욱 저렴하게 살 수 있다.
2층에 있는 식당에서는 티티카카 호수의 송어로 만든 트루차, 소고기로 만든 로모살타도 등의 음식을 저렴하게 맛볼 수 있다.

Data 지도 246p-E
가는 법 아르마스 광장에서 도보 7분
주소 Oquendo 154, Puno
운영 시간 월~일 07:00~21:30

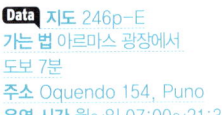

티티카카 호수를 조망하는 최고의 방법

엘 콘도르 전망대 Mirador El Condor

푸노에는 티티카카 호수를 조망할 수 있는 전망대가 몇 군데 있는데, 그중 엘 콘도르 전망대가 가장 유명하다. 두 날개를 양쪽으로 활짝 편 채로 티티카카 호수를 향해 서 있는 콘도르 조형물은 푸노 센트로 어디에서도 쉽게 볼 수 있다. 아르마스 광장이나 푸노 선착장에서 먼 이곳, 엘 콘도르 전망대의 콘도르 조형물을 본다면 전망이 궁금해서라도 오게 될 것이다.

언덕에 자리한 엘 콘도르 전망대로 오르는 길은 오르막길과 계단으로 이루어져 꽤 험난하다. 또한, 푸노는 고산 도시이므로 전망대에 오를 때는 평소보다 천천히 걷고, 물을 많이 마셔야 고산병을 예방할 수 있다. 코카사탕도 상비하자.

콘도르 전망대에서는 푸노 센트로 전경과 그 뒤로 시원하게 펼쳐진 티티카카 호수가 한눈에 보인다. 멋진 풍경 덕분에 현지인도 종종 찾는 곳이다. 페루의 잉카 유적지에서 종종 볼 수 있는 것처럼, 전망대 주변에서 기념품을 판매하는 원주민이나 약간의 팁을 주면 기념사진을 찍을 수 있는 원주민을 볼 수 있다. 치안을 생각해서 저녁보다는 낮에 오르는 것을 추천한다.

Data 지도 246p-I
가는 법 아르마스 광장에서 도보 25분
주소 Mirador El Condor, Puno
운영 시간 월~일 06:00~23:45

콘도르 조형물

잉카 제국의 초대 왕
망코 카팍 전망대 Mirador Manco Capac

아르마스 광장에서 가장 가까운 전망대라 제법 많은 여행자가 찾는다. 망코 카팍Manco Capac은 잉카 제국의 초대 왕으로, 티티카카 호수 인근에서 태어났다. 전망대에 오르면 푸노 시내와 티티카카 호수를 내려다보고 있는 백색의 망코 카팍 동상이 보인다. 마찬가지로 저녁보다는 낮에 오르는 것을 추천한다.

망코 카팍 동상

Data 지도 246p-I
가는 법 아르마스 광장에서 도보 10분
주소 Mirador Manco Capac, Puno

성스러운 동물 전망대
퓨마 우타 전망대 Mirador Puma Uta

엘 콘도르 전망대와 더불어 티티카카 호수를 멋지게 조망할 수 있는 명소로 유명하다. 엘 콘도르 전망대의 인기에는 미치지 못하지만, 퓨마 우타 전망대에서 보이는 티티카카 호수의 풍광 역시 근사하다. 엘 콘도르 전망대와 마찬가지로 퓨마 동상 아래 자리한 계단을 끝까지 오르면, 전방에 티티카카 호수와 푸노 시내 전경이 한눈에 내려다보인다. 엘 콘도르 전망대와 퓨마 우타 전망대는 서로 다른 전망을 볼 수 있기 때문에 시간이 된다면 모두 둘러보는 것도 좋다.

퓨마 동상

Data 지도 246p-A
가는 법 아르마스 광장에서 도보 30분, 택시로 10분
주소 Mirador Puma Uta, Puno
전화 9253-56543

> **Tip** 잉카인들은 퓨마를 신성시했다?
> 페루와 볼리비아에서는 퓨마와 관련된 고대 잉카 유적을 쉽게 볼 수 있다. 옛 잉카인들은 퓨마가 땅을 지배한다고 믿었다. 그런 세계관에 따라 퓨마는 잉카인들이 가장 신성시하는 동물이 되었고, 지금도 그 전통이 이어지고 있다.

갈대를 엮어 만든 섬
우로스섬 Isla de los Uros

티티카카 호수 위에 토토라 갈대를 엮어 만든 인공섬으로, 푸노를 방문하는 여행자 중 절반 이상이 우로스섬을 찾는다. 오래전부터 티티카카 호수 위에 터를 잡고 살아가는 원주민들과 만날 수 있다. 우로스섬의 원주민들은 물에 닿은 갈대 부분이 썩으면 새로운 토토라 갈대를 겹쳐 쌓아 섬이 가라앉지 않도록 한다. 토토라 갈대가 많이 자생하는 곳 근처에 40여 개의 섬이 옹기종기 모여 둥둥 떠 있다. 섬에 도착하면 우로스섬에서 살아가는 원주민들이 전통 노래와 춤으로 환영해준다.

이후 토토라를 엮어 만든 전통 배에 올라 섬 주변을 둘러보게 되는데, 원주민의 공연은 배 안에서도 계속 펼쳐진다. 토토라 전통 배 탑승을 마친 후에는 섬 가운데에 있는 공간에 둘러앉아 원주민의 생활 모습을 엿본다. 그들은 토토라 갈대를 엮어 섬을 유지하는 방법을 설명하기도 하고, 티티카카 호수에서 잡아 올린 물고기와 기르는 가축을 직접 보여주기도 한다. 설명이 끝난 후에는 자유 시간이 주어진다. 또, 원주민이 직접 제작한 기념품을 파는데 퀄리티가 높은 편이다. 단, 물건을 구매하고 싶다면 흥정은 필수. 현금 결제만 가능하다.

Data 지도 247p-H
가는 법 푸노 선착장에서 배로 20분 **주소** Isla de los Uros, Puno

 Writer's Pick!
명품 직물이 탄생하는 섬
타킬레섬 Isla de Taquile

우로스섬에서 배를 타고 동쪽으로 약 1시간 30분을 더 이동하면, 직물 공예로 유명한 타킬레섬에 닿는다. 타킬레섬에서 태어난 남자는 죽는 날까지 명품 직물을 생산하는 전통이 있어, 타킬레섬의 직물 공예는 유네스코 인류 무형 문화유산으로 지정되었다.

직물 공예뿐 아니라, 티티카카 호수를 내려다보며 섬 둘레를 걷는 트레킹 코스도 유명하다. 제법 높은 곳에 자리한 센트로에는 대형 광장과 전망대 그리고 각종 기념품숍이 모여 있다. 티티카카 호수가 한눈에 내려다보이는 레스토랑에서 페루 전통 악기 말타Malta를 연주하는 원주민 악사의 공연을 들으며 트루차(송어구이)를 맛보는 것 또한 타킬레섬에서만 누릴 수 있는 즐거움이다.

보통 푸노에서 아침 일찍 출발하는 당일치기 투어로 우로스섬을 둘러본 후, 타킬레섬에 도착해 점심을 먹는다. 이후 30분 정도 섬 주변을 트레킹한 뒤, 푸노로 다시 돌아오게 된다. 당일치기 투어는 시간이 촉박해 자유 시간이 거의 없으므로, 1박 2일 투어에 참여하거나 개인적으로 섬을 방문해보는 것도 좋다. 또한, 타킬레섬 북쪽에 있는 아만타니Amantani섬을 함께 둘러보는 것도 추천한다. 푸노에 있는 여행사에서 타킬레섬과 아만타니섬을 묶은 1박 2일 투어를 신청할 수 있다.

Data 지도 247p-H
가는 법 푸노 선착장에서 배로 2시간 **주소** Isla de Taquile, Puno

Talk
티티카카 호수 이야기

페루와 볼리비아 국경 사이, 해발 3,810m에 자리한 티티카카 호수는 '세계에서 가장 높은 호수'다. 백두산은 물론 후지산보다도 높은 셈이다. 또한, 티티카카 호수의 면적은 8,135km², 최대 깊이는 284m에 달하며, 평균 깊이는 135m 정도다. 안데스산맥에서 녹은 빙하와 이 지역에 내린 강우로 수심을 유지하며, 수온 역시 사계절 내내 영상 11도 정도를 유지한다.

티티카카Titicaca는 케추아어로 '퓨마 바위'라는 뜻으로, 예로부터 호수 주변에 퓨마와 재규어 등의 고양잇과 동물이 자주 출몰한 데서 유래했다. 또한, 잉카 제국의 초대 왕이었던 망코 카팍Manco Capac과 그의 여동생 마마 오크요Mama Ocllo가 이곳, 티티카카 호수 근방에서 태어난 것으로 유명하다. 이후, 망코 카팍은 현재의 쿠스코를 잉카 제국의 수도로 지정했는데, 망코 카팍이 황금 지팡이로 쿠스코의 땅을 두드리자 땅이 갈라지면서 지팡이를 삼켰다는 전설이 얽혀 있다.

페루의 푸노나 볼리비아의 코파카바나Copacabana에서 바라본 티티카카 호수는 바다와 닮았다. 드넓은 호수에는 크고 작은 41개의 섬이 자리하고 있는데, 여행자에게 유명한 타킬레섬, 아만타니섬 그리고 볼리비아 코파카바나 쪽에 있는 태양의 섬, 달의 섬 등을 포함한다. 페루와 볼리비아를 찾은 여행자는 국경을 넘으면서 티티카카 호수를 반드시 만나게 된다. 페루의 푸노나 볼리비아의 코파카바나를 방문한다면 티티카카 호수를 꼭 구경하자.

| 푸노 근교 |

푸노 근교에 자리한 바람의 도시
훌리아카 Juliaca

장거리 버스가 아닌 비행기로 푸노로 온다면 훌리아카를 반드시 거치게 된다. 훌리아카는 바람이 많이 부는 고원에 자리해 '바람의 도시'라는 별칭을 얻었다. 이왕 훌리아카를 거친다면 푸노로 떠나기 전 센트로 일대를 둘러보는 것도 좋다. 또한, 훌리아카는 직물 공예품과 알파카 모피로 만든 의류가 유명하다. 훌리아카 시장이나 기념품숍에서 꽤 높은 퀄리티로 구매할 수 있으니 참고하자.
훌리아카 센트로에 있는 아르마스 광장과 바로 우측에 자리한 대성당Mother Church of Santa Catalina, 라 와위타 공원Parque de la Wawita을 중심으로 동선을 짜면 된다. 특별한 명소를 보는 것보다는 훌리아카 도심을 느긋하게 산책하면서 둘러볼 것을 추천한다.
푸노에서 훌리아카로 향하는 길에는 붉은색 기와를 굽는 마을이 종종 눈에 띄는데, 쿠스코와 푸노 등 주변 도시의 전통 기와는 대부분 이곳에서 만든 것을 사용한다. 훌리아카를 비롯해 주변 마을을 천천히 둘러보고 싶다면, 푸노 센트로에서 출발하는 콜렉티보나 콤비버스를 타면 된다. 보통 차창에 목적지가 쓰여진 안내 문구가 붙어 있다.

Data 지도 009p 가는 법 푸노에서 차로 40분

| Talk |

칸델라리아 성모 축제 Festivity of Virgen de la Candelaria of Puno

매년 2월이면 푸노 일대에서 세계적인 칸델라리아 성모 축제Festivity of Virgen de la Candelaria of Puno가 펼쳐진다. 남미에서는 브라질의 리우 카니발 못지않게 유명해졌다. 여행자들 사이에서는 '푸노 축제' 혹은 '푸노 2월 축제'라고 불린다.

칸델라리아 성모 축제는 가톨릭 전통과 안데스 원주민의 세계관이 결합한 것이 특징이다. 티티카카 호수 일대와 안데스산맥 주변에 뿌리를 내린 케추아족과 아이마라족 후손이 축제를 기획하고 진행한다. 이 지역 원주민에게 칸델라리아 성모 축제는 삶의 이유이자 자존심과 같다. 세계적인 인기에 힘입어 유네스코 인류 무형 문화유산에도 등재되었다.

2월 1일 새벽 미사를 시작으로 아르마스 광장과 리마 거리, 피노 공원 등 푸노의 주요 거리 일대에서 각종 퍼레이드가 진행되며, 축제 기간에는 페루는 물론 세계 곳곳의 예술가들이 이곳에 모여 축제의 흥을 돋운다. 종교 퍼레이드는 물론 다양한 퍼포먼스와 문화 행사가 동시에 펼쳐진다. 또한, 축제 기간이 되면 여행자와 현지인이 한데 섞여 비누 거품이 든 스프레이를 서로에게 뿌리며 뛰어다니는 광경을 쉽게 볼 수 있다. 푸노뿐 아니라 페루와 볼리비아 전역에서 볼 수 있는 축제의 흔한 장면이기도 하다. 그러니, 퍼레이드를 구경하다가 비누 거품에 맞았다고 인상을 찡그릴 필요는 없다. 스프레이를 파는 상인은 곳곳에서 쉽게 볼 수 있으니 하나 구입해 현지인과 뒤섞여 축제에 몸을 맡겨보자.

EAT

리마 거리의 수준급 음식점
컬러스 레스토랑 Colors Restaurant

리마 거리 좌우로는 수준 높은 음식을 맛볼 수 있는 음식점이 많다. 컬러스 레스토랑도 그중 하나. 차분한 분위기와 배려심 가득한 웨이터는 기분 좋은 식사를 돕는다. 세비체와 피자, 치킨 카레, 훈제 송어 요리 등 동서양을 넘나드는 다양한 음식을 주문할 수 있어 좋다. 또한, 초콜릿 케이크나 커피 같은 가볍게 먹을 수 있는 메뉴도 준비되어 있다.

Data 지도 246p-E 가는 법 아르마스 광장에서 도보 5분
주소 Jr. Lima 342, Puno 전화 5136-9254
운영 시간 월~일 10:00~22:00 가격 음식 25솔~, 음료 10솔~

푸노 중심가에서 우아한 다이닝
어반 키친 앤드 바 Urban Kitchen&Bar

리마 거리 인근에 자리한 고급 레스토랑. 세비체와 쿠이, 로모살타도, 트루차와 같은 페루 전통 음식이 주메뉴다. 높은 퀄리티의 페루 전통 요리를 맛볼 수 있으며, 위생과 플레이팅에 특별히 신경 썼다. 또한, 개성 넘치는 분위기에 걸맞는 자유분방한 내부 인테리어가 눈에 띈다. 레스토랑 겸 바로 운영하는 곳이라서 저녁 식사 후 찾아도 좋다. 간단한 안주에 와인, 맥주나 피스코 사워 등을 주문하고 분위기를 즐겨보자.

Data 지도 246p-I 가는 법 아르마스 광장에서 도보 1분 주소 Jr. Deustua 369, Puno
전화 9874-04882 운영 시간 월~금·일 07:00~23:00 휴무 토요일 가격 음식 15솔~, 음료 7솔~

최고의 접근성, 저렴한 음식
잉카바 살롱 Incabar Salon

아르마스 광장 바로 옆 건물 2층에 자리한 레스토랑. 살롱이라는 가게 이름 때문에 카페라고 생각하기 쉽지만 레스토랑이다. 쿠이와 세비체 같은 페루 전통 요리는 물론 피자와 파스타 같은 서양 음식도 주문할 수 있다. 또, 남미와 유럽 음식을 결합한 퓨전 요리도 판매한다. 내부 인테리어는 초대형 응접실을 떠올리게 하는데, 단체 여행객도 수용할 수 있을 만큼 테이블이 많다. 저녁 때 찾으면 원주민 공연을 볼 수도 있다.

Data 지도 246p-I 가는 법 아르마스 광장에서 도보 1분 주소 Jr. Lima 661, Puno
전화 5136-6218 운영 시간 월~일 09:00~22:00 가격 음식 15솔~, 음료 7솔~

아늑한 분위기에서 즐기는 망중한
라 카사 델 코레히도르 La Casa del Corregidor

아르마스 광장 북쪽에 자리한 데우스투아Deustua 거리에 들어서면 노란색 건물이 눈에 띈다. 원색 외관과 붉은 기와 그리고 개성 넘치는 가게 앞의 가로등이 남미 특유의 분위기와 어우러져 여행자 사이에서도 제법 유명한 곳이다. 아늑하고 우아한 분위기에서 식사와 주류를 즐길 수 있다. 스페인식 타파스에 와인이나 맥주, 칵테일 등을 곁들이면 근사한 저녁이 완성된다. 보통 여행자는 브런치 등 가볍게 식사하기 위해 찾는다.

Data 지도 246p-I 가는 법 아르마스 광장에서 도보 2분
주소 Jr. Deustua 576, Puno 전화 5135-1921
운영 시간 월~토 09:00~22:00 휴무 일요일
가격 음식 25솔~, 음료 15솔~

합리적인 가격과 좋은 분위기
라 초사 데 오스카 La Choza de Oscar

리베르타드Libertad 거리에 자리한 음식점. 남미 음식이 주메뉴다. 닭고기, 돼지고기, 소고기, 양고기 등 육류를 이용한 메뉴가 많으며, 재료와 조리법에 따라 메뉴가 달라진다. 여행자가 많이 주문하는 음식은 닭고기와 감자튀김, 쌀밥 등이 들어간 아로스 콘 포요Arroz con Pollo다. 아로스 콘 포요는 스페인식 닭고기 밥으로 강한 향신료가 들어가지 않기 때문에 우리 입맛에도 잘 맞는 음식이다.

Data 지도 246p-E
가는 법 아르마스 광장에서 도보 5분
주소 Libertad 354, Puno 전화 5135-1199
운영 시간 월~토 14:00~21:00 휴무 일요일
가격 음식 20솔~, 음료 10솔~

현지인에게도 유명한 피자 전문점
엘 투미 El Tumi

리베르타드 거리에 자리한 피자 전문 레스토랑. 복층형 구조로, 1층에는 대형 화덕이 있어서 종업원들이 피자를 굽는 과정을 볼 수 있다. 아늑한 분위기 속에서 다양한 피자를 맛볼 수 있다. 스몰, 미디움, 라지 세 가지 사이즈가 있으며, 사이즈에 따라 가격이 다르다. 피자와 함께 소스가 나오는데, 달콤한 소스부터 매콤한 소스까지 다양해서 찍어 먹는 재미도 쏠쏠하다. 낯선 음식에 지쳤다면 찾아보자.

Data 지도 246p-E
가는 법 아르마스 광장에서 도보 5분
주소 Libertad 386, Puno 전화 9514-79920
운영 시간 월~일 09:00~22:00
가격 음식 15솔~, 음료 8솔~

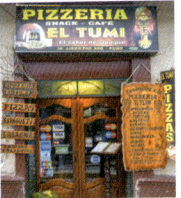

남미 정통 바비큐 요리와 만나다
카사 그릴 Casa Grill

다양한 메뉴와 합리적인 가격 덕분에 여행자 사이에서도 유명한 레스토랑이다. 주메뉴는 남미 정통 바비큐 그릴 요리. 닭고기, 양고기, 소고기, 돼지고기로 만든 다양한 요리를 맛볼 수 있다. 아르마스 광장에서 가까워서 식사 시간이 되면 많은 사람이 찾는다. 각종 고기 메뉴와 완벽한 궁합을 자랑하는 주류도 준비되어 있다. 쿠스케냐 맥주를 비롯해 피스코 사워, 칵테일, 데킬라 등은 물론 음료도 있다.

Data 지도 246p-I
가는 법 아르마스 광장에서 도보 5분
주소 Moquegua 286, Puno
전화 5135-2596
운영 시간 월~일 09:00~22:00
가격 음식 20솔~, 음료 8솔~

27년 전통의 명품 음식점
라 카소나 레스토랑 La Casona Restaurant

리마 거리에 자리한 레스토랑으로, 푸노에서 27년 넘게 사랑받은 맛집이다. 여행자는 물론 현지인에게도 매우 인기 있다. 각종 스테이크와 피자, 수프, 해산물 요리 등 다양한 메뉴와 세비체, 쿠이 등 페루 전통 요리도 있다. 고풍스럽고 우아한 분위기 속에서 괜찮은 퀄리티의 음식을 맛볼 수 있다. 특히, 세비체와 쿠이는 위생 상태가 청결한 고급 레스토랑에서 맛보는 것을 추천하는데, 라 카소나 레스토랑은 위생 상태, 종업원의 서비스, 음식의 퀄리티 모두 우수해 만족스럽게 식사할 수 있다.

Data 지도 246p-E
가는 법 아르마스 광장에서 도보 3분
주소 Jr. Lima 423, Puno
전화 5135-1108
운영 시간 월~일 12:00~21:30
가격 음식 25솔~, 음료 10솔~

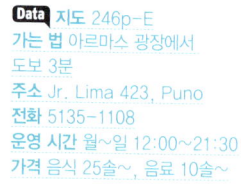

SLEEP

푸노 최고의 호텔에서 하룻밤
리베르타도르 호텔 라고 티티카카 Libertador Hotel Lago Titicaca

푸노 센트로에서 동북쪽에 있는 에스테베스섬Isla Esteves에 자리한 5성급 호텔. 4층 규모로, 총 123개의 객실이 준비되어 있다. 슈피리어룸, 주니어 스위트룸, 프리미엄룸이 있으며, 대부분의 객실에서 푸노 센트로와 티티카카 호수를 한눈에 조망할 수 있다. 객실 위치에 따라 티티카카 호수의 일출과 일몰을 감상할 수 있어, 연인 혹은 가족과 함께라면 최고의 추억을 선사한다. 저녁에는 푸노 야경을 파노라마 전망으로 볼 수 있다. 센트로에서 멀리 떨어진 섬에 자리해 조용한 휴식이 보장된다. 또한, 보안도 훌륭하다.

아르마스 광장, 버스터미널, 푸노 선착장 등은 차로 10~20분 정도면 이동할 수 있어 접근성도 나쁘지 않다. 호텔 내에서 알파카 무리를 언제든 볼 수 있고, 유료로 피트니스 시설과 스파 서비스 등을 이용할 수 있다. 전용 레스토랑과 바, 라운지의 시설도 5성급 호텔에 걸맞게 화려하다. 호텔에서 센트로 나갈 때는 리셉션에서 택시를 요청하는 것이 좋다. 보통 10~12솔 내외로 이동할 수 있다.

Data 지도 247p-D 가는 법 푸노 버스터미널에서 차로 10분, 아르마스 광장에서 차로 20분
주소 Isla Esteves S/N, Lago Titicaca, Puno 전화 5136-7780 요금 1박 490솔~

객실에서 티티카카 호수를 조망하다
카사 안디나 프리미엄 푸노 Casa Andina Premium Puno

에스테베스섬Isla Esteves으로 진입하기 전에 있는 4성급 호텔이다. 싱글룸, 트윈룸, 트리플룸, 스위트룸이 준비되어 있다. 티티카카 호수를 한눈에 조망할 수 있는 위치에 있어 객실 테라스뷰가 매우 뛰어나다.
40개가 금연 객실이고, 호텔 내 전용 레스토랑과 바, 라운지를 갖추었다. 호텔 내에서 무료 와이파이를 사용할 수 있고, 훌리아카 공항까지 운행하는 셔틀을 유료로 이용할 수 있다.

Data 지도 247p-D
가는 법 푸노 버스터미널에서 차로 10분, 아르마스 광장에서 차로 15분
주소 Sesquicentenario 1970, Puno
전화 5136-3992
요금 1박 360솔~

센트로의 합리적인 숙소
카소나 플라자 호텔 Casona Plaza Hotel

아르마스 광장 근처에 자리한 4성급 호텔. 총 60개 객실. 더블룸, 트윈룸, 트리플룸, 스위트룸이 있다. 대부분의 객실에서 센트로를 한눈에 볼 수 있으며, 멀리 티티카카 호수도 보인다. 아르마스 광장, 대성당, 피노 공원, 푸노의 주요 전망대 등 접근성이 뛰어나고, 호텔을 나서면 분위기 있는 레스토랑이 모여 있는 상업 지구와 연결된다.

Data 지도 246p-I
가는 법 아르마스 광장에서 도보 3분
주소 Jiron Arequipa 654, Puno
전화 5135-2881 요금 1박 240솔~

3성급 호텔의 정석
플라자 마요르 호텔 Plaza Mayor Hotel

아르마스 광장에서 불과 도보 2분 거리에 자리해 최고의 접근성을 자랑한다. 아르마스 광장, 대성당, 피노 공원 등 센트로에 있는 주요 명소와 가깝다. 5층 규모로, 총 34개의 객실이 있다. 트윈룸, 더블룸, 트리플룸이 있다. 무료 와이파이를 사용할 수 있으며, 조식도 제공한다. 리셉션에서 각종 투어 정보는 물론, 푸노 맛집 정보도 알려준다.

Data 지도 246p-I
가는 법 아르마스 광장에서 도보 2분
주소 Jr. Deustua 342, Puno 21001, Puno
전화 5136-6089 요금 1박 140솔~

 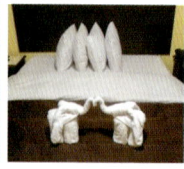  

세계 배낭여행자를 만족시킨 숙소
솔 플라자 호텔 Sol Plaza Hotel

아르마스 광장 근처에 자리한 3성급 호텔. 합리적인 가격, 접근성, 직원의 친절도 등 가격 대비 기대 이상의 서비스를 자랑한다. 24개가 금연 객실이며, 싱글룸, 트윈룸이 있다. 무료로 조식을 제공한다. 센트로의 주요 명소는 물론, 버스터미널, 중앙시장 등이 모두 가깝다.

Data 지도 246p-I **가는 법** 아르마스 광장에서 도보 2분 **주소** Jiron Puno 307, Puno 21001, Puno **전화** 5135-2658 **요금** 1박 175솔~

센트로 중심에 자리한 여행자 전문 호텔
칼라사야 호텔 Qalasaya Hotel

유럽에서 쉽게 볼 수 있는 보자르Beaux Arts양식의 외관이 눈에 띈다. 푸노 아르마스 광장 일대에는 원화로 5~7만 원 수준의 3~3.5성급 호텔이 많다. 칼라사야 호텔 역시 그중 하나. 싱글룸, 더블룸, 트리플룸이 있으며, 시설이 군더더기 없고 서비스 역시 괜찮은 편이다. 무료 와이파이를 사용할 수 있고, 조식도 제공한다.

Data 지도 246p-E **가는 법** 아르마스 광장에서 도보 3분 **주소** Jiron Grau 240, Puno **전화** 5136-8238 **요금** 1박 180솔~

명품 테라스 전망
콘데 데 레모스 호텔 Conde de Lemos Hotel

푸노의 심장부에 자리해 뛰어난 접근성을 자랑하며, 시설이 뛰어나고 서비스 또한 수준급이다. 총 34개 객실. 싱글룸과 트윈룸이 있다. 무료 와이파이를 사용할 수 있고, 조식을 제공한다. 호텔 내 비즈니스 공간에서 볼리비아 관련 서류 준비나 전자 티켓 준비 등도 할 수 있다.

Data 지도 246p-I **가는 법** 아르마스 광장에서 도보 2분 **주소** Jiron Puno 681, Puno 21001, Puno **전화** 5136-9898 **요금** 1박 180솔~

> **Tip** 푸노 센트로 곳곳에 매우 저렴한 호스텔이 많다. 중저가 호텔의 요금이 부담스러운 배낭여행자라면, 보통 호스텔에서 묵을 것이다. 단, 리마나 쿠스코, 아레키파에서 볼 수 있는 체인형 호스텔이 아니라서 위생이 떨어지고, 보안에 취약하다. '가격' 하나만 보면 괜찮은 선택이지만, 다른 요소를 고려했을 때 추천하진 않는다. 선택은 여행자들의 몫.

Peru by Area

07

와라스
HUARAZ

페루 서부 내륙의 안데스산맥에 자리한
고산 도시. 해발고도 약 3,300m 지대에
자리한다. 와라스는 험준한 빙하 트레킹을
비롯해 각종 고산 트레킹을 즐길 수 있는
산악 레포츠의 도시이자, 안데스 고산
트레킹을 떠나기 위한 관문이다.
보통 여행자는 와라스에 큰 짐을 두고
짧게는 당일치기로, 길게는 일주일 일정으로
각종 안데스 트레킹에 참여한다.

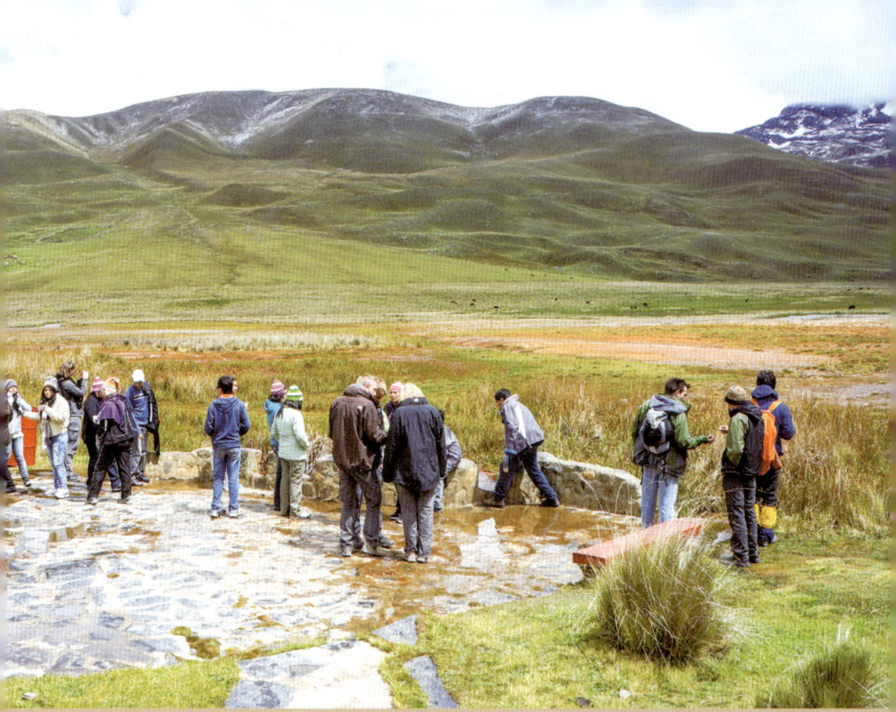

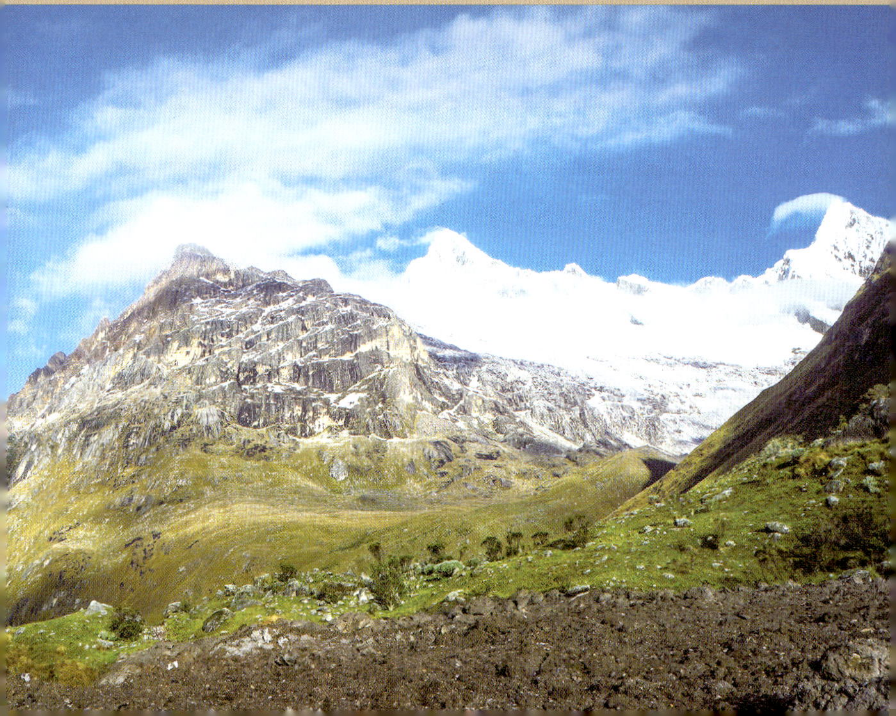

Huaraz
PREVIEW

와라스는 안데스산맥의 민낯을 제대로 경험할 수 있는 도시다.
난이도 별로 코스가 다양해 등산 초보도 안데스 트레킹에 쉽게 참여할 수 있다.
당일치기 파스토루리 빙하 트레킹, 전문 산악 가이드와 함께 며칠 동안 비박하며
등신하는 산타 크루즈 트레킹 등 다양한 프로그램에 참여한다.

SEE

와라스는 트레킹을 위한 전진기지와 같아서 볼거리는 없다. 그래도 아쉽다면, 아르마스 광장과 와라스 대성당이 있는 센트로 주변과, 원주민의 생활을 옆에서 볼 수 있는 와라스 중앙 시장을 추천한다. 대표적인 트레킹 프로그램은 모두 차로 2~3시간 거리의 근교에 있어 여행사를 통해 신청하는 것이 필수다. 트레킹에 참여하면 파스토루리 빙하, 69 호수 등을 볼 수 있다.

EAT

와라스 역시 아르마스 광장 주변으로 여행자가 선호하는 레스토랑과 카페가 많다. 리마, 쿠스코에 비해 보수적인 도시답게, 양식 레스토랑보다 페루 전통 음식 전문점이 더 많은 편이다. 페루 음식 전문점에서도 각종 육류와 해산물을 이용한 메뉴를 같이 판매하고 있으니 걱정할 필요는 없다. 페루 음식점은 음식 가격이 대부분 저렴한 반면, 양식 레스토랑의 음식 가격은 다소 높은 편.

BUY

쇼핑을 위해 와라스를 찾는 여행자는 없지만, 아직 기념품을 구매하지 못 했다면 아르마스 광장 근처에 있는 기념품숍에서 구매할 수 있다. 퀄리티 높은 나무 공예품, 원주민이 직접 짠 의류, 조악하지만 기념이 될 만한 액세서리, 알파카 인형 등 페루 전역에서 쉽게 볼 수 있는 아이템이 가득하다.

SLEEP

아르마스 광장 주변에 다양한 숙소가 모여 있다. 트레킹에 참여하는 것이 주요 목적인 여행자는 여행사가 있는 아르마스 광장 주변의 숙소에 짐을 푼다. 와라스에서 호텔을 선택할 때 중요한 것은 비용과 퀄리티다. 잠만 자고 트레킹에 참여할 여행자는 저렴한 호스텔을, 트레킹에 참여한 후 편안한 휴식을 원한다면 시설과 서비스가 좋은 호텔을 추천한다.

Huaraz
GET AROUND

🚙 어떻게 갈까?

1. 버스 Bus

아르마스 광장 주변에 버스터미널이 회사별로 있다. 아레키파, 쿠스코의 버스터미널과 달리 회사별로 터미널이 제각각인 경우가 많다. 대부분 여행자는 리마에서 와라스로 출발하는데, 이왕이면 리마에서 출발할 때 왕복으로 티켓을 구매하는 것이 좋다. 배차 간격이 뜸하고 여행자가 많이 몰리기 때문에 티켓이 금세 매진되는 경우도 종종 있다.

리마에서 와라스까지는 보통 8시간 정도 소요된다. 리마의 플라자 노르테Plaza Norte 터미널에서 주로 출발하며, 모빌 투어Movil Tours, 크루즈 델 수르Cruz del Sur, 울툴사Oltursa 등의 버스 회사를 선택할 수 있다.

2. 항공 Airplane

대부분 여행자는 리마에서 장거리 버스로 와라스까지 이동하지만, 시간이 촉박하다면 1시간 10분 정도 소요되는 국내선 비행기를 추천한다. 단, 와라스에는 공항이 없기 때문에, 와라스 북쪽으로 차로 30분 정도 떨어진 도시 안타Anta에 있는 안타 공항Anta Airport을 이용해야 한다.

안타 공항(ATA)에서 와라스로 가기

안타 공항은 와라스에서 약 23km 떨어진 곳에 있다. 콜렉티보와 콤비버스 등도 있지만, 와라스는 시골이라 택시를 추천한다. 공항에서 와라스 센트로까지 약 40솔 정도.

어떻게 다닐까?

1. 택시 Taxi
와라스 센트로에서 가장 편리한 교통수단이다. 야간에 도착했을 때나 길을 잘 모를 때, 짐이 많을 때, 공항에 갈 때 모두 이용하기 좋다. 버스터미널, 아르마스 광장 주변에서 택시를 쉽게 볼 수 있으며, 반드시 타기 전 요금을 흥정해야 한다.

2. 콤비버스 Combi Bus
여행자가 와라스에서 콤비버스를 이용하는 일은 극히 적다. 하지만 와라스의 각종 투어에 참여하지 않을 때 센트로 외곽으로 이동한다면, 매우 저렴한 요금으로 이용할 수 있다. 단, 좌석이 불편하고 노선이 복잡하다. 승차 전 운전기사에게 목적지를 말할 것.

3. 도보
와라스 센트로는 규모가 크지 않아 도보로 이동할 수 있다. 여행자 숙소와 여행사, 버스터미널, 기념품숍 등 여행자 편의시설은 대부분 광장 주변에 모여 있다. 와라스를 찾는 주요 목적이 근교 트레킹이기 때문에 와라스에서 특별한 명소를 기대하기는 어렵다. 아르마스 광장 주변만 볼 확률이 높다.

INFO

와라스 모빌 투어 버스터미널
Terminal Movil Tours
Data 주소 3N, Huaraz 전화 4342-2555

크루즈 델 수르 버스터미널
Terminal Cruz del Sur
Data 주소 José de la Mar, Huaraz

울툴사 버스터미널
Terminal Oltursa
Data 주소 Antonio Raymondi 825, Huaraz

긴급 전화번호
경찰 · 구급차 105
화재 신고 116

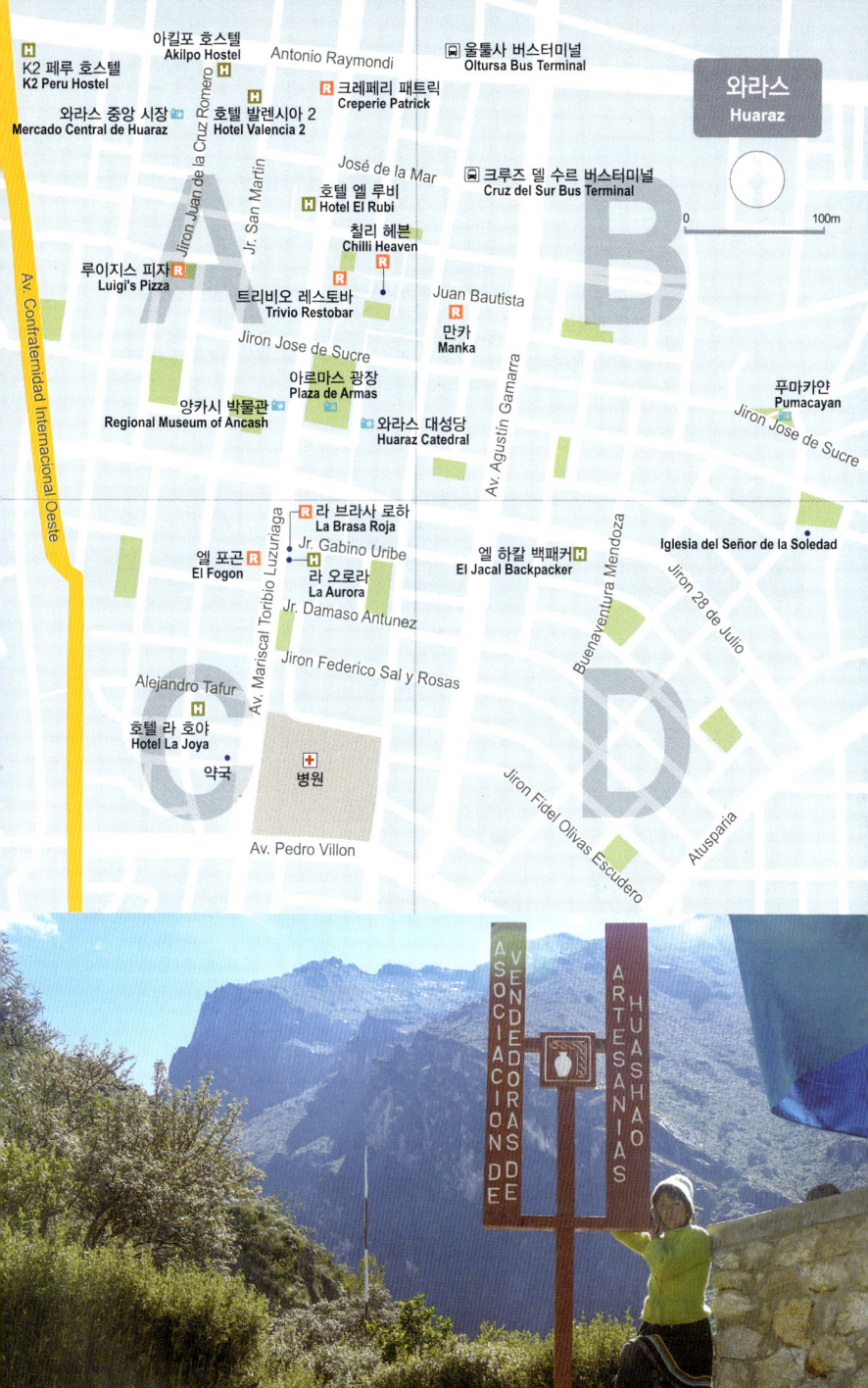

PERU BY AREA 07
와라스

Huaraz
TWO FINE DAYS

와라스를 찾는 여행자의 목표는 안데스 고산 트레킹 체험이다.
와라스에 도착한 여행자는 곧바로 여행사를 찾아 자신에게 맞는 투어 상품을 신청한 후,
와라스 센트로 주변을 느긋하게 다니면서 컨디션을 조절한다.
둘째 날은 와라스 근교 주요 스폿을 탐방한다. 투어 기간에 따라 체류 일정이 달라진다.

1일차

08:00
와라스 버스터미널 도착,
센트로로 이동하기

→ 도보 10분 혹은 차로 5분

11:00
와라스 관광의 시작,
아르마스 광장 둘러보기

→ 도보 2분

11:30
와라스에서 가장 멋진 건물,
와라스 대성당 구경하기

↓ 도보 2분

14:00
안데스의 유물과 만나다,
앙카시 박물관 관람하기

← 도보 5분

15:00
사람 냄새 가득,
와라스 중앙 시장 구경하기

← 도보 5분

17:00
아르마스 광장에서
노을 감상하기

2일차

와라스를 방문했다면, 열이면 열 모두 안데스 트레킹을 염두에 두고 있을 것이다. 정해진 시간은 한정적인데, 프로그램은 다양하다. 당일치기 트레킹과 2박 3일~3박 4일이 소요되는 트레킹 프로그램으로 나뉜다. 보통 와라스 센트로에 있는 아르마스 광장 주변의 여행사 혹은 호텔 리셉션을 통해 신청할 수 있으며, 다양한 국적의 여행자와 동행한다. 고산병에 대비해 절대 무리하지 않는 것이 좋다.

 ### 당일치기 트레킹

69 호수 트레킹
69 Lake Trekking
소요 시간 약 12시간 소요
난이도 상
코스
와라스 ▸▸▸ 와스카란 국립공원 입구 ▸▸▸ 푼타 우니온 ▸▸▸ 69 호수

파라마운트 트레킹
Paramount Trekking
소요 시간 약 12시간 소요
난이도 중
코스
와라스 ▸▸▸ 와스카란 국립공원 입구 ▸▸▸ 파론 호수

파스토루리 빙하 트레킹
Nevado Pastorurir Trekking
소요 시간 약 10시간 소요
난이도 중
코스
와라스 ▸▸▸ 아구아스가시피카다스데푸마팜파 ▸▸▸ 파스토루리 빙하

 ### 2박 3일~3박 4일 트레킹

산타 크루즈 트레킹 Santa Cruz Trekking
소요 시간 2박 3일~3박 4일
난이도 상
코스 와라스 ▸▸▸ 와스카란 국립공원 입구 ▸▸▸ 푼타 우니온 ▸▸▸ 알파마요 봉우리 조망 ▸▸▸ 69 호수

와라스의 중심
아르마스 광장 Plaza de Armas

안데스 산자락에 자리한 와라스에도 센트로에 아르마스 광장이 있다. 아르마스 광장을 중심으로 여행자를 상대로 한 레스토랑, 카페, 숙소, 여행사, 기념품숍 등이 모여 있어, 와라스에 처음 도착했을 때 길을 잘 모르겠다면 일단 아르마스 광장을 찾으면 된다.
광장 동쪽에는 대성당이 자리한다. 또한, 광장 중앙에 대형 분수가 있어, 분수 뒤쪽으로 보이는 안데스산맥 만년설을 배경으로 멋진 기념사진을 남길 수 있다.

Data 지도 269p-A
가는 법 와라스 주요 버스터미널에서 도보 10분
주소 Plaza de Armas, Huaraz

와라스에서 가장 멋진 건물
와라스 대성당 Huaraz Catedral

아르마스 광장에서 가장 먼저 눈에 들어오는 건물이다. 고딕 양식으로 건축되었으며, 두 개의 첨탑이 완벽한 대칭으로 우뚝 서 있다. 멀리서 얼핏 보면 알파벳 W자를 닮았는데, 건물에서 선이 굵은 건축미를 느낄 수 있다. 백색과 붉은색이 적절히 섞인 외관도 멋지지만, 기하학적인 문양의 창문 역시 눈길을 끈다. 19세기 후반에 지어졌는데, 지금까지 와라스를 대표하는 건물로 군림하고 있다. 운이 좋으면 원주민 미사를 구경할 수도 있는데 사진 촬영에 주의하는 것이 좋다. 와라스에 특별한 명소가 많지 않은 만큼 아르마스 광장과 더불어 둘러볼 만한 곳이다.

Data 지도 269p-A
가는 법 아르마스 광장에서 도보 1분
주소 Jiron Jose de Sucre 821, Huaraz

와라스 고고학 박물관
양카시 박물관 Regional Museum of Ancash

와라스에서 가장 규모가 큰 고고학 박물관이다. 안데스산맥 근처에서 발굴한 유물을 대거 전시하고 있다. BC 1,100~400년 사이에 융성했던 레쿠이 문명과 와리 문명의 고대 석조 조각, 미라, 토기, 톱니 모양 두개골 등의 유물이 전시되어 있다. 박물관 전시실을 먼저 둘러본 다음, 고대 조각을 볼 수 있는 정원에서 잠시 쉬어가는 것을 추천한다. 박물관 내부에서 사진을 찍을 수 있다.

Data 지도 269p-A 가는 법 아르마스 광장에서 도보 1분
주소 Av. Mariscal Toribio Luzuriaga, Huaraz
전화 4342-1551 운영 시간 화~토 09:00~17:15, 일 ~14:15
휴무 월요일 요금 5솔~

안데스 원주민의 삶을 엿볼 수 있는 곳
와라스 중앙 시장
Mercado Central de Huaraz

아르마스 광장 북쪽에 자리한 와라스 최대 규모의 시장. 가운데 실내형 재래시장이 있고, 주변으로 노점과 가판이 둘러싸고 있다. 와라스는 기본적으로 시골 마을에 가까워서 다른 도시보다 저렴하게 기념품을 구입할 수 있다. 트레킹을 할 예정이라면, 원주민이 직접 짠 스웨터와 장갑, 양말, 털모자 등을 구입하는 것을 추천한다.

Data 지도 269p-A 가는 법 아르마스 광장에서 도보 5분 주소 Jiron Juan de la Cruz Romero 210, Huaraz 운영 시간 월~일 06:00~20:00

와라스 시내를 조망하는 멋진 방법
푸마카얀 Pumacayan

센트로 동쪽에 자리한 작은 언덕이다. 여행자는 대부분 와라스 시내를 조망하기 위해 찾는다. 안데스산맥에 둘러싸인 와라스 시내를 파노라마 전망으로 감상할 수 있다. 푸마카얀은 유적지지만, 관리 상태가 양호하지 못해 호불호가 극명하게 나뉜다. 언덕에 작은 고고학 박물관이 있는데 큰 볼거리는 없는 편이다.

Data 지도 269p-B
가는 법 아르마스 광장에서 도보 7분
주소 Pumacayan, Huaraz

푸마카얀 옆 박물관

와라스

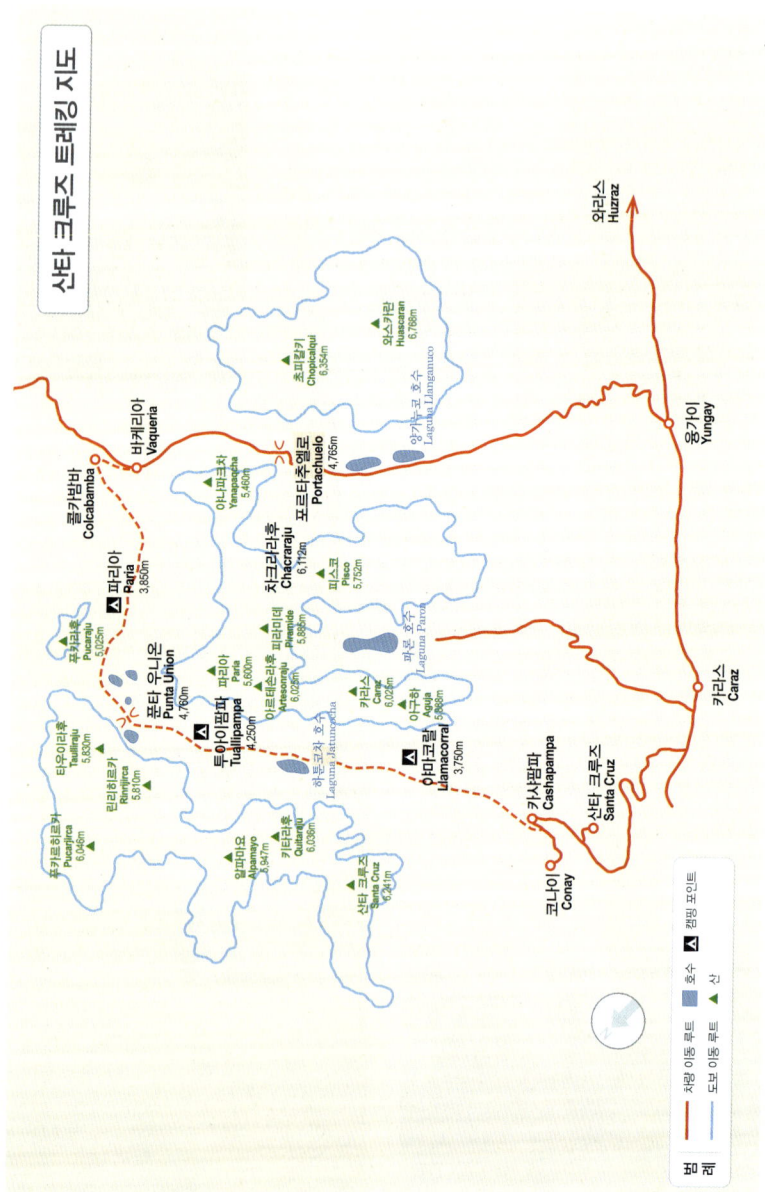

와라스를 찾는 가장 큰 이유
Writer's Pick! 69 호수 트레킹 69 Lake Trekking

페루는 마추픽추 부근의 잉카 트레일 트레킹 그리고 와라스의 69 호수 트레킹이 유명하다. 69 호수의 어원은 다소 황당하다. 옛 페루인들은 와스카란 국립공원 Huascaran National Park 안에 호수가 워낙 많아 숫자를 붙여 구분했는데, 이곳이 69번째 호수여서 69 호수가 되었다.

69 호수 트레킹은 무려 14km에 육박하는 거리를 당일치기로 걸어야 하는 난이도 최고 수준의 코스. 해발고도 3,900m에서 시작해 4,600m까지 올라간다. 새벽에 출발해 한참을 달리다가 작은 마을에서 아침 식사를 한다. 여기서 코카차도 서비스되는데, 고산병에 대비해 많이 마시는 것이 좋다. 이후 총 5시간 정도의 트레킹을 해야 하기 때문에 강인한 체력이 필요하다. 그러나 그 노력을 보상하고도 남을 만큼, 69 호수를 만나러 가는 길은 매우 아름답다.

아름다운 설산과 빙하, 계곡을 바라보며 걷기 때문에 지루할 틈이 없다. 69 호수를 배경으로 기념 사진을 찍는 순간은 고산병과 싸워가며 오른 감동이 더해져 인생 최고의 순간이 될 것이다. 69 호수는 날씨에 따라 물색이 달라 보인다. 맑은 날일수록 더 멋진 풍경을 볼 확률이 높다. 자연 보호를 위해 물에 들어가는 것은 지양하는 것이 좋고, 쓰레기는 반드시 다시 들고 내려와야 한다.

Data 지도 009p 가는 법 와라스에서 차로 3시간 투어 요금 45솔~(투어 차량, 국립공원 입장료 포함)

안데스 빙하와 만나다
파스토루리 빙하 트레킹
Nevado Pastoruri Trekking

와라스의 대표적인 당일치기 투어 프로그램. 중간에 자연 탄산수가 솟아오르는 아구아스가시피카다스데푸마팜파Aguas Gasificadas de Pumapampa를 비롯해 와스카란 국립공원Huascaran National Park 등을 둘러본 후, 해발고도 5,250m에 달하는 파스토루리 빙하 입구에 도착하게 된다. 와라스보다 약 2,000m 더 오른 셈. 입구에서 빙하까지는 도보로 약 30분 정도 소요되는데, 약간의 돈을 내면 말을 타고 오를 수도 있다. 정상에서는 만년설이 뒤덮인 안데스 고봉을 파노라마 전망으로 감상할 수 있다.

파스토루리 빙하 투어를 신청하면, 여행사 앞에 모이거나 여행자가 묵고 있는 숙소 앞에 오는 픽업 차량을 타고 다음 날 아침 일찍 출발한다. 보통 전문 영어 가이드가 동행한다. 아침 일찍 와라스를 벗어난 차량은 곧장 안데스산맥을 따라 약 1시간을 달린 후, 휴게소에서 아침을 먹는다. 약간의 빵과 음료 그리고 고산병 예방에 좋은 코카차를 제공한다. 고산병은 갑작스럽게 찾아올 수도 있으며, 투어가 끝난 후 숙소에서 갑자기 찾아오는 경우도 있으니, 코카차는 마실 수 있을 때 많이 마셔주는 것이 좋다.

Data 지도 009p
가는 법 와라스에서 차로 2~3시간
투어 요금 50솔~(투어 차량, 국립공원 입장료 포함)

눈부시게 아름다운 호수
파라마운트 트레킹 Paramount Trekking

파스토루리 빙하 트레킹과 더불어 와라스의 대표적인 당일치기 투어 프로그램으로, 와라스 북쪽에 자리한 파론 호수Paron Lake 일대를 둘러본다. 와라스 여행사를 통해 투어를 신청하면 보통 다음 날 새벽에 출발한다. 최근에는 한국인 여행자가 많이 찾는 아킬포 호스텔Akilpo Hostel(huarazhostel.com)에서 직접 예약하는 경우가 많다. 정원은 보통 10명 내외로, 인원수가 부족하면 취소되기도 한다. 와라스에서 작은 봉고차에 올라 3시간 정도 이동해 트레킹을 시작한다. 트레킹 스폿에 도착하기 전 작은 마을에 들러 빵과 수프로 아침 식사를 한다. 이후, 본격적으로 산길을 걸으면서 꽤 멋진 전망을 자랑하는 스폿에서 기념사진을 찍는다.

파라마운트 트레킹의 하이라이트는 파론 호수를 보는 것. 트레킹 시작점에서 약 30분 정도 산길을 오르면 마치 하늘색 물감을 풀어놓은 듯한 새파란 호수가 나타난다. 보고 있노라면 저절로 감탄사가 나온다. 파론 호수 주변에서 기념사진도 찍고, 호수에서 카약 체험(10솔~)을 할 수도 있다. 해발고도 4,200m 정도를 오르기 때문에 고산병에 대비해야 한다. 물을 많이 마시고, 무리는 금물이다.

Data 지도 009p
가는 법 와라스에서 차로 3시간
투어 요금 60솔~(투어 차량, 국립공원 입장료 포함)

안데스 고산 트레킹의 정석
산타 크루즈 트레킹 Santa Cruz Trekking

시간과 비용이 허락한다면 3박 4일 동안 안데스의 민낯을 제대로 느낄 수 있는 산타 크루즈 트레킹을 추천한다. 산타 크루즈 트레킹은 하루 4시간 정도 느긋하게 트레킹하기 때문에 안데스산맥의 진수를 느낄 수 있다. 푼타 우니온Punta Union 봉우리와 69 호수 등 굵직한 스폿을 거치면서 여행자는 평생 잊지 못할 감동을 얻는다. 세계에서 가장 아름답다는 알파마요Alpamayo 봉우리를 옆에 끼고 걷는 구간은 산타 크루즈 트레킹의 백미.

보통 와라스의 여행사에서 신청할 수 있는데, 주로 '갤럭시아 여행사Galaxia Expeditions'와 '가네사 여행사Ganesa Explorer'에서 프로그램을 진행한다. 약 5~8명 내외의 여행자와 전문 산악 가이드 그리고 당나귀꾼이 한 조가 되어 움직인다. 당나귀는 여행자의 큰 짐과 야영에 쓰일 텐트, 조리 기구와 식재료 등을 운반한다. 그렇지만 3박 4일 동안 야영을 해야 하므로 부피가 큰 짐은 숙소나 여행사에 맡기고 투어에 참여하는 것이 좋다.

2박 3일 코스와 3박 4일 코스로 나뉘는데 요금이 동일해서 보통 3박 4일로 참여한다. 3박 4일 내내 야영하면서 다양한 국적의 여행자와 끈끈한 우정을 쌓기도 한다.

Data 지도 009p
가는 법 와라스에서 차로 3시간
투어 요금 400솔~
(투어 차량, 국립공원 입장료, 당나귀꾼 요금 포함, 흥정에 따라 가격 변동 있을 수 있음)

갤럭시아 여행사
Galaxia Expeditions
Data 주소 Parque del Peridiosta Mz. Única Lt. 36, Huaraz
전화 4342-5355
운영 시간 월~일 06:00~22:00
홈페이지 www.galaxia-expeditions.com

가네사 여행사 Ganesa Explorer
Data 주소 Av. Mariscal Toribio Luzuriaga 650, Huaraz
전화 4342-5608
운영 시간 월~토 08:00~13:00
휴무 일요일
홈페이지 www.ganesaexplorer.com

Special Page

페루를 더 즐기는 방법,
페루 북부 도시

페루는 리마와 와라스 북쪽으로 트루히요, 치클라요, 피우라, 이키토스 등 매력적인 소도시가 많은 나라다. 특히, 에콰도르나 콜롬비아를 육로로 이동하는 여행자라면, 이 도시에서 잠시 머무는 것을 추천한다.

치무 문명의 보고
트루히요 Trujillo

페루 북부에 자리한, 태평양에 면한 도시. 16세기 스페인이 침략한 후 세운 계획도시로 잉카 문명보다 앞선 치무 문명의 흔적을 엿볼 수 있다. 트루히요도 아르마스 광장을 기준으로 여행자를 상대로 한 레스토랑과 숙소가 주변에 모여 있다. 센트로 기준 서쪽에는 치무 문명의 보고로 알려진 찬찬 Chan Chan 유적이 있다. 또한, 동쪽 외곽 치무 문명의 주요 유적인 태양의 신전Templo del Sol과 달의 신전Templo de la Luna이 있다.
고고학에 관심이 많다면, 센트로에 자리한 용의 신전Santuario del Dragón도 둘러보면 좋다. 찬찬 유적 근처에 있는 완차코 비치Playa Huanchaco는 휴양지로도 유명하다.

Data 지도 009p
가는 법 리마에서 차로 8시간 30분, 비행기로 1시간

페루 북부를 대표하는 거점 도시
치클라요 Chiclayo

트루히요에서 북쪽으로 차로 4시간 거리에 자리한 도시. 에콰도르, 콜롬비아가 있는 북쪽으로 향하는 여행자가 들르는 거점 도시다. 리마를 뒤로하고 북쪽으로 온 여행자는 트루히요 혹은 치클라요에서 잠시 쉬어간다. 남부의 아레키파, 나스카, 쿠스코 등에 비해 덜 유명하지만, 북부를 대표하는 도시인 만큼 볼거리는 상당히 많은 편. 고고학적 유적과 박물관이 많다. 시판 박물관Sipán Museum, 투쿠메 피라미드Tucume Pyramids, 피멘텔 해변 마을Playa Pimentel 등이 주요 관람 포인트.

Data 지도 009p
가는 법 리마에서 차로 12시간, 비행기로 1시간 25분

페루의 관문
피우라 Piura

치클라요보다 더 북쪽에 자리한 도시. 여행자는 에콰도르에서 넘어와 이곳에서 짐을 풀거나, 반대로 이곳에 머무르다가 북쪽 국경에 자리한 마을 툼베스Tumbes를 거쳐 에콰도르로 넘어간다. 페루 남부 도시나 치무 문명 유적을 볼 수 있는 치클라요, 트루히요보다 덜 유명하지만, 오히려 조용해서 매력적인 도시다.

피우라는 북쪽의 대표 휴양지 망코라Mancora로 가기 위한 전진기지로도 통한다. 망코라는 휴양과 수상 액티비티에 특화된 도시. 피우라에서 망코라까지는 차로 약 3시간 정도 걸린다.

Data **지도** 009p **가는 법** 리마에서 차로 15시간, 비행기로 1시간 40분

페루에서 즐기는 정글
이키토스 Iquitos

페루 북동쪽, 아마존 정글 한가운데 자리한 도시. 정글 투어를 위해 이곳을 찾는 여행자가 점점 늘고 있다. 아마존강 유역의 중심으로, 다른 지역과 도로로 연결되지 않아 '육지 속 섬'이라는 별칭이 붙었다. 여행자는 정글 투어에 참여해 이키토스 자연 보호 구역을 탐험한다. 리마의 여행사를 통하거나, 이키토스 공항에 도착한 후 센트로에 있는 여행사에서 관련 상품을 쉽게 예약할 수 있다.

아마존강에서 세일링을 즐기고, 정글에 사는 희귀 생물과 교감하는 시간도 가진다. 정글 투어는 가격에 따라 퀄리티가 천차만별이다. 다양한 여행사의 상품을 꼼꼼하게 비교해보고 선택하는 것을 추천한다. 정글 한복판에 자리한 도시라 비행기 외에는 접근이 어렵다. 리마와 이키토스를 연결하는 항공편이 하루 6~8편 정도 있다.

Data **지도** 009p **가는 법** 리마에서 비행기로 1시간 45분

와라스에서 만나는 2월 축제

남미는 2월에 유독 세계적인 축제가 많다. 대표적으로 브라질 리우 카니발과 페루 푸노의 칸델라리아 성모 축제가 있다. 2월 즈음, 푸노, 쿠스코, 아레키파 같은 대도시부터 카하마르카, 와라스 같은 변방 도시까지 물 축제가 펼쳐진다. 도시의 전통문화나 종교 관련(가톨릭이나 잉카) 행위 예술을 선보이는 퍼레이드가 다양한 볼거리를 선사한다. 또한, 마을 최고 미인으로 뽑힌 미스 와라스도 볼 수 있다.

이 시기에 페루의 여러 도시를 찾으면, 퍼레이드뿐 아니라 시원한 물 폭탄이 곳곳에서 터지는 광경을 볼 수 있다. 태국의 송크란 축제처럼 축제에 참여한 사람들이 서로에게 물 풍선을 던지고, 물총을 쏘는 모습을 쉽게 볼 수 있다. 그래서 '남미판 송크란'으로도 불린다. 장난기로 똘똘 뭉친 현지인들은 축제를 구경하는 여행자에게도 망설임 없이 물 풍선을 던진다. 퍼레이드를 구경하는 행렬에서 물총을 쏘기도 하고, 주변 건물에서 물을 뿌리기도 한다.

행여 물에 맞았다고 해도 인상을 찌푸리는 대신 현지인과 함께 물 풍선을 던지며 함께 즐기자. 평생의 추억이 될 것이다. 다만, 축제 현장에서는 물에 젖을 염려가 있으니 고급 카메라를 비롯한 전자기기 관리에 주의할 것. 축제 기간 내내 센트로 일대는 수많은 여행자와 현지인이 한데 섞여 활력이 넘친다.

여행자의 입맛을 사로잡은 매콤함
칠리 헤븐 Chilli Heaven

아르마스 광장 북쪽에 자리한 세계 음식 전문점. 인도 음식과 태국 음식 그리고 멕시코 음식 등 다양한 나라의 요리를 판매한다. 트립어드바이저가 선정한 와라스 맛집으로 유명하다. 또한, 한국인 여행자 사이에서도 와라스에서 반드시 들려야 할 레스토랑으로 입소문 난 곳이다. 특유의 맵고 짭짤한 맛 때문에 한국인 입맛에도 잘 맞아 실패할 확률이 적다.

레스토랑 내부와 외부에 테이블이 있으며 식사 시간에는 약간의 웨이팅이 있을 수 있다. 여행자에겐 밥이 함께 나오는 인도와 태국식 카레가 인기 있다. 와라스의 다른 음식점에 비해 가격이 약간 높은 편이지만, 음식의 퀄리티, 종업원의 친절도, 쾌적한 와이파이 환경 등 만족도가 높다. 아킬포 호스텔에 묵는 한국인 여행자도 종종 찾는 음식점이라, 여러 명이 어울려 식사하면서 와라스의 각종 투어 정보를 공유한다. 단, 고수를 싫어한다면 음식을 주문하기 전에 미리 "신 실란트로Sin Cilantro(고수 빼주세요)"라고 말하자.

Data 지도 269p-A 가는 법 아르마스 광장에서 도보 2분
주소 Parque Ginebra, Jiron Jose de Sucre, lot 28, Huaraz
전화 4342-5532 운영 시간 월~일 09:30~23:00
가격 음식 30솔~, 음료 7솔~

현지인이 추천하는 음식점
엘 포곤 El Fogon

아르마스 광장 남쪽에 자리한 스테이크 전문점. 와라스의 숙소 스태프나 여행사 직원에게 주변 맛집을 물어보면, 이곳에 꼭 가보라고 추천해준다.

스테이크와 바비큐 전문점답게 소고기, 돼지고기, 닭고기, 양고기 등 각종 육류 요리가 주메뉴다. 트루차Trucha등 생선 요리도 주문할 수 있다. 보통 주메뉴에 감자튀김, 샐러드 등이 곁들여 나온다. 맥주나 와인을 함께 주문하면 근사한 식사가 완성된다. 단, 고산병이 올 수 있으니 과도한 음주는 금물.

Data 지도 269p-C
가는 법 아르마스 광장에서 도보 3분
주소 Av. Mariscal Toribio Luzuriaga 928, Huaraz
전화 4342-1267
운영 시간 월~토 12:00~00:00, 일 18:00~
가격 음식 30솔~, 음료 7솔~

와라스 최고의 피자 전문점
루이지스 피자 Luigi's Pizza

와라스 센트로에 자리한 화덕 피자 전문점. 트립어드바이저가 선정한 와라스 맛집 2위에 뽑힌 적이 있을 정도로 명성이 자자하다. 오후 5시부터 밤까지 영업한다. 하와이안 피자, 마카로니 피자, 칠리 피자 등 다양한 피자를 주문할 수 있으며, 크기에 따라 가격이 다르다.

트립어드바이저 기준, 여행자에게 93%의 만족도를 얻은 와라스 대표 음식점답게, 매일 저녁이면 빈 자리를 찾기 힘들 정도다. 내부 벽면에 먼저 다녀간 여행자가 남긴 흔적을 구경하는 재미도 쏠쏠하다. 보통 라지 한 판이면 성인 두 명이 먹기 충분하다.

Data 지도 269p-A
가는 법 아르마스 광장에서 도보 5분
주소 Mariscal Caceres 418, Huaraz
전화 4345-6123
운영 시간 화~일 17:00~23:00
휴무 월요일
가격 음식 20솔~, 음료 7솔~

깔끔한 분위기, 저렴한 음식
트리비오 레스토바 Trivio Restobar

레스토랑이지만 카페와 바도 겸하는 음식점이다. 웬만한 페루 음식은 모두 주문할 수 있으며, 파스타와 샐러드 등도 준비되어 있다. 또한, 커피와 초콜릿 무스 등 각종 케이크도 주문할 수 있다. 이곳이 유명한 이유는 점심시간에 먹을 수 있는 오늘의 메뉴 '델 디아Menu del Dia' 때문이다. 단돈 10~15솔이면 샐러드와 후식, 음료까지 포함된 메인 메뉴를 맛볼 수 있어 여행자에게 인기 있다. 가격 대비 괜찮은 메뉴를 매일 준비한다.

Data 지도 269p-A
가는 법 아르마스 광장에서 도보 2분 **주소** Altura de la Cuadra 6 Av. Mariscal Toribio Luzuriaga, Huaraz
전화 4322-0416
운영 시간 월~일 08:00~23:45
가격 음식 20솔~, 음료 7솔~

페루 정통 닭고기 전문점
라 브라사 로하 La Brasa Roja

와라스에서 매우 유명한 닭고기 요리 전문점. 1998년에 문을 연 뒤, 20년이 넘는 시간 동안 큰 사랑을 받고 있다. 닭고기로 만들 수 있는 거의 모든 요리가 준비되어 있으며, 그중 꼬치 요리가 가장 인기 있다. 닭고기와 각종 채소를 끼워 통으로 구운 요리로 감자튀김, 약간의 샐러드, 쌀밥 등이 함께 올라온다.
닭고기 요리 외에도 햄버거, 피자, 베이컨 요리 등도 준비되어 있다. 비교적 저렴한 가격에 부담 없이 한 끼 식사를 할 수 있어 여행자가 선호하는 편.

Data 지도 269p-C **가는 법** 아르마스 광장에서 도보 5분
주소 Av. Mariscal Toribio Luzuriaga 915, Huaraz
전화 4342-7738 **운영 시간** 월~토 12:00~00:00 **휴무** 일요일
가격 음식 20솔~, 음료 7솔~

달콤한 크레이프를 맛보고 싶다면
크레페리 패트릭 Creperie Patrick

크레이프가 메인이지만, 페루 음식과 서양 음식을 함께 판매하는 레스토랑이다. 각종 스테이크와 햄버거, 라자냐, 샐러드 등은 물론, 맥주와 와인도 주문할 수 있다. 여행자는 달콤한 크레이프를 맛보기 위해 이곳을 찾는다. 다양한 소스가 곁들여진 크레이프를 한입 먹으면, 고산병으로 달아난 입맛도 금세 올라 다른 메뉴를 주문하게 될 것이다. 오후에 문을 열어 밤늦게까지 영업하는 곳으로, 저녁 식사를 목적으로 방문하는 것을 추천한다.

Data 지도 269p-A
가는 법 아르마스 광장에서 도보 7분
주소 Av. Mariscal Toribio Luzuriaga 422, Huaraz
전화 4342-6037
운영 시간 월~토 16:00~23:00
휴무 일요일
가격 음식 20솔~, 음료 7솔~

가성비 높은 세계 음식점
만카 Manka

겉모습은 초라하지만 현지인이 추천하는 음식점으로, 저렴한 가격에 꽤 만족도 높은 식사를 할 수 있다. 여행자 사이에서 잘 알려지지 않은 곳이라 쾌적한 분위기에서 식사를 즐길 수 있는 것도 장점이다.
페루 음식은 물론 각종 스테이크와 피자, 파스타, 햄버거, 샐러드 등도 주문할 수 있다. 아르마스 광장에서 매우 가까우며 점심 식사 혹은 저녁 식사를 먹을 때 한번쯤 들러보는 것을 추천한다.

Data 지도 269p-B
가는 법 아르마스 광장에서 도보 5분
주소 Juan Bautista 840, Huaraz
전화 4323-4306
운영 시간 월~일 08:30~23:00
가격 음식 20솔~, 음료 7솔~

SLEEP

편안한 숙소의 교과서
호텔 라 호야 Hotel La Joya

아르마스 광장 서남쪽에 자리한 3성급 호텔. 68개의 객실. 트윈룸, 스위트룸 등이 있다. 루프톱 테라스에서 와라스 시내와 주변 안데스산맥 고봉을 파노라마 전망으로 감상할 수 있다.

Data 지도 269p-C **가는 법** 아르마스 광장에서 도보 10분 **주소** Jr. San Martin 1187, Huaraz **전화** 4342-5527 **요금** 1박 200솔~

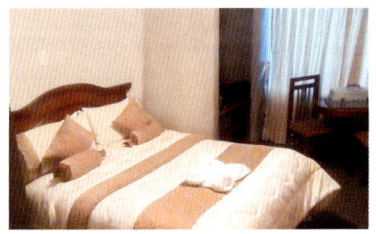

합리적인 중저가 호텔
라 오로라 La Aurora

아르마스 광장 남쪽에 자리한 3성급 호텔. 엘리베이터가 있어 큰 짐이 있어도 편하게 옮길 수 있다. 트윈룸, 더블룸, 트리플룸 등이 있으며, 무료로 조식을 제공한다.

Data 지도 269p-C **가는 법** 아르마스 광장에서 도보 7분 **주소** Av. Mariscal Toribio Luzuriaga 915, Huaraz **전화** 4342-6824 **요금** 1박 140솔~

고된 투어 후 꿀맛 같은 휴식
호텔 엘 루비 Hotel El Rubi

아르마스 광장 북쪽에 자리한다. 더블룸, 트윈룸 등이 있으며, 전용 레스토랑과 바를 갖추었다. 엘리베이터가 있어 큰 짐을 옮기기도 좋다.

Data 지도 269p-A **가는 법** 아르마스 광장에서 도보 3분 **주소** Av. Mariscal Toribio Luzuriaga 550, Huaraz **전화** 9992-99957 **요금** 1박 180솔~

저렴하고 편안한 2성급 호텔
호텔 발렌시아 2 Hotel Valencia 2

중앙 시장 근처에 자리한 2성급 호텔. 더블룸, 트리플룸 등이 있으며, 객실에서 보이는 와라스 센트로 전망이 근사하다.

Data 지도 269p-A **가는 법** 아르마스 광장에서 도보 5분 **주소** Jr. San Martin 480, Huaraz **전화** 4350-9155 **요금** 1박 95솔~

한국인 여행자 사이에서 인기 폭발
아킬포 호스텔 Akilpo Hostel

한국인 여행자가 많이 찾는 곳이라 일명 '한국인 호스텔'이라는 별칭이 붙었다. 와라스는 작은 마을이지만 만실이 되는 경우도 있다. 리셉션에서 파스토루리 빙하, 파라마운트, 69 호수, 산타 크루즈 트레킹 등 와라스 대표 투어를 편하게 신청할 수 있어 유명해졌다. 한국인 여행자가 많이 묵어, 한국인 여행자와 함께 투어를 즐길 수 있는 점도 인기 요인.

개인실은 트윈룸이 있고, 나머지는 모두 도미토리룸이다. 4, 8인 혼성 도미토리룸이 있는데, 많은 여행자가 공동으로 사용하는 공간인 만큼 호스텔 규칙을 잘 지키고 보안은 각자 신경 쓰는 것이 좋다. 열악한 와라스에서 배낭여행자를 만족시킬 만한 시설을 갖추었다. 따뜻한 물도 잘 나오는 편. 부엌에서 간단한 요리를 만들 수 있고, 와이파이도 잘 잡힌다. 아르마스 광장과 중앙 시장도 가깝다.

Data 지도 269p-A 가는 법 아르마스 광장에서 도보 7분 주소 Antonio Raymondi 510, Huaraz 전화 4345-6169 요금 1박 25솔~

배낭여행자 맞춤형 숙소
엘 하칼 백패커 El Jacal Backpacker

아킬포 호스텔 다음으로 한국인 여행자가 많이 선택하는 호스텔. 싱글룸과 더블룸, 혼성 도미토리룸이 준비되어 있다. 아르마스 광장에서 가깝다. 객실도 청결하고, 조식이 맛있다는 평가를 받는다. 밤에도 픽업을 나오고, 택시까지 잡아주는 등 리셉션 직원이 친절하다. 각종 투어도 소개해준다.

Data 지도 269p-D 가는 법 아르마스 광장에서 도보 5분 주소 Jiron 28 de Julio 1066, Huaraz 전화 4323-2924 요금 1박 35솔~

숙박과 각종 투어를 한 번에 해결
K2 페루 호스텔 K2 Peru Hostel

배낭여행자가 많이 찾는 백패커스형 숙소에 가깝다. 더블룸과 트윈룸, 트리플룸, 패밀리룸이 있다. 오버부킹으로 예약이 취소된 적이 단 한 차례도 없다고 광고할 만큼 신용도가 높은 숙소다. 와라스의 주요 투어도 소개해준다. 센트로 중심에 있어 버스터미널, 여행사, 유명 레스토랑과 카페 등도 가깝다.

Data 지도 269p-A 가는 법 아르마스 광장에서 도보 7분 주소 Antonio Raymondi 318, Huaraz 02000, Huaraz 전화 9830-88706 요금 1박 35솔~

여행 준비 컨설팅

미지의 남미 대륙에 간다는 것만으로도 심리적 부담이 크다.
하지만, 하나하나 준비하다 보면 페루 여행도 그렇게 어렵지 않다는 것을 알 수 있다.
페루 여행을 결심한 시기부터 떠나는 날까지의 모든 것을 담았다.

D-80

MISSION 1 설레는 여행 계획하기

1. 여행의 형태를 결정하자

페루 여행에 앞서 가장 중요한 것은 일정이다. 시간이 넉넉한 여행자라면 2~3주 이상의 자유여행을, 시간이 촉박한 직장인이라면 패키지여행을 추천한다. 우리나라에서 가장 먼 대륙이기에 패키지여행도 최소 10일 이상인 상품이 대다수다. 그만큼, 페루 여행은 일단 큰 결심을 해야만 떠날 수 있다. 자유여행과 패키지여행의 장점을 섞은 세미패키지여행 상품도 있다. 항공과 이동, 호텔, 식사는 기존 패키지 상품과 같지만, 중간중간 자유시간이 주어지고 쇼핑과 옵션 투어가 없기 때문에 여행에 집중할 수 있는 것이 장점이다.

단독으로 페루 여행 상품을 판매하는 여행사는 매우 드물고, 보통 페루와 볼리비아, 칠레, 브라질, 아르헨티나를 섞은 상품이나, 북중미 멕시코와 쿠바를 추가한 상품이 많은 편. 페루 자체만 둘러보는 상품으로는 '〈페루 홀리데이〉 저자와 함께 떠나는 페루 여행 상품(여행박사)'이 있으니 참고하자. 페루 여행의 세부 계획을 짜기에 앞서 여행 타입과 여행 기간, 비용 등을 미리 고려해야 한다. 그다음에 관련 여행 상품을 찾거나 자유 일정을 계획하면 된다.

2. 출발 시기를 정하자

페루를 여행하기에 가장 좋은 시기는 우기인 11~3월이다. 남미의 화려한 축제를 볼 확률이 높고, 인근 볼리비아에 있는 우유니 소금사막을 가장 멋지게 조망할 수 있는 시기다. 쿠스코 지역은 9월 말에서 11월 초가 가장 좋다. 건기가 끝나는 시기라 비도 오지 않고, 덜 붐비기 때문. 볼리비아를 방문할 예정이 없다면 나머지 시기에 찾아도 크게 상관 없다.

> **Tip** 페루는 고도와 주변 환경에 따라 다양한 기후대가 존재하기 때문에 짧은 소매의 옷과 긴 소매의 옷을 모두 준비해야 한다. 남반구에 위치해 있기 때문에 우리와 계절이 반대라는 점도 기억해둘 것. 여름에는 햇볕이 강해 선크림과 선글라스를 반드시 챙겨야 한다. 특히 40도를 넘나드는 이카와 나스카 일대는 무더위로 고생할 수 있다. 쿠스코와 푸노, 와라스 등 안데스 고산 지역은 바람막이를 비롯한 방한용 옷을 준비하는 것이 좋다.

3. 여행 기간을 결정하자

페루 여행의 핵심은 여행 기간이다. 자유여행으로 떠나는 사람도 있겠지만, 원하는 만큼 시간을 내지 못하는 여행자도 많다. 하지만, 짧게 다녀오자니 비싼 항공료가 부담이다. 페루는 매우 크기 때문에 주요 도시인 리마를 비롯해 이카, 아레키파, 쿠스코, 푸노 등을 둘러보려면 최소 10일 이상을 투자해야 한다.

만약 2주 이상 여유가 있다면 나스카, 와라스 등을 추가로 둘러볼 수 있다. 3주 이상 여행한다면 이웃 나라 볼리비아도 다녀올 수 있다. 이왕 페루를 여행한다면 최소 2주 이상 일정으로 계획하는 것을 추천한다.

D-70

MISSION 2 실감 나는 여행 준비, 항공권과 숙소 예약

1. 항공권을 구입하자

우리나라에서 페루로 가는 직항 노선은 없다. 보통 북미 경유지를 거쳐 리마로 들어간다. 거리가 제법 멀기 때문에 저렴한 항공권을 찾기가 어렵다. 그나마 비수기나 경유 시간이 긴 항공권이 저렴하다. 또한, 항공권은 미리 발권할수록 저렴하다. 페루 여행을 결심했다면 틈나는 대로 항공권 사이트를 둘러보자. 각종 항공사 홈페이지, 여행사 홈페이지, 항공권 가격 비교 사이트나 스마트폰 애플리케이션 등에서 페루행 항공권을 검색할 수 있다.

성수기에는 200만 원 정도거나 이상이고, 비수기엔 110~150만 원 정도다. 경유 시간이 매우 긴 비수기 항공권은 100만 원 이하도 간혹 보인다. 경유 횟수와 항공사 정책, 출발일 등에 따라 가격 변동폭이 큰 편이니 여러 조건에 맞게 부지런히 찾아보는 습관을 들여야 한다.

주요 항공사 홈페이지
에어캐나다 www.aircanada.com
아에로멕시코 www.aeromexico.co.kr
아메리칸항공 www.american-airlines.co.kr
델타항공 ko.delta.com
라탐항공 latam.co.kr

항공권 가격 비교 사이트
스카이스캐너 www.skyscanner.co.kr

2. 숙소를 예약하자

페루의 숙소는 최고급 호텔부터 중저가 호텔, 호스텔, 게스트하우스, 호스페다헤까지 다양하다. 호스텔과 게스트하우스, 호스페다헤는 1박에 30솔 내외로 매우 저렴하다. 중저가 호텔은 100솔 내외, 최고급 호텔은 300~400솔을 호가하거나 그 이상이다. 수도 리마의 숙박비가 가장 비싼 편이며, 그다음으로 쿠스코와 아레키파가 비싸며, 이카, 나스카, 푸노, 와라스는 저렴한 편이다.

호텔은 대부분 유럽식 조식이 포함되어 있으며, 유료인 경우가 있으니 체크하는 것이 좋다. 주인집 가족과 함께 사용하는 호스페다헤는 가격도 저렴하고 현지인과 같은 공간에서 생활하면서 특별한 경험을 할 수 있다. 호텔이나 호스텔의 경우, 홈페이지에서 직접 예약해도 되지만 다양한 이벤트와 할인율이 높은 호텔 가격 비교 예약 사이트나 애플리케이션 등을 이용해서 예약하는 것을 추천한다. 성수기나 축제 기간에는 숙박비가 좀 더 비싸거나 예약이 어려울 수 있다. 또한, 게스트하우스나 호스페다헤에 묵을 예정이라면 각 도시 센트로 주변에서 쉽게 발견할 수 있으니, 즉흥적으로 예약하면 된다.

호텔 가격 비교 예약 사이트
익스피디아 www.expedia.co.kr
호텔스닷컴 kr.hotels.com
아고다 www.agoda.com/ko-kr
부킹닷컴 www.booking.com
호스텔월드 www.korean.hostelworld.com

D-50

MISSION 3 해외여행의 필수, 여권 만들기

1. 어디서 만들까?

서울에서는 외교통상부를 포함한 대부분의 구청에서, 광역시를 비롯한 지방에서는 도청이나 시청, 구청에 설치된 여권과에서 편리하게 발급받을 수 있다. 신청 후 발급까지는 보통 3~7일 정도 소요된다. 구비 서류를 준비하고 직접 방문해야 하나 질병, 장애 등의 이유로 직접 발급이 어려운 경우나 18세 미만의 경우는 대행으로 발급받을 수 있다. 소요 비용은 단수 여권의 경우 20,000원, 복수 여권은 5년 미만 45,000원, 5년 이상(10년)의 경우 53,000원이다.

2. 어떤 서류가 필요할까?

- 여권 발급 신청서 1부(기관 내 구비)
- 여권용 사진 1매(6개월 내 여권용으로 촬영한 것, 전자 여권이 아닌 경우 2매)
- 신분증(주민등록증, 운전면허증 등)
- 발급 수수료(현금)
- 국외여행 허가서, 국외여행 허가 증명서 (25~27세 병역미필자의 경우)

참고 사이트
외교부 여권 안내 홈페이지
www.passport.go.kr

D-30
MISSION 4 아는 것이 힘, 여행 정보 수집

여행 일정도 정했고, 여권도 만들었으니 여행 계획을 세워보자. 먼 페루까지 가기 위해서는 떠나기 전 여행 정보를 부지런히 찾는 게 도움이 된다. 여행서를 보고 큰 그림을 그리고, 여행자의 후기와 현지 사이트를 보면서 디테일한 정보를 수입하자.

1. 여행서를 찾아보자

〈페루 홀리데이〉를 펼친다. 하고 싶은 페루 여행의 종류에 따라 다양한 정보들을 찾고 표시하는 등 공부한다. 페루 주요 여행지를 중심으로 최신 여행 정보를 담고 있다. 〈론리 플래닛〉의 경우 한글판이 없고 영문판 또한 해외에서 구매해야 한다.

그 외에 〈페루 홀리데이〉 저자의 남미 에세이 〈남미로 맨땅에 헤딩〉, 〈올라! 중남미〉 등 몇 종의 도서가 있다. 자신에게 맞는 도서를 골라 나만의 여행을 준비해보자.

2. 여행자의 후기를 찾아보자

가장 일반적인 방법은 페루 여행자의 블로그를 찾아보는 것이다. 검색되는 여행지가 겹치고 짧은 일정 위주지만, 최신 여행 정보를 얻는 데 이만한 도구가 또 없다. 다만, 가이드북이나 기사보다 전문성이 떨어지는 것은 감안해야 한다. 또한, 최대 규모의 남미 관련 카페 '남미사랑'을 참고하는 것도 좋다. 페루 현지 관련 최신 정보는 물론, 먼저 다녀간 여행자의 생생한 후기도 볼 수 있다. '남미사랑'에서 만든 오픈 카카오톡 페루방도 큰 도움이 된다. 페루 여행자는 물론 전문가가 항시 대기하고 있기 때문에 실시간으로 답변을 얻을 수 있다.

페루 여행 정보 사이트
남미사랑 cafe.naver.com/nammisarang
남미사랑 오픈 카카오톡 페루방
open.kakao.com/o/gyMXaxB
(참여코드 namsa)

3. 현지 사이트를 찾아보자

페루관광청을 비롯한 여러 사이트에는 다양한 여행 상품, 교통, 숙박 등에 관한 정보가 있다. 한글판이 있는 경우도 있고, 그렇지 않은 경우도 있다. 각종 여행 정보를 얻는 데 굉장히 유용하다.

참고 사이트
페루관광청 www.peru.travel
트립어드바이저 페루 여행 정보
www.tripadvisor.co.kr/Tourism-g294311-Peru-Vacations.html

D-14
MISSION 5 알뜰살뜰 여행 경비 준비

1. 환전
현금 환전은 주거래 은행이나 지점에 방문하거나, 사이버 환전을 하면 된다. 페루 화폐는 국내에서 환전할 수 없으므로 다른 외화로 준비한 뒤 현지에서 다시 환전해야 한다. 일반적으로 달러(USD)화로 바꾸고 페루에 도착해 누에보 솔(PEN)로 재환전한다. 유로나 캐나다 달러, 멕시코 페소보다 달러가 유리하다.

2. 신용카드
공항, 호텔이나 레스토랑의 경우 신용카드를 사용할 수 있다. 신용카드는 마스터, 아메리칸 익스프레스보다 비자(VISA)를 받는 경우가 많다. 그러나, 대부분의 현지인 레스토랑이나 숙소, 재래시장 등에서는 신용카드 사용이 어렵다. 가능하면 현금을 여유 있게 준비하는 것이 좋다. 우리나라에서 사용하는 현금직불카드나 체크카드도 사용할 수 있다. ATM 기기를 이용해 현금을 찾는 것도 방법이다.

D-10
MISSION 6 입국 관련 서류 준비하기

여행자 보험
해외여행을 하면서 어떤 사건 사고와 만날지 모르니 여행자 보험은 반드시 들어두는 것이 좋다. 여행자 보험은 보험료에 따라 실속, 표준, 고급 플랜으로 구분한다. 플랜에 따라 보상 한도가 다르니 꼼꼼하게 살펴보고 선택해야 한다. 상품 선택은 여행자의 몫. 여행자 보험은 여행지에서 불의의 사고로 병원에 가거나 물건을 잃어버렸을 경우, 물건이 파손되었을 경우, 범죄에 직면했을 경우 등 매우 유용하다.

D-2
MISSION 7 완벽하게 짐 꾸리기

여행 당일 중요한 것을 놓고 공항에 가는 일이 발생할 수 있다. 그런 일에 대비하기 위해 리스트를 만들어 꼼꼼히 챙기자. 페루 여행에 있어 반드시 챙겨야 할 물건을 정리했다.

꼭 가져가야 할 것들

여권 해외여행의 기본이다. 만료일 6개월 이상 여부를 반드시 확인하고, 잔여 기간이 6개월 미만이면 미리 갱신하자.

항공권 전자 티켓의 경우 왕복으로 출력하자. 페루는 입국 시 출국 티켓을 확인하는 편이다.

여행 경비 신용카드와 현금은 가방에 잘 나눠서 보관해야 분실 시 응급 대응이 편하다. 너무 많은 곳에 숨겨 못 찾는 일이 없도록 몇 개에만 나누고, 휴대용 가방에는 현지에 도착할 때까지 쓸 수 있는 현금을 준비하자.

의류 및 신발 페루는 다양한 기후대가 존재하기 때문에 긴 소매의 옷과 짧은 소매의 옷을 골고루 준비해야 한다. 신발은 트레킹화와 슬리퍼 모두를 챙기는 것이 좋다.

가방 현금을 쓸 일이 많으므로 작은 휴대용 가방을 챙기면 좋다. 책과 카메라, 여권 사본 등을 같이 넣을 정도의 크기로 준비하자. 쿠스코와 아레키파 등의 도시에서는 소매치기와 날치기가 출몰하기 때문에 잘 잠기는지 미리 확인하자.

우산&우비 고산 지대에서는 비를 만날 확률이 높은 편이다. 폭우를 동반한 소나기는 흔하지 않지만, 흐린 날씨 속 이슬비에 대비해 작은 우산이나 우비 하나 정도를 챙기는 것이 좋다.

화장품 스킨과 로션 등 작은 샘플을 준비하면 유용하다. 현지에서 사서 쓸 생각은 하지 않는 것이 좋다. 불필요한 짐만 늘어날 뿐이다.

세면도구 준비해 가지 않는다면 전부 돈이다. 샴푸, 비누, 치약, 칫솔, 면도기 등은 여유 있게 준비하는 것이 좋다. 호텔에는 개인 수건이 있지만 호스텔에는 없으니 스포츠타월과 같이 잘 마르는 수건을 챙기자. 작은 헤어드라이어도 챙기면 유용하다.

비상약품 해외여행을 할 때 상비약은 늘 챙기자. 해열제와 소화제, 진통제, 지사제, 파스, 밴드 등을 소지하고 있으면 비상 상황 시 유용하게 쓰인다.

생리용품 현지에서도 구입은 가능하다. 하지만 마트를 방문하는 일이 번거롭기 때문에 가능하면 미리 준비하는 것이 좋다.

휴대전화 숙소나 레스토랑은 와이파이 환경이 좋은 편. 페루 현지 유심을 구매하면 괜찮은 속도로 인터넷을 즐길 수 있다. 비상 상황 시 대처는 물론 여행 정보를 검색하려면 휴대전화는 선택이 아닌 필수다.

카메라 본인의 취향에 맞는 사이즈, 사양을 선택하고 배터리와 메모리 카드는 여유분을 넉넉히 챙기는 것이 좋다. 마추픽추와 티티카카 호수, 이카 사막에서, 그리고 안데스 고산 트레킹을 하다 보면 평생 잊지 못할 장면을 찍을 수 있다.

어댑터 멀티 어댑터를 챙기는 것이 좋다. 우리나라와 콘센트 모양이 같지만, 간혹 사이즈가 다른 곳이 있다.

가이드북 〈페루 홀리데이〉는 반드시 챙기자!

가져가면 편리한 것들

수영복 이카나 나스카, 리마 등에서 호텔에 머물 생각이라면 수영복을 준비하는 것이 좋다. 호텔 내에 수준급 수영장이 많다. 아레키파 콜카 캐니언 투어 시 온천욕을 즐길 때도 유용하다.

선크림 햇볕이 매우 강한 지역이 많다. 충분히 준비하는 것이 좋다.

선글라스 단순한 패션 아이템이 아니다. 강한 햇볕으로부터 눈을 보호해야 한다.

머플러 햇볕이 강한 이카 사막에서 유용하게 쓰인다. 가끔 모래바람을 막아주는 데도 쓰인다.

모자 페루 각지에서 강한 햇볕을 막아준다.

바람막이&카디건 해발고도가 높은 고산 지역에서 아침저녁으로 입기 편하다.

동전 지갑 동전이 생기는 경우가 많다. 작은 지갑 하나를 챙기면 유용하다.

멀티 콘센트 3~5구짜리 멀티 콘센트가 있으면 전자제품 충전 시 매우 편하다.

휴대용 선풍기&부채 하절기의 페루는 무더운 지역이 많다. 휴대용 선풍기나 부채를 준비하면 꽤 쏠쏠하다.

소형 자물쇠 호스텔 이용 시 유용하다. 열쇠 자물쇠보다는 비밀번호를 입력하는 자물쇠를 추천한다.

물티슈 의외로 많은 곳에 사용된다. 여행용 물티슈 한 통 정도 준비하면 좋다.

지퍼백 마르지 않은 빨래, 샴푸나 로션 같은 물건을 담기에 좋다.

볼펜 기내에서 입국 신고서나 공항에서 출국 신고서를 작성할 때 필요하다. 해외여행을 갈 때 필기도구는 늘 준비하는 습관을 들이자.

액션캠 이카 버기 투어나 나스카 경비행기 투어, 안데스 고산 트레킹 등을 하면서 역동적인 영상을 찍을 수 있다.

보조배터리 페루는 이동이 긴 편이다. 장거리 이동 시 보조배터리가 있으면 매우 유용하다. 보조배터리는 반드시 기내에 들고 타야 한다.

빨랫비누&세제 페루 장기 여행을 한다면 빨래를 하는 경우가 종종 생긴다. 속옷과 수건 등을 빨 때 요긴하게 쓰인다.

반짇고리 단추가 떨어지거나 가방이 망가졌을 경우 유용하다.

침낭 베드버그가 두렵다면 침낭을 챙기자. 호스텔과 게스트하우스 혹은 트레킹 천막에서 유용하다. 가벼운 것을 추천한다.

읽을거리&음악 페루는 땅덩이가 크기 때문에 버스 이동 시간이 매우 길다. 지루함을 달래줄 책이나 음악 리스트를 미리 준비하자.

D-day

MISSION 8 입국과 출국

인천 국제공항에서 출국하기

1. 탑승 수속하기
출발 2~3시간 전에 공항에 도착하자. 해당 항공사의 카운터에서 여권과 출력해온 전자 티켓을 제시하고 보딩 패스를 받는다. 원하는 좌석이 있다면 요청할 것.

2. 짐 부치기
항공사별로 무게 제한이 있으니 사전에 미리 확인하자. 외항사의 경우 20kg까지 허용한다. 칼이나 라이터, 100ml 이상의 액체류는 기내 반입이 불가하니 화물로 부쳐야 하고, 보조배터리는 반드시 기내에 들고 타야 한다.

3. 보안 검색과 출국 수속
노트북, 카메라, 휴대폰 등은 따로 꺼내 바구니에 넣어 엑스레이 검사를 받고, 여행자는 모자나 선글라스 등을 벗고 문형 탐지기를 통과해야 한다. 몸 검사를 마친 후, 여권과 탑승권을 들고 출입국 심사를 받는다.

4. 탑승하기
탑승권에 표기된 탑승구로 향하자. 탑승권에 표기된 보딩 시간 30분 전에는 탑승 게이트에 도착하는 것이 좋다.

리마 호르헤 차베스 국제공항으로 입국하기

1. 출입국 신고서 작성하기
출입국 신고서는 기내에서 작성한다. 간혹 항공사에 따라 스페인어로 된 출입국 신고서를 받는 경우에는 리마 공항에 도착한 뒤 영어 출입국 신고서를 쓰면 된다.

2. 입국 심사
여권, 출입국 신고서, 돌아오는 전자 티켓 등을 챙겨 입국 심사를 받는다. 숙소 주소, 여행 목적, 세부 일정 등을 물어볼 수도 있으니 대비하는 것이 좋다.

3. 수하물 찾기
해당 항공편 짐이 도착하는 레일 번호를 확인한 후, 레일로 가서 짐을 찾으면 된다.

Tip 자동 출입국 심사
만 19세 이상 대한민국 여권 소지자라면 사전 등록 절차 없이 자동 출입국 심사 서비스를 이용할 수 있다. 그러나 만 19세 미만 또는 인적 사항이 변경되었거나 주민등록증을 발급받은 지 30년이 지난 사람은 사전 등록을 해야 한다. 사전 등록은 인천공항 제1터미널 출국장 3층 F달권 카운터 앞 등록 센터 및 제2터미널 2층 중앙 정부 종합 행정 센터 쪽 등록 센터에서 할 수 있다. 운영 시간은 모두 07:00~19:00까지. 사전 등록 시 여권과 얼굴 사진 준비는 필수다.

Tip 인천 국제공항 터미널을 확인하자!
인천 국제공항의 터미널은 제1터미널과 제2터미널로 나뉜다. 두 터미널의 거리가 꽤 떨어져 있는데다가, 각각 취항 항공사가 다르므로 출발 전 터미널 번호를 꼭 확인해야 한다. 대한항공, 델타항공, 에어프랑스, KLM네덜란드항공, 아에로멕시코를 이용하는 경우에는 제2터미널로, 그 외에는 제1터미널로 가야 한다. 터미널 간 이동은 무료 순환버스(5분 간격 운행)를 이용할 수 있다. 제1터미널 3층 중앙 8번 출구, 제2터미널 3층 중앙 4~5번 출구 사이에서 출발하며 15~20분 소요된다.

완벽한 페루 여행을 위한 소소한 Tip

01 페루의 팁 문화

페루에는 팁 문화가 있지만, 미국이나 영국 등 영어 문화권 국가와 달리 무조건 줘야 하는 것은 아니다. 보통 호텔이나 레스토랑에서 팁을 주면 된다. 호텔에서는 10%의 팁을 객실에 두고 나오면 되고, 레스토랑에서는 괜찮은 서비스를 받았다고 생각한다면 5~10%의 팁을 탁자에 두고 나오면 된다. 영수증에 봉사료가 포함되어 있다면 팁을 줄 필요가 없다. 당일치기 투어에 참여한 경우, 가이드가 고생했다고 생각하면 약간의 팁을 주는 센스를 발휘하자.

02 페루의 물가는 저렴하다

페루는 물가가 저렴한 나라 가운데 하나다. '배낭여행자의 천국'이라는 별칭이 괜히 붙은 것이 아니다. 고급 호텔과 고급 레스토랑을 방문하지 않는 이상 마추픽추 입장과 왕복 트레인, 각종 투어에 참여하는 경우를 제외하면 큰돈이 나갈 일은 없다. 장거리를 갈 때 저렴한 요금으로 이동할 수 있는 교통수단이 많은 편이다. 장기 여행자의 경우, 호스텔에 묵고 저렴하게 이동하는 등 알뜰하게 지출 계획을 세우면 매우 저렴하게 페루를 여행할 수 있다.

03 저렴한 숙소는 베드버그 조심!

수많은 여행자가 다녀가는 만큼 침구류 위생 상태에 대한 우려가 있을 수 있다. 유명한 체인형 호스텔은 위생 상태가 좋은 편이지만 무조건 믿을 수는 없다. 페루를 비롯한 남미의 저렴한 숙소에서 베드버그에 물릴 확률은 상당히 높은 편. 페루 약국에서 벌레 퇴치용 약품을 산 뒤 자기 전에 침구에 뿌리는 것이 좋다. 참고로 스프레이형 벌레 퇴치 아이템을 한국에서 미리 구매해서 들고 가기는 어렵다. 기내에서 폭발의 위험이 있기 때문. 얇은 침낭을 준비해 침대 위에 깔고 자는 것도 하나의 방법이다.

04 페루에서 음식은 입에 잘 맞을까?

페루로 떠나기 전부터 음식 걱정을 하는 여행자가 많다. 가이드북을 보니 기니피그로 만든 쿠이, 시큼시큼한 맛의 세비체, 소의 심장을 잘라 구운 안티쿠초 등이 자주 언급되는 것을 보면 더더욱 걱정될 수도 있다. 페루는 미식 국가로 유명한 만큼 다양한 음식을 맛볼 수 있다. 서양식 피자와 파스타, 햄버거는 물론 동양식 볶음밥도 쉽게 접할 수 있으니 음식에 대한 걱정은 접어도 좋다.

05 도심(센트로)에서는 소매치기 조심

전 세계 여행자가 모이는 관광 국가답게 소매치기와 날치기도 빈번하게 발생하는 편이다. 여행지에서 소지품은 본인이 직접 챙기는 습관을 들이자. 사람이 많이 모이는 광장, 시장, 버스터미널 등에서는 늘 주변을 경계해야 한다. 카메라는 반드시 목에 걸고, 여권과 지갑 같은 중요한 물건은 가방 깊숙한 곳에 넣는 것이 좋다. 만약 소매치기나 날치기를 만나 물건을 잃어버렸다면, 가까운 경찰서를 찾아 폴리스리포트를 작성해야 한다. 약간의 보상을 받기 위해서 여행자 보험은 필수다.

06 쇼핑을 할 때는 꼭 흥정할 것

페루 주요 도시의 기념품숍이나 재래시장에서 물건을 살 때 흥정은 필수다. 상인이 처음 부르는 가격을 듣고 지갑을 열지 말고, 그들이 부르는 가격의 절반을 다시 불러보고 흥정하는 것이 중요하다. 마음에 드는 물건을 발견했다면 흥정도 해보고 과감히 돌아서는 액션을 취하자. 상인이 더 낮은 가격을 부르며 흥정을 시도할 것이다.

07 야간 이동 시 짐 관리에 주의하자

페루 여행을 하다 보면 장거리 야간 버스로 이동하는 경우가 종종 있다. 리마-아레키파, 아레키파-쿠스코, 쿠스코-리마, 리마-와라스 구간이 있다. 짧게는 8시간, 길게는 20시간까지 걸리는 거리인 만큼 짐 관리에도 주의해야 한다. 등급이 높은 버스를 타면 보안 검사를 철저히 하기 때문에 짐을 분실할 우려가 적다. 하지만, 등급이 낮은 버스를 타면 휴게소마다 사람이 오르내리고, 잡상인도 타는 등 분실 확률이 높아진다. 버스에서 잠이 들 때는 가방을 앞으로 메거나 두 손으로 꼭 잡고 있는 것이 좋다.

08 원주민과 사진을 찍고 싶다면 팁은 필수다

아레키파나 쿠스코, 푸노 등의 센트로를 걷다 보면 전통 의상으로 차려입은 원주민을 쉽게 만날 수 있다. 원주민 아주머니나 어린아이가 새끼 라마나 알파카를 데리고 서 있는 경우가 많다. 멀리 남미까지 왔으니 그들과 사진을 찍어보자. 원주민과의 기념사진은 뜻깊은 추억이 된다. 단, 그들과 멋진 사진을 찍고 싶다면 약간의 팁을 주는 것이 좋다. 정해진 요금은 없지만, 보통 한두 컷 정도의 사진을 찍었을 경우 1솔짜리 동전 하나면 충분하다. 간혹 돈을 더 달라며 화를 내는 원주민도 있는데 단호하게 거절하면 된다.

꼭 알아야 할 페루 필수 정보

페루에 대한 기본 상식

국가명 페루 공화국 República del Perú
수도 리마 Lima
면적 1,285,216km²(한반도의 6배)
위치 남아메리카 대륙 중서부
언어 스페인어, 케추아어
민족 인디오 45%, 메스티소 37%, 백인 15%
기후 안데스산맥의 영향으로 다양한 기후대가 존재한다. 크게는 우기와 건기로 나뉜다. 고산 지역은 춥고 서늘하며, 해안 지역은 덥고 습하다.
인구 3,293만 명(2019년 기준)
종교 가톨릭교
통화 누에보 솔(PEN)
시차 한국보다 14시간 느림
전압 220V. 콘센트 모양이 다른 경우가 종종 있어 멀티 어댑터를 준비하면 좋다.
전화 국가번호 51. 페루에서 한국으로 전화를 걸 때는 국가번호 51을 누르고 0을 제외한 지역번호와 전화번호를 누른다.

유용한 전화번호

■ **주 페루 대한민국 대사관**
근무 시간 08:30~12:00, 14:00~17:00
전화 (+51)1-632-5000, (+51)9987-87454 (근무 시간 외, 긴급 시)
홈페이지 overseas.mofa.go.kr/pe-ko/index.do

■ **외교통상부 영사 콜센터(24시간)**
전화 (+82)2-3210-0404

■ **해외 안전 여행 사이트**
홈페이지 www.0404.go.kr

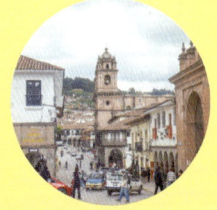

여행 전에 배우는
유용한 스페인어 표현

페루는 스페인어를 사용한다. 포르투갈에 점령당한 브라질을 제외하고 대항해 시대 스페인에게 점령당한 아르헨티나, 칠레, 볼리비아, 에콰도르, 콜롬비아, 멕시코를 비롯한 중앙아메리카의 주요 국가에서 스페인어를 쓴다. 페루는 물론 남미의 다른 국가를 방문한다면, 간단한 스페인어 회화 정도는 숙지하는 것이 좋다. 스페인어 표현을 알면 알수록 여행이 편해진다.

Tip 휴대전화 각종 번역기 애플리케이션을 사용하는 것도 하나의 방법이다. 구글 번역기, 파파고Papago 등의 애플리케이션으로 간단한 스페인어는 알 수 있다. 긴 문장 번역은 어렵지만, 간단한 회화 사용 시 매우 유용하다.

인사말

안녕 ¡Hola [올라]
안녕하세요? ¿Cómo está? [코모 에스타]
처음 뵙겠습니다 Mucho gusto [무초 구스토]
안녕하십니까?(오전) Buenos días
[부에노스 디아스]
안녕하십니까?(오후) Buenas tardes
[부에나스 타르데스]
안녕하십니까?(밤) Buenas noches
[부에나스 노체스]
만나서 반갑습니다
Encantado(남성) [엥칸타도] /
Encantada(여성) [엥칸타다]
(정말) 감사합니다 (Muchas) gracias
[(무차스) 그라시아스]
안녕히! Adiós [아디오스]
나중에 또 봅시다 Hasta luego
[아스타 루에고]
실례합니다 Perdón [페르돈]
좋습니다 Esta bien [에스타 비엔]
미안합니다 Lo siento [로 시엔토]
네 Sí [시] / 아니오 No [노]
뭐라고요? ¿Cómo? / ¿Perdón? [코모 / 페르돈]
모르겠습니다 No sé [노 세]
잠시만요 Un momento [운 모멘토]

소개

성함이 어떻게 되십니까? ¿Cómo se llama usted?
[코모 세 야마 우스테드]
제 이름은 '리'입니다 Me llamo Lee
[메 야모 리]
어디서 오셨습니까? ¿De dónde es usted?
[데 돈데 에스 우스테드]
저는 한국에서 왔습니다 Soy de corea
[소이 데 코레아]
저는 여행 중입니다
Estoy de viaje [에스토이 데 비아헤]
저는 30세입니다 Tengo treinta años
[텡고 트레인타 아뇨스]

자주 쓰는 표현

얼마입니까? ¿Cuánto cuesta?
[콴토 쿠에스타]
시간이 얼마나 걸립니까?
¿Cuánto tiempo se tarda?
[콴토 티엠포 세 타르다]
몇 시입니까? ¿Qué hora es? [케 오라 에스]
이것이 무엇입니까? ¿Qué es esto?
[케 에스 에스토]
영어 할 수 있나요? ¿Hablas ingles?
[아블라스 잉글레스?]
오늘 밤 쓸 빈방 있나요?
¿Tiene habitación libre para esta noche?
[티에네 아비타시온 리브레 파라 에스타 노체]
방을 볼 수 있습니까? ¿Puedo ver la habitación?
[푸에도 베르 라 아비타시온]
메뉴 좀 부탁합니다 El menú por favor
[엘 메누 포르 파보르]
주문할 수 있습니까? ¿Puedo pedir?
[푸에도 페디르]
무엇을 저에게 추천하시겠습니까?
¿Qué plato me recomienda?
[케 플라토 메 레코미엔다]
물 좀 주세요 Agua, por favor
[아구아 포르 파보르]
계산서 좀 주세요 La cuenta, por favor
[라 쿠엔타 포르 파보르]
화장실이 어디에 있습니까?
¿Dónde está el baño?
[돈데 에스타 엘 바뇨]
스페인어를 못합니다 No hablo español
[노 아블로 에스파뇰]
네, 기다리겠습니다 Si, esperamos
[시 에스페라모스]
사진을 찍어도 될까요? ¿Puedo sacar una foto?
[푸에도 사카르 우나 포토]

도와주세요! ¡Socorro! [소코로]
위험해요! ¡Cuidado! [쿠이다도]

알아두면 유용한 단어들

여권 Pasaporte [파사포르테]
예약 Reserva [레세르바]
입구 Entrada [엔트라다]
출구 Salida [살리다]
오픈 Abierto [아비에르토]
클로즈 Cerrado [세라도]
매표소 Taquilla [타키야]
화장실 Baño [바뇨]
공항 Aeropeurto [아에로푸에르토]
버스 Autobuses [아우토부세스]
지하철 Metro [메트로]
역 Estación [에스타시온]
정류장 Parada [파라다]
기차 Tren [트렌]
시간 Tiempo [티엠포]
티켓 Billete [비예테]
지도 Mapa [마파]
편도 Ida [이다]
왕복 Ida y vuelta [이다 이 부엘타]
물 Agua [아구아]
소금 Sal [살]
맥주 Cerveza [세르베사]
와인 Vino [비노]
음료 Bebida [베비다]
고기 Carne [카르네]
생선 Pescado [페스카도]
우유 Leche [레체]
주스 El zumo [엘 수모]
닭고기 Pollo [포요]
햄버거 Hamburguesa [암부르게사]
튀김 Frito [프리토]
커피 El café [엘 카페]
과일 La fruta [라 프루타]
사과 Manzana [만사나]
오렌지 Naranja [나란하]
짐 Equipaje [에키파헤]
전화 Telefono [텔레포노]
온수 Agua caliente [아구아 칼리엔테]
약국 Farmacia [파르마시아]
관광 Turismo [투리스모]
사진 Foto [포토]
현금 Efectivo [에펙티보]
어제 Ayer [아예르]
오늘 Hoy [오이]
내일 Mañana [마냐나]
아침 식사 El desayuno [엘 데사유노]
점심 식사 El almuerzo [엘 알무에르소]
저녁 식사 La cena [라 세나]
영수증 El recibo [엘 레시보]

알아두면 유용한 숫자 표현

0 Cero [세로], 1 Uno [우노], 2 Dos [도스]
3 Tres [트레스], 4 Cuatro [콰트로]
5 Sinco [싱코], 6 Seis [세이스]
7 Siete [시에테], 8 Ocho [오초]
9 Nueve [누에베], 10 Diez [디에스]
11 Once [옹세], 12 Doce [도세]
13 Trece [트레세], 14 Catorce [카토르세]
15 Quince [킨세], 16 Dieciseis [디에시세이스]
17 Diecisiete [디에시시에테]
18 Dieciocho [디에시오초]
19 Diecinueve [디에시누에베]
20 Veinte [베인테], 30 Treinta [트레인타]
40 Cuarenta [콰렌타]
50 Cincuenta [싱쿠엔타]
60 Sesenta [세센타], 70 Setenta [세텐타]
80 Ochenta [오첸타], 90 Noventa [노벤타]
100 Cien [시엔], 1000 Mil [밀]

INDEX

SEE

12각돌	200
69 호수 트레킹	275
경비행기 투어	142
나스카 라인 전망대	142
더 팜 빌라	092
라 우니온 거리	079
라르코 박물관	087
라르코마르	085
레세르바 공원	082
로레토 거리	200
리마 거리	249
리마 대성당	076
리마 동물원	088
리마 미술관	081
리막강	077
마리아 라이헤 박물관	141
마리오 테스티노 박물관	090
마요르 광장(아르마스 광장)	075
마추픽추	220
망코 카팍 전망대	252
문도 알파카	166
미라플로레스 공원	084
바랑코 광장	089
비니쿤카	223
사랑의 공원	085
삭사이와만	205
산 마르틴 광장	080
산 카밀로 마켓	170
산 페드로 마켓	201
산 프란시스코 광장	166
산 프란시스코 데 아시스 성당	118
산 프란시스코 성당&박물관	203
산 프란시스코 수도원	078
산타 크루즈 트레킹	277
성 카탈리나 수도원	167
성 피터 교회	203
셀바 알레그레 공원	170
수도 리마 박물관	081
아구아스칼리엔테스	215
아레키파 대성당	165
아르마스 광장	118, 140, 164, 198, 248, 272
아르테사니아스 마켓	201
앙카시 박물관	273
야나우아라 지구	171
엑스포 공원	082
엘 콘도르 전망대	251
엘 파라이소	202
오얀타이탐보	211
와라스 대성당	272
와라스 중앙 시장	273
와이나픽추	222
와카치나 호수	120
우로스섬	253
우루밤바	211
이카 고고학 박물관	119
잉카 마켓	086
전기 박물관	091
차우치야 묘지	146
차이나타운	080
초콜릿 박물관	202
카르멘 알토 전망대	171
캐논 데 로스 페르디도스	124
켄코	204
코리칸차(태양의 신전)	208
코카&의상 박물관	249
쿠스코 대성당	198
쿠시칸차	208
크리스토 델 파시피코	092
크리스토 블랑코 전망대	207
타카마 와이너리	119
타크나	176
타킬레섬	254
탐보마차이	206
파라마운트 트레킹	276
파라카스	126
파스토루리 빙하 트레킹	276
페드로 데 오스마 박물관	090
페루 대통령궁	077
푸노 대성당	248
푸노 중앙 시장	250
푸마카얀	273
푸카푸카라	206
퓨마 우타 전망대	252
피노 공원	250
피스코	125

한탄의 다리	091	사마라나	127	치파 푸에르타 델 솔	179
훌리아카	256	센트랄 레스토란테	095	칠리 헤븐	281
		수리 카페테리아	180	카르페 디엠	229
		스타벅스 쿠스코 지점	225	카사 그릴	260
EAT		아마스	097	카페 데 라 파스	100
누나	128	아스토리아	179	컬러스 레스토랑	258
디아 베르데	180	아스트리드 이 가스톤	096	크레페리 패트릭	284
라 데스펜사	176	안데안 그릴	226	탄타	177
라 레타마 레스토랑	228	어반 키친 앤드 바	258	토스타두리아 비세티	103
라 메종 블랑셰	149	엘 엥칸토 데 라 우에르타	130	트리비오 레스토바	283
라 브라사 로하	283	엘 우스킬라노	101	티오 마리오	102
라 초사 데 오스카	259	엘 차루아	180	파차 맘마	229
라 카사 델 코레히도르	259	엘 치니토	101	파파 앤드 파	148
라 카사 루스티카	149	엘 코르돈 이 라 로사	130	파파스 그릴 미라플로레스	
라 카소나 레스토랑	260	엘 투미	259		099
레스토란트 그라나다	178	엘 티오 다리오	181	파프리카	231
루미 와시	129	엘 포곤	282	패디스 아이리시 펍	227
루이지스 피자	282	엘 포르톤	148	푸라 프루타	178
리마 카페	100	오아시스 데 아메리카	129	푼토 아술	097
리코 포요	146	온 더 테라스	181	하이티	099
림부스 레스토바	231	와일드 올리브	127		
마놀로	098	와카퍼킹치나 레스토바	128		
마마샤나	147	웨이라나	177	**SLEEP**	
마이도	096	이슬리나	102	JW 메리어트 엘 콘벤토 쿠스코	
만카	284	잉카 그릴	228		233
모레나 페루비안 키친	230	잉카바 살롱	258	K2 페루 호스텔	286
미겔리토	225	잭스 카페	227	노보텔 쿠스코	234
바라 마	098	초로스 그릴	230	데저트 나이트	132
비아 라 엥칸타다	149	치파 남쿡	147	드래곤플라이 호스텔	109
사랑채	224	치파 아시아	103	라 빌라 레알	184

INDEX

라 오로라	285
라 포사다 데 돈 오노	152
로차버스	132
리베르타도르 아레키파	182
리베르타도르 호텔 라고 티티카카	261
리본스 호텔	154
마리엘 호텔&아파트먼트	105
바나나 어드벤처	133
부엔 파스토르	155
브리스 호텔	152
산 아구스틴 인터나시오날 호텔	235
선셋 하우스 호스텔	236
세컨드 홈 페루	107
솔 플라자 호텔	263
아란와 쿠스코 부티크 호텔	232
아킬포 호스텔	286
에코패커스	237
엘 비레이 부티크	235
엘 파르도 더블트리 바이 힐튼	105
엘 포르탈 데 산 라사로	183
엘 하칼 백패커	286
오스탈 불러바드	154
와일드로버 백패커스 호스텔 아레키파	187
와일드로버 백패커스 호스텔 쿠스코	236
와카치나 선셋 호스텔	133
잉카 와일드 호스텔	237
카사 데 아레나	133
카사 산 마르틴	109
카사 안디나 셀렉트 미라플로레스	106
카사 안디나 셀렉트 아레키파	183
카사 안디나 스탠다드 나스카	150
카사 안디나 스탠다드 미라플로레스 센트로	106
카사 안디나 프리미엄 미라플로레스	104
카사 안디나 프리미엄 푸노	262
카소나 모야	187
카소나 솔라	186
카소나 플라자 호텔	262
칼라사야 호텔	263
켈레벡 호스텔	108
코스타 델 솔 라마다 쿠스코	234
코코펠리 호스텔	109
콘데 데 레모스 호텔	263
쿠난 와시	155
쿠라시 호스텔	132
티에라 비바 아레키파 플라자	185
파리와나 호스텔 리마	108
파리와나 호스텔 쿠스코	237
팔라 부티크 호텔	185
팔라시오 델 잉카	233
펠릭스 백패커스 호스텔	236
플라잉 도그 호스텔	108
플라자 레지던스	186
플라자 마요르 호텔	262
호텔 나스카 라인	151
호텔 라 호야	285
호텔 라스 두나스	131
호텔 무르시아	184
호텔 발렌시아 2	285
호텔 솔 델 수르	153
호텔 알레그리아	153
호텔 엘 루비	285
호텔 오로 비에호	151
호텔 콘티넨탈	107

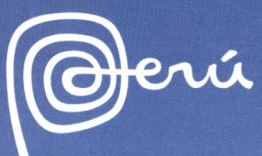

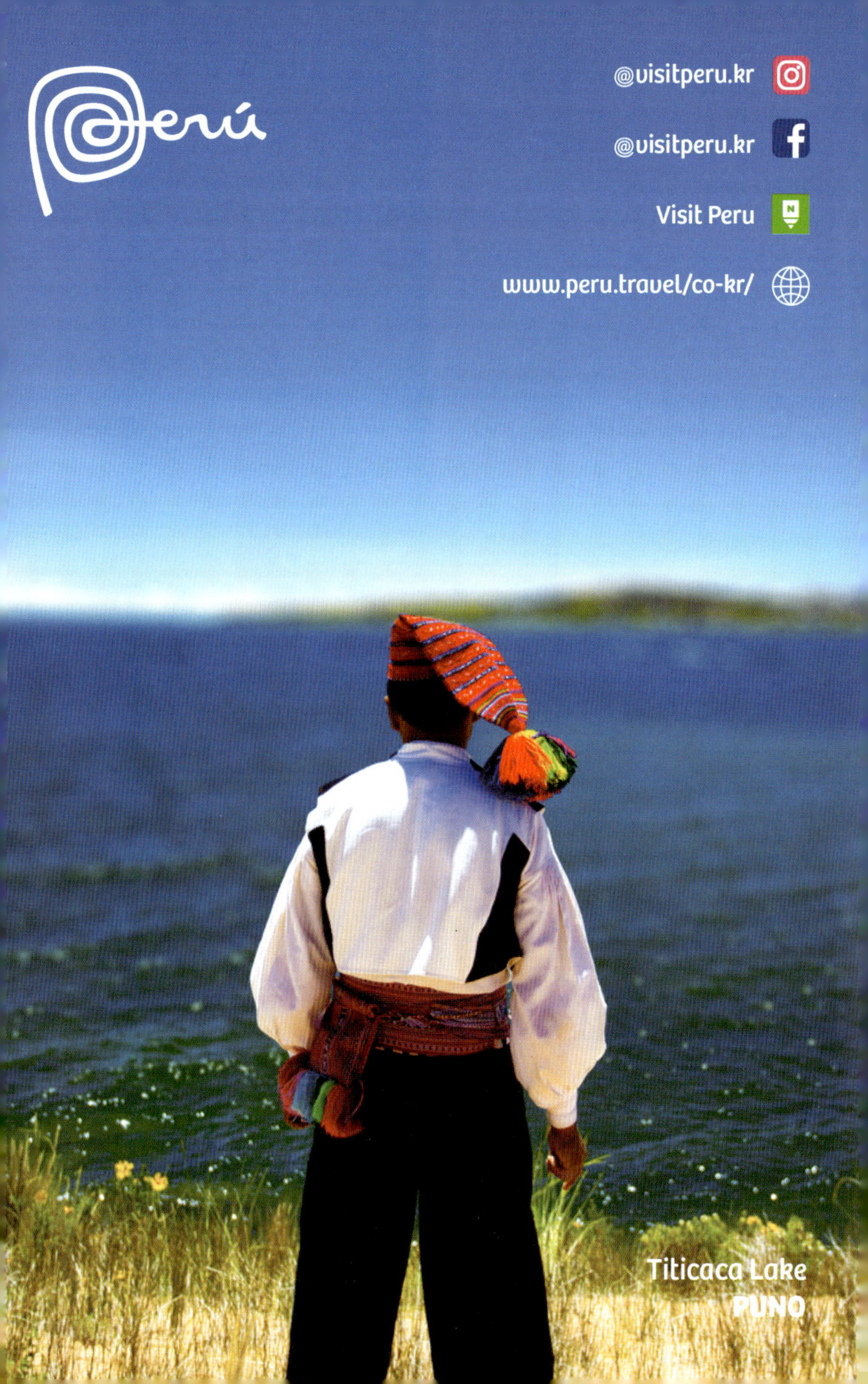
Perú
@visitperu.kr
@visitperu.kr
Visit Peru
www.peru.travel/co-kr/
Titicaca Lake
PUNO

"당신의 여행 컬러는?"